The way to the future society:
from the history of social thought

未来社会への道

思想史的再考

中野嘉彦
Yoshihiko Nakano

日本経済評論社

序　言

本論は社会思想史に登場する賢人達の未来社会論を検討したものである。そのなかでも筆者の関心はマルクスによるものである。

第1章はアルバート・ハーシュマン『情念の政治経済学』からマンデヴィル、スミス、ハイエク、モンテスキュー、ジェイムズ・スチュアートを取り上げ、社会の進化は「意図せざる結果」か「設計主義」か、という観点から未来社会を検討した。

第2章は「重商主義批判・富のバラダイム転換」者としてのアダム・スミスを取り上げ、その未来社会思考を考察した。スミスが、当時始まったばかりの資本主義はこれから先、確かに生産性は上昇して、暮らしは豊かにしたが、貧富の格差を生ぜしめる。これを統制し政策を出す国家・政府も富者には手厚く、貧者には厳しい政策となっていくであろうことを予想して、重商主義に反旗を翻し国家の「自由放任主義の終焉」を唱えるのである。国家、為政者を批判する主軸になるのは「全体に対する効用が正義の効用」とするスローガンのもとで、重商主義者を自由放任したことである。未来社会論として思考するならば、スミス生存時代から二一世紀に至る今日まで、国民を犠牲にして為政者が「正義」の名のもとに市民社会を蹂躪してきた。このことを未来社会において阻止しなければならない。このことを二つのケースに絞って検討した。

第3章は、賢人ケインズから未来社会へのヒントを探ろうとするものである。ケインズもまた資本主義の破綻を救う理論を熟考した。「自由放任主義の終焉」を未来社会へのステップを考える手立てとして取り上げた。

第4章は、異彩を放つ賢人としてシュンペーターを取り上げた。シュンペーターは、未来社会は必然的に社会主義になるだろうと、著書『資本主義は生き延びうるか』で未来社会を語っていた。本章は京都大学八木紀一郎ゼミ論集第I号（二〇〇四）から転載したものである。

第5章と第6章は、マルクスの貨幣・信用論を取り上げ、地銀論争・通貨論争から学ぶこととして、どのような経緯から経済学を学び、『資本論』を形成させていったかを考察する。マルクス『資本論』の基本テーマからすると、未来社会では、商品生産、市場、貨幣も廃棄されるように見えるが、『資本論』で述べた、株式会社が未来社会への通過点となるとする通過点論とは矛盾する。筆者の最大の関心は、マルクスが貨幣、商品生産、市場を廃棄されると考えていたかどうか、ということである。筆者は前著『マルクスの株式会社論と未来社会』（ナカニシヤ出版、二〇〇九年）では、商品生産、市場、貨幣は当面、通過点時点では廃棄不能であると述べた。そこで本章では、マルクスの貨幣思想の変遷を取り上げて、未来社会では貨幣は本当に廃棄できるものなのかをテーマとして取り上げた。第5章は基礎経済科学研究所『経済科学通信』第一二九号に掲載されたものの一部を転載した。

第7章「社会主義への通過点論としての河上肇の株式会社論」では、河上肇の株式会社制度による未来社会論を取り上げた。マルクスは株式会社が未来社会への通過点となると『資本論』で書いていたが、この理論は久しく等閑に付されていた。その理由は商品も貨幣も廃棄するという前提のもとに書かれたマルクスの『資本論』の理論的見解は、貨幣どころか擬制資本まで必要とする株式会社とは大きく矛盾するというマルクス経済学者たちの戸惑いからだった。しかし、日本に初めて本格的に『資本論』を紹介して京都大学で講義した河上肇が、いち早く一九二四年に株式会社論を紹介し未来社会との関連を述べているのであり、本章はこの点を取り上げたものである。筆者はこの論題のもとに、二〇一〇年の経済理論学会で紹介した。本章は京都大学経済学会『経済論叢』第一八三巻第三号に掲載されたものの転載である。

第8章は、「マルクスの未来社会論」のまとめである。内容としては旧著のなかでのアソシアシオン論を中核として、通過点を経た後にマルクスはどのような未来社会を構想していたのかについて書き下ろした。

付論として、「高橋財政の光と陰、国債の日銀引受け問題」を収録した。これは現代の問題として、巨額にのぼる日本の財政赤字を日銀引き受けによる国債発行で切り抜けようとしている風潮を批判して書いたものである。未来社会論としては異質なので付論とした。しかし、未来社会論の前に解決せねばならない論点である。

マルクスは具体的に未来社会を語らない人物だった。そして、未来社会を語る人物を空想的社会主義者であると批判した。しかし、青写真こそ示さなかったが、「ゴーダ綱領批判」でも、『資本論』のなかでも未来社会を壮大なロマンとして語っている。著者の関心はこのロマンの追求にある。

同時に本著は、社会思想史上に登場する人物たちが、マルクスにはないユニークな未来社会論を語っていることにも興味をもった。

筆者は、前著の中では、マルクスが、株式会社を未来社会への通過点となる、との『資本論』での記述を分析したが、未来社会そのものについての議論は十分にしていない。本書は未来社会を焦点にして、社会思想史に登場する賢人達がどのような未来社会を想定していたのかを探り、筆者の関心の焦点である、マルクスが考える未来社会とは何かを探る目的で書いた。

本書では、マルクスの貨幣観の変遷を検討する。マルクスそのものが初期段階から、イギリスに渡ってスコットランド啓蒙思想のジェームス・スチュアートやジェームズ・ミルらの影響を受けたのちでは、貨幣観が変化しており、また、商品生産も市場も必要とする、スミスの「商業社会」の思想にも影響を受けている。しかし、その後に書かれたはずの『資本論』では、貨幣そのものが存在する世界をフェティシズムの世界ととらえている。だが、『資本論』の後半に述べる株式会社の通過点論では、貨幣どころか擬制資本のシステムまで必要とする世界を未来社会への通過点と考えている。これはどういうことなのか。これらは従来からマルクス経済学者を迷わせてきた。

筆者の考察を本書では、ひとまず、未来社会への通過点段階とそれ以後の未来社会に分けて述べることにした。筆者の結論を先取りして述べると、貨幣も株式会社も商品もいずれも人類が歴史上、営々として築いてきたシステムとしてのツールであるということである。この貨幣という、それによって人類が翻弄されてきたものを、逆に制御すればよいのであって、貨幣という物神的存在を逆転できるかどうかである。筆者は、この思想を主導的に描いた未来社会を記述したかったのである。

未来社会になぜ関心をもつのか。それは資本主義のために、環境破壊によって人間だけではなく、世界中の動植物が死滅する可能性が、ここ五〇年から二〇〇年余りで確実に訪れることが科学者達から警告されても、誰も他人事として、それを食い止めようとしない現状にある。資本主義というシステムでは、当面の問題解決に精一杯なのである。これでは余りにも惨めで黙ってはおれない。それだけではない。『シュンペーター伝』の著者トーマス・K・マクロウは、次のように述べている。「創造的破壊というのは経済成長を育むが、大切な人間の価値を低下させる、ということを彼はわかっていたのである。彼のみるところでは貧困は悲嘆をもたらすが、繁栄も心の平安を必ずしも保証するものではない。どんな社会にとっても、生活水準の急上昇は至高の価値をもつ褒章のように思える。にもかかわらず、資本主義というのは富裕層を利する為に貧困層を収奪するという点で実にひどい評判を得ていることで有名であり、報償について人々が公正な配分と看做せるような状態を達成したことがない(1)」。

資本主義という社会システムが一見有効なシステムであることは、最近の旧共産主義国家が資本主義に転換して、今やその経済成長ぶりは先進国アメリカを追い抜きそうになっていることでよくわかる。確かに、中国の平均国民所得は上昇した。しかし、二酸化炭素を撒き散らし、環境破壊では大将級であり、貧富の格差はひどくなり、とても社会主義を目指す国とはいえない。

筆者は経済学研究を職業としている者ではない、四〇年の長い企業人生活を経たのちに、残余の悠久たる余生を経済学の勉学に励んできた。しかし、過去の企業人としての経験は決して無駄ではなかった、それどころか、労働者として、また企業者としての仕事は誠にやりがいがあり興味深いものであった。資本主義という社会システムもまんざらでもない、と考えるほど仕事にコミットしていた。マルクスが株式会社の中に未来社会があることを提言していた意味もよくわかった。この株式会社というシステムにはアソシアシオンがあり、共同して問題解決にあたることがこんなに楽しいものであることもよくわかった。

しかし、自然との共生ができず、「とりわけ人間と自然との調和をかき乱す(2)」、人類はじめ地球上の、全生命体が滅びる社会システム、そして、貧富の格差が拡大して、人間が、人間らしい生活ができない人口が拡大する社会を、共同してお互いに真のアソシアシオンを発揮できる社会に転換しなければならない。これが本書の本旨である。四〇年の社会生活と一一年の研究生活での体験から、納得した上で本書を書くことができたと感じている。研究者としてよりも、「知的興味」で書いたものではあるが、ご一読いただければ幸甚である。

注

（1）一九四八年シュンペーターがガルブレイスにあてて書いたもの。トーマス・K・マクロウ『シュンペーター伝』八木紀一郎監訳、一灯社、二〇一〇年、六頁。

（2）マルクス＝エンゲルス『ドイツ・イデオロギー』廣松渉編訳、岩波文庫、二〇〇二年、四四頁。

目次

第1章　アルバート・ハーシュマン『情念の政治経済学』の思想史的検討

はじめに

本章は、一九七七年に書かれたプリンストン大学教授アルバート・ハーシュマンの著作『情念の政治経済学』(Hirschman, A. O., *The Passions and the Interests. Political Arguments for Capitalism before Its Triumph*) の思想史的検討である。経済理論形成史の課題として、①「意図せざる結果」によって、すなわち、利己心に基づく経済活動が「見えざる手」に導かれて社会全体の利益を促進する「資本主義の精神」となったのか、②「利益」は情念を鎮めることに成功したのかという問題を、マックス・ヴェーバーとは全く別の観点から展開するハーシュマンの見解を、議論の俎上にのせることが目的である。

アルバート・ハーシュマンは、一九一五年ベルリンに生まれ、ベルリン大学在学中に反ナチス運動に加わり、ドイツでの社会民主党青年運動へ関与したのち、スペイン共和国政府義勇軍に参加した。そして、イタリアにおけるレジスタンス活動、フランス陸軍への志願、ヨーロッパ知識人の亡命支援活動などに関与したのち、アメリカ陸軍に従軍している。ユダヤ人ハーシュマンは自らの正義感に赴くまま、人間の野蛮さ、理性の怖さを体感したのち、一九三〇年代の世界不況が生み出した大量の失業、政治的混乱を目撃する。そして、既成の経済学の不十分さ、不適切さを感じて、経済学の研究に目を向け、一九三五〜三六年、ロンドン・スクール・オブ・エコノミックス（ＬＳＥ）ではケインズを貪るようにして読んだ。ケインズの経済学を純化していけばいくほど、単純化のために導入された不完全な仮説で、これを健全なものとみなして、これ以上の複雑化を不健全なものとみなすケインズにもあきたらず、やはり経済学は政治経済学として政治学と経済学の合体でしかないと、合理的経済人を想定した経済学に批判の矢を向け、均衡成長をモデルにした経済学を批判の対象にした。かといって、ハーシュマンは反市場主義者になったわけではない。むしろ積極的な市場擁護主義者といってもよい。しかしその後ろに、「国家」「権力」が潜んでいることをテーマとする。一見純粋に経済的な関係にみえて、常にその後ろで、国家、権力が行使してくる世界を扱うのがハーシュマンの政治経済学である。その後、イェール、コロンビア、ハーバード各大学の教授を歴任、一九七五〜八五年までプリンストン大学高等研究所教授を務め、経済学上の諸テーマを政治学・社会学・社会心理学に思想史的背景も踏まえて掘り下げた点で定評がある。近年『連帯経済の可能性』を書いた。以下ハーシュマンの『情念の政治経済学』にくりひろげられた思想を検討する。(1)

1　ハーシュマン思想の検討

ハーシュマンの思想の根幹にあるのは、人類が、交換、致富、欲望から発した市場経済、完全ではないが人間社会が発見した制度、このなかで権力を制御できないかといった非合理性を貫く合理性追及の認識である。そして、宗教や理性は人間の情念を制御できない。資本主義の揺籃期の市場経済において、利益の追求によって温和な情念が危険なより強い情念を制御できないか。商業の拡大が温和な政治体制をもたらすことができないか。その可能性ポシビィリテイの追求。これがハーシュマンの願いである。

ハーシュマンの資本主義擁護の思想にもかかわらず、現実の資本主義は、二つの大きな戦争を引き起こした。それは、利益を求める血みどろな戦争であり、温和どころか、その戦争で数百万人の非戦闘員である市民が殺戮されたのである。ハーシュマンの資本主義擁護をただ非難しているのではない。人類はあの暗い封建社会から抜け出す知恵をもって、民主主義と市場との発見によって資本主義までたどり着いたからである。

われわれは、ハーシュマンが本書で述べようとしたことを二つのテーマに分けて考えることにする。

テーマⅠ　マンデヴィル、スミスの利己心に基づく経済活動が「見えざる手」に導かれて「意図せざる結果」として社会全体に利益を促進するのか。「意図せざる結果」か「設計主義」か。自由放任か政府介入か。

テーマⅡ　「利益」は情念を鎮めることに成功したか。

以上二つのテーマを交差させつつ追いかけながら論述する著者の論理展開は、読者の興味をかきたててやまない。

(1)「意図せざる結果」(unintended consequences) 問題を考える

意図せざる結果、個人の利己的な行動は社会全体に利益をもたらすのか。この問題を論じたマンデヴィル、アダム・スミス、ハイエクの議論を検討したハーシュマンの議論を検討する。

① マンデヴィル Bernard de Mandeville（1670–1733）の場合

人々は意図せずに社会全体に利益をもたらすのか。オランダに生まれライデン大学で医学を学び、オランダが経済的に衰退期を迎えた時代に、マンデヴィルは二〇歳代はじめとなっていたが、彼は目覚しい発展の転換期を迎えるイギリスに渡った。そこで見た農業の資本主義化、毛織物、絹織物、綿織物などの繊維工業、金属、化学、醸造などの新しい製品の開発、国民の奢侈品消費の増大に、彼は驚愕したのである。

われわれはまず、私的利益の追求が「意図せざる結果」として公的利益の追求になると考えた、あの『蜂の寓話――私益すなわち公益』*The Fable of the Bees:or, PlivateVices, Publick Benefits* を書いたマンデヴィルの「意図せざる結果」問題から検討してみたい。彼はオランダの神経系の医者であり、この書物は「個人の悪徳は熟練した政治家の巧妙な管理によって公益に変えられる」という主張によって、当時のイギリスを風刺したものである。

『蜂の寓話――私益すなわち公益』（初版一七一四年）

「悪の根という貪欲こそは／かの呪われた邪曲有害の悪徳。
／それが貴い罪悪／濫費に仕え、
／奢侈は百万の貧者に仕事を与え、
／忌まわしき鼻持ち成らぬ傲慢が
／もう百万人を雇うとき
／羨望さえも、そして虚栄心もまた、
／みな産業の奉仕者である。
／かれらご寵愛の人間愚、それは移り気、
／食べ物、家具、着物の移り気、

／本当に不思議な馬鹿げた悪徳だ。
／それでも商売動かす肝心の車輪となる」（上田辰之助訳）[2]

蜂は蜜を集めるという利己的行動によって、「意図せざる結果」として花の受粉を助ける利他的行動を行うのだが、マンデヴィルがこの寓話で語るのは、巣の中で個々の蜂は醜い私欲と私益の追求にあくせくしているが、巣は全体として豊かに富み、力強い社会生活が営まれている。マンデヴィルの発見は、個の知恵や思考が、時間と経験によって、社会全体に「意図せざる結果」として偉大な所業を生んでしまうということであった。これは、社会の秩序は人間の設計によって計画的に生まれるという議論とは全く異なるものである。「意図せず」なのか「設計的に」なのか、これがマンデヴィル論を読む一つの興味である。ハーシュマンがどのように考えるのかは最後の楽しみにして、「意図せず」論者の系譜を辿ってみる。さてマンデヴィルの「悪徳・私益が公益に変えられる」には条件がついている。「熟練した政治家の巧妙な管理によって」という文言である。これは何を指すのか。医学博士としてのマンデヴィルは、人間を支配するのは情念（passion）であるが、人間の本性を解剖してみると、「（人体）の機械の運動を継続させるのに直接必要な、主な器官や精妙なゼンマイ、硬い骨とか強い筋肉とか神経でもなく、……微細な護膜と小さな脈管である。人間を社会的動物とするものは、社交欲、善性、愛想のよさ……美しい外面の雅性ではなくて、その最も醜く、最も忌まわしい性質こそ、かれを最大の……幸福で最も繁栄した社会にふさわしくするのに最も必要な条件である」[3]。人間は情念の複合体で、常に情念に左右され支配される。それは利己的であり、人間は根本的に利己的な存在である。「全ての情念は自愛心の一点に集中する」、一見すると他人の利益のために行われる行為も、高慢、名誉心とともに自己愛に還元されるとマンデヴィルは指摘する。人間は本来的に利己的であるが、これを社会的にするのは、生活を快適にするためにはお互いに他人の援助にたよらざるを得ないからである。生活便宜品は他人の労働に依存する。イギリスの生活水準が上昇し、さらに物質的繁栄をもたらすためには、自己を抑制するのではなく、高慢、虚栄心、奢侈など利己心を発動させることが必要であって、それらが社会に有益をもたらす。

「さらば悲しむを休めょ。
／正直なる蜜蜂の巣をして偉大ならしめんとするは、
／ただ愚者の為す所である。
／大なる罪悪なくして、
／便利安楽なる世界の貨物を享楽し、
／戦争に勇敢にして、しかも平時安逸に暮らさんとするは、
／ただ徒に脳裡に描きし夢想郷である。
／詐欺、奢侈および驕慢は、われわれがその便益を享けんとする限り、
／永くこの世に生くべきものである。
／斯様に罪悪なるものは、
／そが正義によりて、制御せられ居る限り、
／誠に有益なものである。
／否な、国民にして大ならんとせば、
／罪悪の国家に必要なるは、
／人をして飲食せしむるに、飢渇の必要なるが如くである。……」（河上肇訳[4]）

さて問題の「政治家」の巧みな監理によって公益に変えられる、とはどういうことであるか。マンデヴィルは人間を社会的にするのは、その善性や徳ではなく利己的情念であるという。その人間が社会的動物になったのは、自愛心の追及が他人の利益と一致するように社会を考察してきた長い歴史的過程があった。マンデヴィルが政治という場合、それは特定の人間ではなく統制的な種類の政治でもない。河上肇は述べる「社会という言葉を私は一つの政治体と理解している。……政治体においては、人間はより優れた力により服従させられるか、あるいは説得によってかれの野蛮状態から引き出され、他人の為の労働に彼らの目的を見出すところの、訓練された人間となっており、ひとりの頭もしくは他の政治形態のもとで各人は全体の役にたつようにせられ、かれらの全ては巧妙な監理により一人の人間のように行動させられている[5]」。政治家とはマンデヴィルにとって社会的な制度である。「政治家の巧妙な監理」とは私悪、私益が公益に一致するような政治的・社会的な仕組みのことである。これは長年かかって築き上げた人々の経験による産物であり「幾時代にも亘る協業の産物であり」、「途方もない知恵の結果[6]」である。

漸次的に進化発展して社会・法制度が整えば、その制度は時計のように螺子さえ巻けば自動的に機能を発揮する、個人の利益は社会の利益を害せず、それに一致させる。自然の帰結として何人も干渉しない場合に最も良く機能が発揮できる。しかし、マンデヴィルは全くの自由放任主義者でもない。私益が公益になりうる方法の一つとして、外国産奢侈品の課税を薦めているところは重商主義的保護干渉主義者らしくもある[7]。

マンデヴィルの「意図せざる結果」は、「政治家の巧妙な監理」がなければゼンマイ仕掛けの時計のようには働かない。本来利己的な人間の本性を社会的にしたものは、人類が長年かかってつくり上げた制度的仕組みなのであり、これが「政治家の巧妙な監理」の中身であった。これを法進化論と考えてもよい。のちに検討するハイエクは、進化と秩序の自生的形成としてマンデヴィルを評価しているほどである[8]。「意図せざる結果」が社会全体にとって有益になりうるとマンデヴィルは考えた。

② アダム・スミス（1723–1790）の場合

ハーシュマンは、スミスの『道徳感情論』と『国富論』は矛盾しないと考える。『道徳感情論』では、人間の情念を幅広く扱ったように見えるが、実は「人間的衝動とは、せいぜい物質的幸福の改善に向かうものでしかなく、……野心、権力欲、及び尊敬されたいという渇望はいずれも経済状態の改善によって満たされる」[9]。情念と利益は対義語でなく、同義語となるという解決論を主張し、利益の正当＝是認を結論づけている。商業で利益を得る行為が、世間、社会の是認を得ているのかを神の見えざる、この場合は「目」による承認と結び付ける。ここで初めて、確かな基礎を持った富と、確かな是認を持った徳に支えられて、社会の秩序が成立し、情念と利益とが同意語になると理解するのである。その意味で、社会思想史上の登場人物から、利益の是認論をアダム・スミスに求めている。

アダム・スミスの思想的背景を知る上で、一七五九年に書かれた『道徳感情の理論』（*The theory of moral sentiments*）抜きでは語れない。アダム・スミスは、Human nature としての人間を道義的に非難してもはじまらない、問題は制度であると考えた。利己的な人間の利己的な行為が、社会の善につながる制度があるはずである。同じ利己的な人間としてスミスは自分もまた、置かれた機構、地位につけば同様の行為をする。これを「同感」（sympathy）と呼んでいる。「人間がどんなに利己的なものと想定されうるにしても、あきらかにかれの本性のなかには、いくつかの原理があって[10]」、道徳の一般的な規制はどこから発生するか、あらゆる行為はそれなりの動機をもち、その行為の動機を生み出すものを「情念」だとすると、この行為を生み出す「情念」と行為の帰結との関係、これをスミスは「行為の適宜性」（propriety）なる概念を持ち出す。これは行為と帰結との関係である。社会の秩序を支えるのはセンチメンタルな一体感、同情ではない。その「行為の適宜性」（propriety）はどうして決めるのか。それは、それぞれの行為者が仮にわが身をおいて考えることで生まれる感情であり、他人を傷つけるような行為には同感を持ち得ないが、お金儲けのような利己的行為も公平な目でみて是認される行為の範囲に入ると見なされるわけである。この場合、「行為の適宜性」（propriety）の判定者は、私でなく「想像上の私」であり、第三者の目↓他人の目↓社会の目なのである。スミスの言葉で言うと「中立的な観察者による是認」ということになる。この発想は、いわば劇場の観察者であり、市場という見世物であり、社会的な巨大な劇場のなかに自他を置いてながめるということである。ここでは個人としての私は主体ではありえない。登場する人物は、他人を普通の経済人（ホモ・エコノミクス）の目で観察する。社会自体は、「世間の評判」を超えた絶対的な基本↓「見えざる手」で自己規制する。これがスミスの立場であった。ここに『道徳感情論』での中立観察者と、『国富論』での見えざる手とが、互いに結合される。この場では全員が自分とは異なる、中立観察者になる。全員が中立観察者の中で、正に神とでも表現しようのないオーソリティーが、自然の正常な価格も、道徳基準も決めてしまう。

スミスの発見は、商業社会において人間の行為はもはや直接にその結果と結びついているのではなく、無数の経済人の行為が織り成されて、本人も意欲していない客観的な結果を生み出すという過程を分析したところにある。「パンが欲しければ、パン屋の慈善心に訴えず、利己心に訴える」利己的行為の「意図せざる結果」として、社会の公共心が生まれる。スミスは、歴史の原動力を「経済」人に求めたが、経済人の行為の結果は彼の意図したことと違う。スミスはそのことを「作用原因と目的原因とは違う」という表現で言い表し、『道徳感情の理論』でおおよそ次のように言う。個々人の意欲したとおりのことが実現するのではなく、無数の人間の行為は織り成されて、彼の意図したことと全く異なる結果をつくり上げている。個々人は社会全体の利益を考えて行動するのではない、交換に際しても自己の利益だけを考えて行動する。これが交換行為の作用要因である。しかしその結果は今までは、自然に対して孤立して働きかけていた人間が、社会的に結合した労働で自然に働きかけて、社会的生産力の上昇という行為者の意図せざる結果を招く。資本家も自己の利益の増大を目指して蓄積し、資本を投下したものがその結果は社会的なストックになり、社会的労働になる。市民社会の生産力構造になる。利己的な人間の利己的な行為が、社会の善につながる制度。これを人間の行為の違いを同感の原理で追いかけ、その客観的な違いを生産力の機構の観点から分析して、資本主義制度の仕組みを認識したことにあった。

スミスについては章を改めて次章に詳論する。

③ ハイエク（1899–1992）の場合

F・Aハイエクは、オーストリア生まれの経済学者、哲学者であり、二〇世紀を代表するリバタリアニズム思想家として、イギリスのサッチャー、アメリカのレーガンによる新保守主義・新自由主義の精神的支柱となった。ハイエクを「意図せざる結果」問題に関連する思想家として選定したのは彼の自生的秩序論そのものが「意図せざる結果」問題に端を発していると考えたからである。そして何よりもハイエクはマンデヴィルの発見、「悪徳・私益を公益に転じせしめる練達の為政者の器用な管理」を高く評価して、自説の自生的秩序論の起源であると考えている。「マンデヴィルが関心を持っていたことは、人間が意識的に作ったのではない制度――とはいえその制度を改良するのは立法者の仕事である――が、諸個人の異なる利害の一致をもたらす、ということであった。こうして、利害の一致は、それが人間の行為によって形成された制度から独立しているという意味で、「自然的」でもなければ、それが意識的整序によってもたらされたという意味で、「作為的」なものでもない。利害の一致は自然発生的に成長した諸制度の結果なのである」(11)。マンデヴィルの議論の通奏低音としてあるのは、社会の制度は設計の結果ではない、人間の利己的な利害追求の基礎の上に建てられたものだ、そして市民社会の秩序、機構も、多種多様な基礎の上に建てられ、こうした上部構造そのものが人間の相互に提供する相互的労務から成り立っているのであるが、それは如何にしてかという問いであった。それは、一八世紀後半スコットランドの道徳哲学者、アダム・ファーガスン（1723–1816）が簡潔に表現している。「民族は、制度というものに思いがけなく遭遇するものであるが、これは人間活動の結果ではあって、何ら人間の計画の結果ではないのである」[12]。ハイエクはマンデヴィルの『蜂の寓話——私益すなわち公益』は世の顰蹙を買ったけれども、それはダーウィンの場合によく似ていると述べる。複雑で精緻な自然の秩序や、生物種の発生を神の創造によらずして説明する進化論と通低しているのかも知れない。「ひと昔前には、依然として、宗教が神の目的論的証明（argument from design）——design とは設計の意味をもつことに注意——にいかに緊密に結びついていたかを想起するのは今日では困難であるし、たぶん現在支配的な形態の宗教観を抱いている人々にとっては極めて困難であろう。だれも設計しなかった驚くべき秩序の発見は、大部分の人にとって、人格的造物主の存在を示す主要な証拠であった」[13]。ハイエクは、「ダーウィンは他の誰にもましてマンデヴィルが開始した一つの発展の頂点であるように私には思われる」[14]、という。ハイエクが、自己の思想、特に自生的秩序論（a spontaneous order）を形成する上で、マンデヴィルを第一級の「真の個人主義」[15]と位置づけている。ハイエクが自生的秩序と述べるのは、「人間の行動の結果ではあるが、人間の企画、設計の結果ではない」社会制度、ないし社会秩序で、市場の基盤となる法的、社会制度一般にまで広げて検討している。この考察はマンデヴィル、ファーガソン、ヒューム、スミスなどの思想の系譜から、秩序が次第に進化を通じて形成されていくのだという自生的秩序の理論となった。自生的秩序を支える個人の行動は、「意図せずに」社会の一般的ルールに従うと考えた。ハイエクは、社会の設計を理性的に行うというホッブズ流の社会契約論やベンサム流の功利主義思想は設計主義的として退ける。

ハイエクの「意図せざる結果」理解は、彼自身が「真の個人主義と偽の個人主義」[16]で述べたように、個人の行動を離れて社会全体なるものは実在せず、各個人の互いに独立した自由な行動が「意図せざる結果」としていつの間にか社会全体として秩序を形成するというものである。ハイエクは、この秩序の自生的な形成の例として「小道の形成」をあげる。「ある荒れ果てた地方に歩道が出来上がる仕方がある。最初は誰もが自分にとって最良と思われる小道を自分のために捜し求める。だが、こうした小道がいったん利用されるようになると、それによってそこは通りやすくなり、したがってその小道は幾度も利用されるようになる。……かくてこの地域を人が通るとき、それらの移動はある明確な行動のパターンに従うことになる。そしてこのパターンは多くの人々の慎重な決断の結果ではあるが、しかしそれはやはり誰かが意識的に計画して作り上げたものではない」[17]。ハイエクは、人間はすべて利己的であるとは考えていないが、問題はこの利己心がそのまま社会全体の公共の利益に役立つためには利己心をどのように誘引すべきであるかということであった。市場秩序の出現は決してスムーズにはでき上がらないのであって、「意図せざる結果」として出現するほかなかった。しかしハイエクの市場秩序の理論は「人間の理性の限界」と「社会における知識の分散」が人間と社会との現実であるという醒めた認識から出発しているので、各自の目的に沿った自由な行動を個々人に認めて、政治権力の発動をできるだけ抑制して、自生的に市場秩序が形成されるほかにない、というのが本旨である。

(2) ハーシュマンの「意図せざる結果」論

考えてみれば、ハーシュマンの『情念の政治経済学』の筋書きそのものが「意図せざる結果」問題そのものである。ハーシュマンは序論で、この書物の執筆の動機に、政治に対する経済成長の影響の解明に、社会科学が余りにも無力であることを挙げており、彼は、一七世紀から一八世紀の資本主義の揺籃期に先人達が「不確実性」に対してどのように対応していたのか、人間の歴史は「意図せざる結果」に支配されていて、これを予測しながら設計主義的に歴史を刻むことは不可能なのか、というような問題意識を持っていたと考えられる。資本主義の揺籃期には、戦乱や革命が頻発して人間の「情念」(passions) をキリスト教でも理性でも鎮めることができなかったが、そこに資本主義の市場経済が花咲き、金儲け、致富、欲望という人間の情念が「意図せざる結果」出現して、他方の情念、権力欲、栄誉欲を鎮める効果をもつことがわかってきた。もちろん金儲けも当時は堕落した人間の欲望の一つといわれてはいたが、実は人間を「ありままの姿」で見たときに、道徳哲学や宗教的戒律では人間の情念は制御できず、むしろ「利益」を、情念を鎮める道具として開放したほうが得であることがわかってきた。経済が発達すると、気まぐれな権力の濫用は自動的に抑制されてくるし、商業と工業の発達、インダストリーがこの上もなく楽しく愉快で、暴力を使って情念を勝ち取るよりも人間発達になり、実利も伴うことがわかってきた。マックス・ヴェーバーは『プロテスタンティズムの倫理と資本主義の精神』で、プロテスタンティズムによって、神から与えられた天職として世俗的な職業について世俗内禁欲をすることが信仰であり、金儲けが神への栄光として是認されたことが「意図せざる結果」資本主義をつくってしまった、と主張するのに対して、ハーシュマンは、情念の沈静化を、利益をあげることで実現するために、頭で工夫してインダストリーを立ち上げ、これこそがインタレストであるというパラダイムをつくってしまった。それは人間が予め設計したものではない。「意図せざる結果」資本主義をつくってしまった。これが、ハーシュマンの『情念の政治経済学』の骨子であり「意図せざる結果」の物語であったのである。

ハーシュマンは『反動のレトリック――逆転、無益、危険性』の中でこの「意図せざる結果」問題を詳説している。「意図せざる結果」は理想的にことが運ぶとは限らない、「意図せざる結果」は逆転するケースもある。「人間の行為の、意図せざる帰結についての思考は、フランス革命の出来事によって新しい弾みがついた。自由を求める闘いが結局はテロルと専制政治に行き着いたとき、革命の批判者たちは、個人の意図と社会的結果とのあいだの新しい顕著な懸隔に気づいたのである。……人間たちは理想社会を構築しようと意図するが、それは犯罪的であったり、涜神的であったりすることはないにしても、結局グロテスクなものとしてその正体を曝け出すことになった(18)」。「意図せざる結果」については、望ましい例も、望ましくない例もある。ハーシュマンの立場はあくまでも可能性（ポシビリズム）である。不確実性のなかになんらかの創造の可能性が残されていないか。「意図せざる結果」によって社会科学を再生させる手立てがないか、そしてより自由な社会を維持できないか。矢野修一によれば、ファシズムに翻弄された人生体験をもつハーシュマンであるからこそ、「意図せざる結果」しか起こらない不確実な世界で可能性を求めて主体的行動を反復することが、人間社会の豊かさの根源となると説く意味合いがあるのである。可能性（ポシビリズム）とは自体が不確定である状態で、そのなかで可能性の希望はないのかということであり、これがハーシュマンの一貫してとり続けている姿勢である。こうした中で「意図せざる結果」をどう見るのか。ハーシュマンは、望ましい結果とならなかった逆転のケースに注目する。反動派はここぞとばかりに批難する。しかし、ポシビリストのハーシュマンは逆に不確実だからこそ主体的活動の可能性が見いだされるという。このことから、ハーシュマンが、自然科学に倣って一般的法則を数学化している経済学の近年の風潮を批判し、腐心していることを理解しなければならない(19)、と述べている。

2 「利益」は情念を鎮めることに成功したか

「利益」は情念を鎮めることに成功したか。ハーシュマンのガイダンスに従って、モンテスキュー、ジェイムズ・スチュアートの論説から検証する。

(1) モンテスキュー、ジェイムズ・スチュアート説の場合

モンテスキュー（1689-1755）は、一五年の歳月をかけて一七四八年に出版した『法の精神』の「商業について」のなかで「商業は破壊的な偏見を癒す。しかして温和な習俗のあるところはいずこも商業があり、商業のあるところは必ず温和な習俗があるのは、殆ど一般原則である。したがってわれわれの習俗が昔に比べて凶暴でなくなったとて

驚くにあたらない。商業のおかげですべての国民の習俗についての知識がいたるところに浸透した[20]」と述べている。確かにモンテスキューは商業が情念を鎮めたと書いている。これはどのようなことなのか。

当時のフランス重商主義のことから論を進める。この実践面での代表者はコルベール（1619–1683）であった。コルベールは単に、スペイン、ポルトガルのような中継貿易ではなく、フランス国内の工業の発展をはかり、フランスは外国貿易の面で後進国でありながら重商主義では追いついた。しかし、まだ封建的な土地所有が基礎とする絶対主義的重商主義であり、その上に軍需工業と輸出工業を中心に王立マニュファクチャーが築かれていた。これが煌びやかなヴェルサイユの文化を支えたが、しかしこの重圧で農業は押しつぶされた。このようにして、封建制の基礎は崩れつつあったが、国家の力で阻止しようとし、封建的土地所有が農業、工業を捉えたのであった。この封建的土地所有という重圧のなかで、規制の目をくぐって自生的に農村工業が発達していくという農民層の近代的分解が、のちにフランス革命の民衆的エネルギーになっていくのである。このような社会の変容を遂げようとする時期に、従来からのヒエラルヒーが替わろうとし、従来の「情念」が変化を遂げていく。従来の「情念」とはなにか。それは権力欲、名誉欲、性欲、栄光であった。フランスのヒエラルヒー社会は、一六世紀中葉に完成すると同時に衰退をはじめる。この身分社会の特徴は、身分の「固定」と、それによる「不平等」である。つまり、生まれつき代々受け継がれる「種」「血統」に由来する身分は固定され、不平等が自然である社会秩序である。それが、商業の発達による利益で貴族の身分を金銭で購入することが始まり、官職売買という制度ができ上がり上層ブルジョワジーへの参入経路ができるようになって、次第に崩れてきたのであった。

モンテスキューは、ヒエラルヒーの頂点に戦士貴族を置き、商人貴族を下位においた。戦士貴族の持つ徳性とは、戦士として共同体を防衛する「武勇」であり、その見返りに領地と労働からの解放が与えられる。彼らの持つ情念とは名誉欲であった。ところが、商業の発達によってヒエラルヒーに変容が起こりだす。これが「近代」という意識で、これを川出良枝は、フランスの「ヒエラルヒー秩序の変容」から説明している。リシュリューからコルベールへと継承される重商主義政策は、海上交易が賛美され、商業の地位を向上させた。従来フランスでは貴族が商業活動のような卑しい職業に従事すると、その期間は爵位停止法によって、爵位、特権を停止された。しかし、商業重視から貴族の商業活動従事が王令でやがて合法化される。モンテスキューは商人が貴族に昇進するのは望ましいが、貴族は商人になれないと述べる。貴族の持つ徳性は「武勇」であり、「高貴さ」であり、「名誉を貴ぶ精神」であると考える。モンテスキューは、前近代的なモラル論で貴族の徳を考え、商業が「温和な習俗がある」ことを評価し、商業のもつ徳性をも「良し」と評価する。商業そのものの性格規定が変化する。商業は一国が利益を得れば、他の一国は損をするという対立の世界ではなく、剰余と不足とを自由に交換することによって、相互に富を拡大していくことができる平和な世界をもたらすものである。これが商業社会の「良し」である。

旧来の情念は、アウグスティヌスにならって、本来人間は原罪を帯びた存在で自己中心的な情念と欲望に支配されてきた。自己愛という情念が、商業の発達によって「得るために与える」という欲求の相互依存の原理で有形無形の、財の交換のメカニズムによって、力による支配でなく、より「穏和な」やり方で自己愛が満たされる。ここに貴族的な支配欲にとって変わる新しい情念、蓄財欲という情念が生まれる。これはヒュームの主張する「冷静な情念」(calm passion)と同列のものかもしれない、と川出は述べる。同氏の結論は、ヒエラルヒー秩序の変容によって貴族的精神は変容を遂げる。「征服や栄光を追求する気概にあふれる人間から、勤勉や、質朴、中庸や公平といった、より穏和な性格をもつ人間に関心の重点が移動する。……より優れた者が劣った者を支配することこそが正義であるという共通了解のうえに維持されてきた伝統的な身分秩序であるヒエラルヒー社会が、財と財との等価交換にもとづく商業社会が、人間と人間との新しい統合形式の可能性として台頭してくる」[(21)]。同氏は、個人主義的な秩序に変容することによって貴族的精神が変容したのだと結論づける。

モンテスキューに話を戻そう。社会秩序は徳の観念なしには成立しない。『法の精神』では、専制・君主制・共和制の三つの政体類型について、その原理としてそれぞれ、「恐怖」・「名誉」・「徳」をあげている。モンテスキューは正義を認識し、それに従うことが「徳」と考える。共和制の「徳」とは、本質的に「自己の利益より公共の利益を優先する」ことである。ハーシュマンが述べた商業が与える好影響で、モンテスキューの「徳」の実例を挙げている。商業は教会によって利子取得を禁じられたためにその発展を妨げられた。ユダヤ人が貴族や国王の暴力と強奪にさらされるなかで、その対抗手段として為替手形を考案した経緯がある。「どこにでも送ることが出来、どこにもその痕跡を残さない。――君主達の貪欲のおかげで、商業を手の届かぬところへ置くものの成立を得たのである。――人間の情念が、邪悪たれと人間の考えを突き動かしているにも関わらず、邪悪たらざるほうが人間の利益にかなっているという状態は、人間にとって幸福なことである[22]」。モンテスキューの述べんとするのは、為替手形という制度を利用した利益が、強者の情念を引き起こす邪悪な行動を抑えるということである。

次にジェイムズ・スチュアート（1713-1780）について検討する。ジェイムズ・スチュアートはスコットランドに生まれ、エディンバラ大学で法学を学び法律家として活躍していたが、一六八八～八九年の名誉革命によって打倒された王朝の復活をもくろむジャコバイトの乱（Jacobite rising 1745）に加担して失敗し、一七六三年まで一八年間ヨーロッパ大陸を渡り歩くことになった。その間に、フランスでモンテスキューの影響をうけ、帰国後の一七六七年に『経済学原理』を著した。ヨーロッパ社会は封建的軍事的社会から、自由な商業社会に移りつつある。近代の市場経済の基本的な特徴は、以前から存在する農業から工業が分離して、商業とともに貨幣経済が導入されることで、農業、製造業、商業が、近代の経済活動として形成されると認識し、これをジェイムズ・スチュアートは「インダストリー」（industry）の概念で表現する。それは個人の自由意志で利益追求として行われていて、近代以前の「労働」（labor）

からは区別されたものであると歴史主義的に認識する。さてイギリスでの重商主義との関連で触れると、イギリスの重商主義は外国貿易が軍事力に裏打ちされて近代産業の前提としての役割を果たした。これは当然、国家の力が基礎になる。ジェイムズ・スチュアートの時代は、イギリスの絶対主義が名誉革命で崩壊して本格的な重商主義が展開されていき、市場経済を基礎とする資本主義的な経済の発展が否応なしに封建制を崩していく時期であった。このなかで、ジェイムズ・スチュアートは労働（labor）とは違ってインダストリー（industry）は自発的な創意ある活動であり、単に生活を保証するだけでなく、萌芽的な利潤を求める活動であって、この活動によって国民は富み国も栄える、と述べる。ジェイムズ・スチュアートの考える理想社会は、「相互的で比例の保たれたサービィスがそれを構成する全ての人々の間に不変的に生じてくる」社会であり、構成員の間での相互的な依存関係（dependency）が「社会の唯一のきずな」と考えた。そして人間の依存関係を人間の利己的本性から解明しようとする。近代の依存関係の特徴は「商業的な」性格にあり、これが市場経済の基盤として成立する。市場機構こそが、新しい情念、貨幣欲、消費欲を相互に充足することによって自由に欲望を満足させる。私益と公益を調和させるのはただ「良く統治された国家」のつくる法律によってであって、国家を統治する為政者は国民とは違って私的利益によって行動する存在ではないと考えた。「巧妙な手」によって経済政策を実行する為政者は公共心を発揮する存在である。この点では、マンデヴィルから影響を受けたのだろうか。これがジェイムズ・スチュアートの政治経済思想のエッセンスである。ジェイムズ・スチュアートは人口論争に絡んでヒュームからも影響を受け、インダストリー（industry）による人口の増加は、社会の全成員の奢侈の増加による、農工分離として労働と労働との自由な交換——社会的分業——の拡大による、生産力と大衆の福祉の向上として行われたと述べた。これは、マルクスがのちに評価した労働のブルジョワ的形態の認識であり、ヒュームからの受け入れと思われる(23)。

モンテスキューは、商業社会がヒエラルヒー社会を変容してしまい、旧来から貴族の間での武勇に与えられる情念である支配欲、名誉欲を、重商主義とともに、財の交換のメカニズムによって、力による支配でなく、より「穏和な」やり方で満たし、ここに新しい情念、蓄財欲という情念が生まれると述べ、情念そのものが変容を遂げるという。

ジェイムズ・スチュアートも、イギリス社会が封建制から変化し、商業、製造業、農業、一括して「インダストリー」(industry)が従来の、上から押し付けられた封建的な「労働」(labor)とは異なった、自由で自発的な自己実現ができ、それでいて利益があがるという。インタレスティング（興味深い）なインタレスト(interests)、利益が得られる。ここで旧来の情念はフランスでもイギリスにおいても同じような種類の名誉欲だが、新しい貨幣欲、消費欲、同じことだが蓄財欲が生まれて、情念は変容して穏和になる。これが「利益は情念を鎮める」モンテスキュー、ジェイムズ・スチュアート説である。

ハーシュマンの結論に話を戻そう。資本主義が発展すると、その全貌が明らかになった。経済成長が何百人の人間を根無し草にし、不況期には失業を生んだ疎外、階級闘争の世界が待っていた。資本主義の勃興期には、利益は情念を鎮めたかに見えたが、結局成功しなかった。これがハーシュマンの結論である。

3　ハーシュマンの思想的総括

(1)　「意図せざる結果」問題と「利益は情念を鎮めたか」問題

マンデヴィル、アダム・スミス、ハイエクの三人の「意図せざる結果」問題を検証してきた。マンデヴィルの提起が、重商主義から自由放任思想への橋渡しを「意図せず」してしまったのか。「意図せざる結果」問題は重要な問題を提示する。その一つとして、マンデヴィルが付けた「熟練した政治家の巧妙な管理によって」という条件が挙げられる。これはすでに述べたように、政府が「私益が公益に一致するような政治的・社会的な仕組みのことである」として、自由放任ではなく、国家の干渉、調整がなければならないという条件である。自由放任によって「意図せざる結果」に任せてしまうのか、それとも国家がある程度介入しながら市場を誘導するのか、さらに市場に任せることが、競争を生み恐慌を生むのだから市場そのものを廃棄して「意図する」社会を築くのか、市場に任せて、国家はケインズ的にほどほどの介入なり管理をするだけでよいのか、人類が選択する社会システムの問題である。これは大変大きな問題であり過ぎる。

ではわれわれの先人達は、資本主義という社会システムをどのような経過で、「意図せざる結果」として選択したのか、「意図して」選択したのか考えてみよう。ハーシュマンは、資本主義的形態が普及した経緯をマックス・ヴェーバーと比較して検討することを読者に求めている。「マックス・ヴェーバーと彼の信奉者および批判者の多くが主として関心を持っていたのは、一団の人間が一途に合理的な資本主義的蓄積に励むようになる心理的プロセスであった。私（ハーシュマン）の議論は……今日で言えば知的・管理・行政エリートと呼ばれる人たちがこの新しい現象にどう反応したかに注目するものである。この反応が行為的であった理由は、金儲け活動それ自体が承認されたからではなく、その活動が極めて有益な副産物を産むと考えられたからである。つまりその活動はそれに従事する人間を「悪事から遠ざける」ようにし、より具体的には君主の気まぐれ、恣意的支配や冒険的対外政策に歯止めをかけるという効用があったのである。マックス・ヴェーバーは資本主義的行動・活動は個人の（キリスト教的な）救済を必死に模索した結果間接的に、そして初めは「意図せず」して生じたものだと主張する。それに対して私（ハーシュマン）の主張によれば、資本主義的形態が普及したのはむしろ社会の破滅を防ぐ方法を同じく必死になって（意図して）捜したためである。実際当時は内外の秩序が不安定だったためこのような危機感は常にあったのである。明らかに二つの主張は両立しうる。一つは野心に燃える新興エリートの動機を説明し、もう一つは様々な監視人の動機に関わるものである。……後者の見方は完全に見過ごされたのである」[24]。マックス・ヴェーバー説は「意図せざる結果」、副次的産物として資本主義的形態が生じたというものであった。それに対して、ハーシュマン説は社会秩序が余りにも不安定であるが故に、それを監視する人間達が「意図して」資本主義的形態を模索して探し当てたというものである。さらにマックス・ヴェーバー説は「意図されていなかった人間行動の驚くべき発見」として特筆大書されたのだが、ハーシュマンは「人間の行動や社会的決定が当初全く意図されなかった結果をもたらしがちであることは疑いない。しかし他方、こうした行動や決定が為されるのは、全く実現しない結果に終わるようなある種の効果が熱心で本気で期待されていたからである。構造的には前者の裏返しでもある後者の現象は、同時に前者の原因でもあるように見える。つまりある社会的な決定が下される時点においてその決定と結びついている架空の期待は、真の将来の結果から目をそむけさせるのに寄与している」[25]という。ハーシュマン説は資本主義の勃興期に、戦乱、革命があいつぎ、宗教で人間の情念を抑えられず、この不安定な社会を壊滅させないために、利益の追求という新しい情念で「意図して」収めようとしたというものである。しかし、現実の資本主義はどうなったかといえば、利益の追求という新しい情念は、初期の先人達の期待に反して、世界的な広がりをみせ、エネルギーを獲得するための大戦を二度も起こし、二〇万人以上の罪のない市民が原子爆弾で死去する惨事を招いた。封建時代のささやかな戦乱どころではない。利益の追求という情念はもう人間が制御できるものではない。貨幣→資本というモノが自己増殖して逆に人間がその陰になっている。アダム・スミスは身を挺して国家が推進しようとする重商主義政策に批判した。果たして二一世紀に生きているわれわれは身を挺して国家の進める帝国主義政策に批判してきたのか。これが文頭で提起した問題である。

市民はマンデヴィルがいみじくも述べたように、「熟練した政治家の巧妙な管理によって」誰か強力で正義感あふれた政治家が現れて「意図して」この難問を解決してくれるものと勘違いしている。しかしその架空の期待は、真の将来の結果から目をそむけさせるのに寄与している。ハーシュマン説では、先人達が「意図して」この資本主義という社会システムを選択したとする説であると見受けられるように見える。しかし、ポシビリストのハーシュマンはむしろこの歴史的事象を教訓として社会発展の可能性を見いだそうとしたのである。

最後にマルクスやエンゲルスは「意図せざる結果」問題をどのように考えていたのだろうか。マルクスは「人間が環境（歴史）を作るのと同様、環境（歴史）が人間を作る」[26]と述べた。生産力と生産関係の矛盾が社会発展の動因であると考えた。唯物史観のベースになる思想である。これにより、エンゲルスは『フォイエルバッハ論』のなかで、「人間は歴史を作る。しかし、ひとりひとりが自分自身の、意識的に欲する目的を追求するのであるから、歴史がどうなるかは分からない。むしろ様々な方向にはたらくこの多数の意志と、外界に及ぼすその多種多様な影響とが合成されたものこそ、まさに歴史なのである。……しかし一方では、歴史のなかで活動する多くの個人の意志は、たいがい、欲したものとは全く違った——ときには正反対の——結果を生み出すこと、したがって個人の意志の動因は、結果全体にとってただ副次的な意味しか持たないことを、われわれは知った。他方では、さらにこういうことが問題となる、ではこれらの動因のうしろには、さらにどんな推進力があるか？　どんな歴史的原因があって、それが行為者の頭のなかでこのような動因へ姿を変えるか？[27]」と述べ、このあとに古い唯物論はこのような問題を提示しなかったと続く。この問題は歴史法則における「必然性」と諸個人の「自由行為」との関係の問題であり、「偶然性」と「必然性」との問題でもある。

廣松渉は、この問題の事例として、需給法則という必然性が、多数の自由意志による個人の偶然性、われわれの「意図せざる結果」で何ゆえ法則化されて必然になるのかということを挙げる。「需給法則によると、物価は需要と供給との関係によって決まる。……物価が決まるためには、つまり、歴史的対象的場面における、因果的規定関係が存立しうるためには、人間の意識的な行為が媒介されなければならない。まさしく人間の意志行為なくしては何事も生起しない。この意味においては人間が物価を決めるのである[28]」。需給法則と個人の偶然的な売買行為とは関係がないのに、法則としては貫徹し必然的になる。したがって、自由が必然になるためには法則性を見いだし、これに自覚的に従わなければならない。「自由とは自然必然性の認識に基づいてわれわれ自身および外的自然を支配することである[29]」。

「意図せざる結果」問題は諸個人の自由な行動、それは利己的な自由な偶然的な行動であるが、その多数の個人の行動の偶然的な自由行動の背後に法則性があることを示唆する。これを科学的に分析して法則として摘出することが科学である。これが可能になれば自由から必然に到達し、計画的意識的な社会の設計は可能である。マルクスは「意図せざる結果」問題をこのように考えたと考えられる。しかし、マルクスの後継者達は、科学に基づいて社会主義を設計し見事に失敗してしまった[30]。「意図せざる結果」の正に逆転のケースである。自然科学の世界では、人間が宇宙に出かける自由を解明し、医学の世界でも人間の組織を再生しようとしているのに、社会科学では未だに失業・貧困・恐慌問題を回避できずにいる。それは社会科学が遅れを取っているのではなく、自然ではなく生身の人間世界を扱う社会科学そのものの困難さによるのである。人間の情念は、「利益」や「名誉」などの道具だてでは治めきれないのである。

自生的な自由放任か、国家が介入して調節するのか、偶然性に潜む法則を分析して必然の世界にするのか、設計主義かということは、「意図せざる結果」問題に潜む重要な問題である。これは市場問題だけとは限らない。教育、自然破壊、汚染、政治腐敗、経済格差、食品汚染、あらゆる問題に潜んでいるのである。考えてみれば、自然科学も「意図せざる結果」問題の連続であった。この現象のなかから分析し、基本にあるなにか（something）を見いだし本質を探ること、これが科学である。

おわりに

本山美彦は、The Passions and the Interests の The Passions を「情念」と翻訳するのはハーシュマンの意図を正確に伝えていないのではないかと言う。

確かに Passion に The をつけるとキリストの受難を表す。Passions と複数になっているのは、有史以来民衆が受難を受け支配者は支配欲の情念を燃やし続けてきた、正に受難史であったことを示しているようにも思われる。資本主義の揺籃期には一旦、「利益」は支配欲の情念を鎮める機能を示した。しかし情念は、さらに貨殖欲という情念に変わり、再び民衆を戦争に駆り立て、罪のない民衆が大量死することが二一世紀になっても続いている。ユダヤ人ハーシュマンは、自らの正義感の実現を目指して、ドイツの社会民主党青年運動に参加し、スペイン共和国政府義勇軍やイタリアでのレジスタンス活動にも参加して、ハーシュマン自身、最も誇り高き仕事と自認する、ヨーロッパ知識人の亡命支援活動[31]を行った。この体験と、「社会科学があまりにも無力」という焦燥感。これらがハーシュマンに The Passions と表現させた所以なのであろうか。訳者が「情念」と翻訳したのはやむなしとしても、ここに「受難」の含みがハーシュマンにはあったのかも知れない。キリスト教文化になじみのない日本人は、このキリスト教的受難の真意が伝わってこない。「情念」だけでなく「受難」と含めて考えるところが重要である。本山教授の示唆はこの点にある。

フォイエルバッハが『キリスト教の本質』で明らかにしたように、絶対的象徴として意識される父としての神と、人間の苦悩と痛みを愛の絶対性において引き受ける心情的対象としての神。十字架において血を流したキリスト、これは子としての神である。ハーシュマンの宗教的心情はどうであったか知らない。しかし、ユダヤ人として苦渋を舐めた体験から、これを解決する社会科学に求めても「社会科学があまりにも無力」という苦悩、そして、無力なのは社会科学のせいにしてはいけないという苦悩があった。「意図せざる結果」すべてが解決に導かれることができれば「見えざる手」の導きに任せばよいというが、しかし現実には、恐慌も侵略戦争も起こっている。マンデヴィルの言うような「政治家の巧妙な監理」にも期待はできない、政治家＝国家も情念に引き寄せられて運動することが良くわかった。ここに「情念」と「受難」の複合的な意味への理解を読者に求めているのである。

もう一つは、The Passions and the Interests the Interests の問題である。これはハーシュマンも解説しているように Interest［面白い、興味がある］が、複数の the Interests になると［利益］に変化するという問題である。

資本主義はマックス・ヴェーバー説のように、禁欲、勤勉が救済を求めるキリスト教の精神に合致したからではなく、労働が自発的で、面白くその積み重ねが利益となり、お互いの生活を豊かにするから起こったのだ、ということをハーシュマンは言おうとするのである。ここにはシュンペーターのイノベーション論と共有する議論があるようにみえる。しかし、これも資本主義の揺籃期にあった話である。利益の追求が資本形成となって再び資本が人間世界を蹂躙してしまう。資本そのものが自己増殖して人間はその影で貧しい。だからといって利潤概念を放棄してしまうと旧ソ連型の社会主義になってしまう。旧ソ連では利潤の測定を、でき上がった生産物の重量で測定した。重ければ「良し」。こんな漫画のような制度を社会主義だといっていた。つい最近まで現実にあった話である。利潤を上げることがなければ崩壊してしまう。しかし、ここに情念が働いてはならない。「意図せざる結果」でゆくのか「意図して」ゆくのかという問題について、「社会科学があまりにも無力」と社会科学のせいにして避けてはならない。先人達は「科学せよ」と諭してくれている。

注

（1）ハーシュマンの自伝的評論として、ハーシュマン『方法としての自己破壊』田中秀夫訳、法政大学出版局、二〇〇四年、がある。また、矢野修一『可能性の政治経済学』法政大学出版局、二〇〇四年、七〜一二頁も参照されたい。
（2）上田辰之助『蜂の寓話――自由主義経済の根底にあるもの』新紀元社、一九五〇年、九四〜九五頁。
（3）マンデヴィル『蜂の寓話Ⅰ』泉谷治訳、法政大学出版局、一九八五年、三〜四頁。
（4）河上肇『資本主義経済学の史的発展』弘文堂書房、一九二三年、二一〜二二頁。
（5）同前、三四七頁。
（6）同前、三二一頁。
（7）田中敏弘『マンデヴィルの社会経済思想』有斐閣、一九六六年、七八〜七九頁。
（8）中野聡子「マンデヴィル評価の問題点」『経済研究』第114号、明治学院大学、一九九九年、を参照されたい。
（9）ハーシュマン『情念の政治経済学』佐々木毅・旦佑介訳、法政大学出版局、一九八五年、一一〇頁。
（10）アダム・スミス『道徳感情論（上）』水田洋訳、岩波文庫、二〇〇三年、一三三頁。
（11）ハイエク『市場・知識・自由』田中正晴・田中秀夫編訳、ミネルヴァ書房、一九八六年、一一七頁。
（12）アダム・ファーガスン『市民社会史』上巻、大道安次郎訳、白日書院、一九四八年、二三八頁。
（13）ハイエク『市場・知識・自由』一二五頁。
（14）同前、一二四頁。
（15）ハイエクが個人主義というのは自由主義と同義で、「真の個人主義」とは、「人間の社会生活を規定する、諸力を理解する試み、……この社会観から導きだされた一組の政治的格率」としている。人間性のもつ弱さと無知の自覚で自生的秩序に信頼をもつのが「真の個人主義」で、「偽の個人主義」は設計主義の傾向が内在していて社会主義に転化する合理主義と考えている。ハイエク『市場・知識・自由』の「真の個人主義と偽の個人主義」を参照されたい（一〜五一頁）。
（16）ハイエク『市場・知識・自由』八〜二〇頁。
（17）ハイエク『科学による反革命――理性の濫用』佐藤茂行訳、木鐸社、一九七九年、四六頁。
（18）ハーシュマン『反動のレトリック』岩崎稔訳、法政大学出版局、一九九七年、一九頁。

(19) 矢野修一『可能性の政治経済学』法政大学出版局、二〇〇四年、五八〜六八頁。
(20) モンテスキュー『法の精神』根岸国考訳、河出書房、一九七四年、二七七頁。
(21) 川出良枝『貴族の徳、商業の精神――モンテスキューと専制批判の系譜』東京大学出版会、一九九六年、三一一頁。
(22) モンテスキュー『法の精神』三一四頁、ただし文末の「人間の情念……」は佐々木訳に従った。
(23) 小林昇『小林昇経済学著作集Ⅰ　イギリス重商主義研究』未来社、一九六七年、五〇〜五一頁を参照されたい。
(24) ハーシュマン『情念の政治経済学』一三〇頁。
(25) 同前、一三一頁。
(26) マルクス＝エンゲルス『ドイツ・イデオロギー』廣松渉編訳、岩波文庫、二〇〇二年、八八頁。（　）内は引用者。
(27) エンゲルス「フォイエルバッハ論」『マルクス・エンゲルス選集12』新潮社、一九五六年、二二四〜二二五頁。
(28) 廣松渉『廣松渉著作集第十巻　マルクス主義の哲学』岩波書店、一九九六年、一五八頁。
(29) エンゲルス「反デューリング論」『マルクス・エンゲルス選集11』新潮社、一九五六年、一〇八頁。
(30) マルクスは、株式会社という制度利用が未来社会への通過点の核となると述べてきた。株式会社という制度は市場貨幣も擬制資本まで必要とする、後継者達はこのマルクスの理論を無視して生産手段を国有にする市場なき計画経済システムを建設した。これはマルクスの社会主義でもなんでもない。これについては小著『マルクスの株式会社論と未来社会』（ナカニシヤ出版、二〇〇九年）を参照されたい。
(31) 矢野『可能性の政治経済学』四頁の脚注1を参照。

第2章　「重商主義批判」・「富のパラダイム転換」をしたアダム・スミス

はじめに

スミスを、未来社会を論じた社会思想史上の人物の一人として登場させるのは、読者に奇異の念を感じさせるかもしれない。しかしスミスの『国富論』『道徳感情論』はスミス（1723-1790）の生存時代に、イギリスの資本主義が原始的蓄積時代を経て、産業革命の嵐に入り込んでいく過渡期にあたり、のちのリカードの時代とは異なって、資本を大工場に投資し、商品が過剰になる恐慌もまだ発生していない比較的明るい世界であるはずであるにもかかわらず、スミスは早くも『国富論』のなかで「一人の大金持がいれば少なくとも五〇〇人の貧乏人がいるにちがいなく、少数者の豊かさは多数者の乏しさを意味する。富者の豊かさは貧乏人の怒りをかきたて、かれらは欠乏に駆られ、同時に妬みにそそのかされて、しばしば富者の所有物を犯すにいたる」[1]。と述べるに至っている。二一世紀の今日も全く同じ状況であり、このことはスミスには未来を見る目を持っていたと印象づけられる。本章ではスミスがこれから発生していく資本主義の危機および重商主義に追随して、「全体の正義」として推進しようとする国家に対して「重商主義者による自由放任を阻止しなければならない」と抵抗していくスミスの発想転換、言わば富感覚のパラダイム転換を検証する。これは次章で論証するケインズの「自由放任主義の終焉」とはもちろん異なるが「自由放任主義の第一の終焉」と位置づけしたい。

スミスそのものは個人主義者で自由主義者ではあったが「自由放任主義者」であったかどうかは疑問である。(2) スミスは『国富論』で「自由放任」(laissez-faire)という語を使わなかった。ただ第四篇で、「特恵あるいは制限を行ういっさいの制度が、こうして完全に撤廃されれば、簡明な自然的自由(System of natural liberty)の制度がおのずからできあがってくる。そうなれば各人は、完全に自由に自分のやりたいようにして自分の利益を追求し、自分の勤労と資本をもって、他の誰とでも、他のどの階級とでも、競争することができる(3)」と述べている。

スミス自身はそのためにはこれを乱す重商主義者の行動を阻止して、不純物を除去しなければならないと考えたのである。

さらに未来社会を見据えるスミスとして、「全体に対する効用が正義の効用」というスローガンのもとに、国家・為政者が、国民を犠牲にして、スミスの時代から二一世紀の今日まで「正義」の名のもとに不正義が行われている現実を認識して、未来社会はどうあるべきかを思考する。

1　スミスの富のパラダイム転換とは何か

スミスの偉業は、商業社会において人間の行為はもはや直接にその結果と結びついているのではなく、無数の経済人の行為が織り成されて、本人も意欲していない客観的な結果を生み出すという過程を分析したところにある。「パンが欲しければ、パン屋の慈善心に訴えず、利己心に訴える」利己的行為の「意図せざる結果」として、社会の公共心が生まれる。スミスは、歴史の原動力を「経済」人に求めたが、経済人の行為の結果は彼の意図したことと違う。

スミスはそのことを「作用原因と目的原因とは違う」という表現で言い表し、『道徳感情の理論』でおおよそ次のように言う。個々人の意欲したとおりのことが実現するのではなく、無数の人間の行為は織り成されて、彼の意図したことと全く異なる結果をつくり上げている。個々人は社会全体の利益を考えて行動するのではない、交換に際しても自己の利益だけを考えて行動する。これが交換行為の作用要因である。しかしその結果は今までは、自然に対して孤立して働きかけていた人間が、社会的に結合した労働で自然に働きかけて、社会的生産力の上昇という行為者の意図せざる結果を招く。資本家も自己の利益の増大を目指して蓄積し、資本を投下したものがその結果は社会的なストックになり、社会的労働になる。市民社会の生産力構造になる。利己的な人間の利己的な行為が、社会の善につながる制度。これを人間の行為の違いを同感の原理で追いかけ、その客観的な違いを生産力の機構の観点から分析して、資本主義制度の仕組みを認識したことにあった。

スミスが目指したのは、「自由の闘士」として自由主義の思想を守り抜くことであった。それでこそ自由放任として純粋に効率的な資本主義が生まれる。仮に効率や不安定性があれは、「見えざる手」の働きで除外できる。この不純物を除去さえすれば、後は自由放任主義に徹すればよい。ところが重商主義者達はスミスの考えとは違う、それだけではなく国家、政府も重商主義を促進しようとする。どこが違うのか、それは二つある。一つは富とはなにか、重商主義者たちは国富の基礎を貨幣・金銀におく、スミスは貨幣なるものは交換の便宜上の手段でしかない。国民が望むのは安価で豊かな必需品、便益品であり、そのためには、分業による生産力の増大と、市場という商業社会の発達である。これがスミスの目指す市民社会である。二つ目はスミスの考える「自然の順序」である。国富を外国に求めるのは最後でよい。まず農業。そして国内の製造業、最後に外国貿易。ところが国家、政府、重商主義者はこの自然の順序を間違えている。自由の闘士として自由主義を守り抜くためには、重商主義を批判して、政府・国家も、この履き違えた自由放任を終焉しなければならないと考えたのである。

スミスの経済的自由主義の思想は基本的には、個人的自由主義である。個人の権利を尊重しつつ、公共の秩序を維持することは自由主義の目標である。しかしスミスは社会的分業を基盤として利己心を原動力とする商業社会では、個人はまず自らの私的利害を考えればよい。結果として社会は「見えざる手」に導かれて豊かになる。なまじっか個人が全体の利益を考えて行動しても意図したとおりに公共の秩序は維持できない。スミスはこの公共の秩序を維持する役目は統治機構に求めた。ところが国家の統治機構は一部の人間に利益誘導する重商主義政策に加担している。これを放任することはできない。

スミスが得たことは、私有財産が如何にして人間を変え文明社会を滅ぼしていくか。このアピールがフランス革命のエネルギーとなったのだが、イギリスではすでにピューリタン革命＝名誉革命によって封建的なものはすでに退治されている、スミスの批判の対象は重商主義者たちが「公共的利益」と称して行われているウイッグ的政策[4]が国家の名で行われる。それは内田義彦が述べるように「スミスの批判が正義を無視する旧地主の特権的利己心——それが農業の資本主義の発展を妨げ、市場構造をゆがめ脆弱化した——とウイッグ的政治家の持つ高慢ないわゆる国家理性……強制せられるべき正義（＝法）の範囲を拡充して保護体制をきずき上げ、公共的利益とか国家の富と力の名のもとに、消費者の犠牲において生産者、商人に対して独占的利益を与えた[5]」いわば「全体のための効用」このスローガンで重商主義者たちは封建的地主や前期的商人のもつ特権を打ち砕いて、近代化していった、とする法理論をヒュームは述べ、スミスはこの法理論は誤りであることを、恩師ヒュームには述べないで『道徳感情の理論』に散りばめた、と前掲書『経済学の生誕』で述べている。また内田義彦『経済学史講義』においても、「全体にたいする効用が正義の根拠」この正義の概念の確定にスミスは心血を注いで『道徳感情の理論』に「全体に対するわれわれの関心は、その全体を構成しているそれぞれ異なる個人に対してわれわれが感ずる個々の関心から出来上がっている。特定の個人が不法に傷つけられたのかが問題で……ある一人の人間が傷つけられ、殺された場合、われわれは社会の一般的な利害関係を考慮するためにその人に加えられた悪事の処罰を要求するのではなくて、むしろ危害を受けた当の個人だけの問題としてかような処罰を要求する」(『道徳感情の理論』米林富男訳、一八六〜一八七頁)。国家の強力によって罰せられるべきは、特定の人間に対して加えられた直接の侵害のみである。「全体にたいする効用が正義の根拠とする考えは、直ちに全体に対する効用が法律の根拠とする考えに道を開き、国家によって強制されるべき法の範囲を……正義の維持をこえて……不当に拡充して、重商主義の政策体系の基礎づけになってくる(6)」。

次にヒュームとスミスとの思想的影響と差異について検討する。内田義彦は、スミスが敬意を抱いて表面的には批判しなかったヒュームに対して一点だけ以下のように論じている。スミスが、国が行おうとする重商主義政策に批判していたのは、正義の名において、偽の富＝貿易上の均衡を維持するための強制で行おうとしたからであった。国は目的と手段を倒錯している。スミスのいう作用原因と目的原因とが区別されずにいるのである。倒錯している人間の目的は「自己の地位の上昇」によって「他人の注目と称賛のまと」になることである。富が全国民の幸福を満足させる手段でなく、倒錯した人間の手段となっている。本来は「見えざる手」の導きによって、この仕組みが原動力となって「富が貨幣」でなく「生活の必需品および便益品」とならなければならない。しかるに、ヒュームの法理論では、国家の強力によって罰せられるべきは、特定の人間に対して加えられた直接の侵害のみである。確かにここまでは正しい。しかし、スミスが問題にするのは、社会全体の効用を促進する観点から施行された法――例えば重商主義政策――に背いた場合は同じ扱いでよいのか、ということである。「全体に対する効用が正義の効用」とする考えは、作用原因と目的原因とを混同している、と批判しているのである(7)。それに対して、田中秀夫は内田説に対する疑問を述べる。「スミスの批判の対象は、権威の原理と功利の原理という原理自体でなく、トーリー地主やウイッグ政治家の政治的、社会的行動であった……全体の効用が正義の根源であるとする考え——内田によればヒュームの法体系の考えであった——が、「「国家によって強制されるべき法の範囲を不当に拡充して重商主義的政策体系の基礎づけになっていた」のであって、そのような「ヒュームの法理論を発展的に覆すことが『道徳感情論』の全巻に秘められた動機となっている」という理解にたっていたからである」[8]。内田の議論は、ヒュームを重商主義的イデオローグに仕立て上げる短絡的手法にあると批判される。

ここで問題にしなければならないのは、ヒュームとスミスとの間で「全体の効用が正義の根源であるとする考え」について差異があったのだろうかという問題である。これは個と全体の正義感の問題である。

筆者は、内田が取り上げたスミスの議論が、『道徳感情論』第二篇「正義と慈恵について」第三章「自然のこの構造の効用について」の中での有名な「作用原因と目的原因との区別」論とリンクして述べられているように思う。スミスは全宇宙の植物、動物体の機構においては、それが見事に個体の維持と種の増殖という目的に作用するように工夫されているが、しかし社会全体の精神の働きを説明するに際しては、これら二つの違ったものごとを、相互に混同しがちであるという。社会全体の機構は個々人の単位であり、この個々人の総和が歴史をつくるが、個々人の意欲した通りのことは社会全体に実現しない。実現したら目的原因と作用原因とは一致するが、無数の人間の行為が織り成されるなかで彼の意図したこととは全く異なる結果をつくってしまう[9]。個人は社会全体の利益を考えて行動しない。誰もが自分の利益だけを考えて行動する。その結果、スミスは分業、交換によって社会的生産力は増大して行為者自身も意図しない「文明社会」を築こうとしているという。スミスの考えでは、重商主義政策では国家の富とはならず、「便益品の年々の増加」とはならない。ところが、国家は重商主義を推進しようとしている。そこでヒュームが述べる「正義」を個人から国家に拡大したときは、全体に対して国家が強制することになるのではないか、というのがスミスの批判であるが、内田はヒュームの法理論が重商主義に基礎づけているという問題ではなく、スミスはこの「全体に対する効用が正義の効用」問題をクリアしなければ重商主義を打破できないと考えた。

そこで、スミスの理論を別の事例で考えてみる。個と全体の正義感覚の事例として、『国富論』第四編第七章「植民地について」で東インド会社にみる使用人達の地位濫用による国益を害しているケースを列挙して、スミスは「私がむしろ非難したいのは、その植民地統治の制度なのであり、使用人たちのおかれているその地位であって、そこで行動した人々の人柄ではない。かれらは、自分達の地位がおのずから促すままに行動しただけのことであり、声を大にして彼らを非難した人々といえども、いったんその地位におかれれば、今の使用人よりも好ましく行動しなかったであろう(10)」と述べている。スミスの正義論ではこの善し悪しは「中立的な観察者の目」を本人が意識するかどうかであるにしても、作用原因と目的原因とが異なってしまった、この事例のような「意図せざる結果」の逆転のケースが起こらないような組織的政策を管理者に求めているのである。筆者はヒュームの正義感と、内田説のヒュームが重商主義に組みしていたと考える見解とは別問題であると考える。ヒュームが重商主義的見解を持っていたのかの問題はヒューム『政治論集』論説三「貨幣について」で述べている見解で充分判定できる。「貨幣は適切に言えば、商業の対象の一つではなく、財貨相互の交換を容易にするために人びとが承認した道具にすぎない(11)」。したがって真実の富は貨幣を媒介として交換される必需品、便益品などの諸商品であり、ヒュームの唱える機械的貨幣数量説から考えてもヒュームが述べているように「外国貿易については、非常に多量の貨幣は、あらゆる種類の労働の価格を騰貴させて、むしろ不利益である、と思われる(12)」。ヒュームは重商主義に批判的と考えられる。ここでのスミスの個と全体の正義についての問題解決は組織的制度をつくっての解決と、個が全体に服従する「権威の原理と功利の原理」を定着することだった。政府に服従する場合のスミスの姿勢は「全体の利益のために政府の決定に服従するのみである」と述べていて、あくまでも「全体の利益」優先という点ではヒューム的だと田中は述べている(13)。

田中秀夫はヒューム『政治論集』（解説）「ヒューム『政治論集』の歴史的、現代的意義について」のなかで、「ヒュームは透徹した経済認識に到達してもいた。商業のもたらす自由と富は大きな恩恵である。しかしながら、間違った社会認識と権力欲をもった為政者によって、重商主義的権力政策が推進されているとヒュームはみていた」と述べている。(14)筆者にはヒュームとスミスとの間での「全体に対する効用が正義の効用」問題での「個と全体」では思考の違いはないように思う。但しヒューム、スミスを評価できるのは、国家に服従する前に、重商主義が果たして、「全体の利益」になっているのかを検証しこれに異を唱えたことである。

さてスミスがヒューム、ジェイムズ・スチュアートとは全く異なったパラダイム変換をしたのは何だろうか。スミスは次のようにいう。「分業がひとたび完全に確立すると、人が自分自身の労働の生産物によって満たすことが出来るのは、彼の欲望のうちのごく小さい部分にすぎなくなる。彼は、自分自身の労働の、生産物のうち自分自身の消費を上回る余剰部分を、他人の労働の生産物のうち自分が必要とする部分と交換することによって、自分の欲望の大部分を満たす。このようにして、誰でも交換することによって生活し、いいかえると、ある程度商人となり、そして社会そのものを、まさしく商業的社会とよべるようなものに成長するのである」(15)。ここではすでに商品生産の社会が完成している。ヒューム、ジェイムズ・スチュアートが述べる農工分離は完成しているだけではない。スミスにとって、富とは金銀でなく、ハーシュマンが近年邦訳著『連帯経済の可能性』の序論で、スミス『国富論』から引用しているように、「――生活をもっと良くしたいという欲望は――母親の胎内にいるときに生まれ、墓場に入るまで決してなくならない」(16)この普通の人間が望んでいることを満たすことなのである。このスミスの「商業的社会」は当然ながら市民革命を経たのちの、各人がその労働生産物を持ち寄って交換しあう社会であり、各人が生産者であって商人である社会である。したがってまだ資本主義社会ではない。矛盾した不安定な時期で発生した社会である。しかしここにイギリスにおいて初めて国家でなく社会、それも市民社会が発生し、ここから資本主義に移行していくのである。

スミスが誕生した一七二三年以前に遡るが、産業革命から市民革命を経て資本主義が成立する過程を検証してみる。羊毛産業の発展から羊を大量に必要とし、農民を土地から追い出す、エンクロージャー運動がはじまる。原始的蓄積の時代である。ここで追い出された貧しい農民はルンペン・プロレタリアートになり、産業革命が起こる。角山栄は「本来森林面積三五％前後の森林資源の乏しかったイギリスにおこったエネルギー革命、すなわち薪炭（有機的燃料）から石炭への燃料革命ないし動力革命として」捉えている。[17]こうしてまず初期産業革命が起こる、資本家ブルジョワジーと、労働力しか売るものがないプロレタリアートに分化していくのだが、マニュファクチャーから工場機械制生産が始まるが、しかし当然ながら大規模生産方式による技術革命がそれに続く、「その資本は……大体は貿易から蓄積された商人の資本から、又土地を兼併しつつあったジェントリーのブルジョワ的経営からきた」[18]。ジェントリーとは、上は貴族、下はヨーマンとの中間的位置に属する地主層であるが初期資本主義の段階では剰余価値のかなりの部分が土地所有に向かい、再生産の外に出ていく傾向にあった。当時一六世紀後半の利子率からすると土地投資は有利ではないのにジェントリーへの上昇意欲が土地に流れていった。角山栄はこのジェントリー的資本がイギリスでの革命的な担い手になっていくと述べている。[19]

産業革命の担い手は商人および進歩的地主＝ジェントリーであり、絶対主義はジェントリーによって成立し、一七世紀にかけて、絶対王政とジェントリーはともに甘い汁を吸い合う、しかし利害は対立していく。商人との緊密な提携は破れ、ジェントリーそのものがもつ、ブルジョワ的と封建的との相反する性格は分裂してジェントリーが階級的分解を遂げる。その結果絶対王政と対立してついに市民革命において絶対王政を打倒するに至る。その主役は一般民衆でもなければ、ピューリタンによる反抗でもない。[20]この市民革命は、民主主義革命というより、半封建的な性格をもったジェントリー革命であったと角山栄は分析する。[21]

そのわずかな狭間で生まれ、間もなく消えていく資本主義への過渡期、これが商業的社会なのである。資本主義の成立過程が示すように、エンクロージャーたる原始的蓄積も、産業革命も、ジェントリーという商人資本家が主導し、市民革命により絶対王政を打ち倒して、資本主義を成立させた。スミスは商業社会において市場を通じて貨幣を交換手段として各人の利己的行為で、無数の人間の行為が織り成されていく社会。これになぜパラダイム変換という位置づけを与えるのか。それは市民が主人公である市民社会という観念が初めて開花したからである。スミスによれば、「生活をもっと良くしたいという欲望」を満たしてくれるのは、金や銀の貴金属ではなく国民の必需品と便益品であって、それは国民の労働から生まれる。これが十分に供給されるかどうか、その端緒となるのが商業的社会だ、とスミスは述べたのである[22]。

利己的な個の行為を全体の利益とするためには、「見えざる手」の働きを通じて結局全体の利益を予定調和的に実現していくというのがスミスの商業的社会であり、このためには外から加えられる強制や制限を「独占」として排撃しなければならない。国家はこの独占的重商主義者を「全体に対する効用が正義の効用」というスローガンのもとに保護しようとする。国家と重商主義者とは運命共同体になっている。この自由放任は何としても阻止しなければならなかった。スミスが社会の存在のための大黒柱として「正義」にこだわって、『道徳感情論』を書き、その具体的な処方箋として『国富論』を書いたのである。

以上の「個と全体の正義感覚」の事例が示すスミスの見解こそがそれまでの見解とは異なったコペルニクス的パラダイム転換であったと理解する。

2　スミスから学ぶ未来社会

スミスの存在価値は経済学の父として後世に、経済学の誕生に経済学史的に寄与したことである。小林昇は「スミスの『国富論』の本質的特徴のひとつは、それが過去とその帰結である現在とへのつよい批判的意図のもとに書かれていることである(23)」と述べている。この観点は筆者も同感である。経済学を学ぶ目的とは現在・未来社会をどのように豊かにしていくかを思考することであり、原点をここに求めなければならないと思うからである。

マルクスがスミスを批判的に分析して掴んだのは、「剰余価値論」であり「価値形態論」であった。スミスは確かに重商主義者達が富としているのは貿易差額の確保による金銀ではなく、市民が求める商品であることを掴んではいた。ではその商品を分業によって生産力を上げる。これが資本主義社会での富の基礎である。貿易の差額によってではなく真実の富は生産と消費の差額である。これを基準にして社会的に分業している。一見すると労働が孤立しているようだが市場を通じて貨幣を媒介して交換している。この場合交換の比率はどのようになるか。スミスは初期未開の時代と、資本主義のシステムで分業している時代とでは、商品価値が変化していることに気がつく。『国富論』第一篇では労働が交換価値の尺度であり、その商品を獲得する、尺度は「労苦と骨折り」である。これを投下労働価値説と名づけた。ところが資本家が現れて、機械を利用して商品をつくると、全部が労働者のものではなくなる。その価値は、全生産物のうちの一部分しか支配できない。ここでは支配労働価値説で説明する。商品に投ぜられた労働と、その商品が市場で支配、または購買しうる労働量とは一致しなくなる。文明社会では投下労働価値説では妥当性を失う。スミスが発見する利潤の源泉はここにある。ここでは「職人たちが原料に付加する価値は、この場合、二つの部分に分れるのであって、その一つは、かれらの賃金を支払い、他の一つは、かれらの雇主が前払した原料と賃金との全資本にたいする雇主の利潤を支払う。……資本の利潤とは、ある特定の種類の労働、すなわち監督し指揮する労働の賃金にたいする別名にすぎないと考える人があるかもしれない、けれども利潤は、賃金とはぜんぜんちがったものであり、まったく異った原理によって規定されたものであって、監督し指揮するというこの想像上の労働の量や辛さや創意とは、少しも比例するものではない(24)」として監督労働の間違った見解を否定する。マルクスは『剰余価値学説史』で「これはまったく正しい。資本主義的生産を前提とすれば、貨幣または商品で表わされる対象化された労働は、それ自身に含まれている労働量のほかに、常に資材の利潤のために生きている労働の一部分を無償で取得する、すなわち支払うことなしに取得する(25)」。不払い労働をさせて労働者を搾取するのである。スミスによる「剰余価値」の発見を評価しているのである。

ではもう一つの「価値形態論」。筆者は第5章でマルクスはリカードを批判するなかで、「価値形態論」をつくり上げたと書いた。しかしそれより以前にスミスを批判する過程でも発見して「価値形態論」を練り上げていた。商品の交換とは労働の交換であるが、これは貨幣を媒介する。しかしその前に、マルクスは商品と商品との交換を分析する。二〇エルレの亜麻布一枚という商品が一枚の上着という商品と交換されるには、二つの重要な観点を互いにもつ。一つは使用価値として必要なものか。もう一つは交換価値すなわち、それを生産するのに、どれだけの手間、労働時間がかかったかの観点である。

交換に際してどれだけのスミス的にいえば「骨折りと労苦」があったかは、定かにはわからないが交換が成立するためには、交換価値でなくまず相手の商品一枚の上着の使用価値で判断する。交換してみてあとで同等の交換価値だったのかがわかる。それなら次に二〇エルレの亜麻布が、一〇ポンドの茶と交換されると二オンスの金とも交換してもらえる。いつのまにか二〇エルレの亜麻布が、一般的な「価値形態」から貨幣の形態をとることになる。これがマルクスにより思考された「価値形態論」である。二〇エルレの亜麻布という商品の形態が、自然形態と価値形態に分かれるのである。

ところがスミスはいきなり交換手段としての貨幣に置き換えて交換行為が行われると考えた。逆にマルクスはこのスミスへの批判から「価値形態論」を探り当て、資本主義での搾取の仕組みを暴いたのである。資本主義では労働力が商品となる。資本家は貨幣でこの商品を買う。この商品の交換価値は一日の生活費などで、この交換については双方が納得して契約したものである。使用価値はこの労働者が一日の生活費を上回る価値＝剰余価値を産んでくれることである。資本主義はこの仕組みで成り立っている。搾取が合法化されたシステムである。スミスはこのシステムを嗅ぎ付けた。そしてマルクスに引き継いだのである。

マルクスがスミスから受け継いだのはこれだけではない、スミス自身はマルクスのように、類的存在の概念として意識はしていないと思われるがスミスにある共同資産（common stock）の思想である。「人間の間では、はっきり違った天分がたがいに役にたつのである。すなわち、取り引きし、交易し、交換するという一般的性向のおかげで、人間のそれぞれの才能が生み出す様々な生産物は、いわばひとつの共同の資財となり、だれでもそこから、他の人々の才能の生産物のうち自分の必要とするどんな部分でも購入することが出来るのである(26)」。「動物は、たとえ才能があったとしても、それをいわば、共同資産としたり、生産物を交換したりすることは出来ない。従って彼らの才能の差異は、彼らにとって何の役にも立たない。人類においては全く事情が異なる。即ち彼らはその幾多の生産物を量または質を通じて交換することが出来る。運搬人は哲学者のために荷物をはこぶことによって有用であり、そのかわりに、運搬人は哲学者が蒸気機関を発明することによって、より安い石炭を使うことが出来る(27)」。この思想の重要性に注目される、池上惇によると「人間の才能を分業・契約にになう人間相互の対話＝コミュニケーションと、その対話のひろがり（ネットワーク）のシステムが社会にとっての一つの共同の資産＝共同財である、と言う点にまで立ち入っているが——スミスのように直接には目に見えない人間の才能を財や資産と呼び——分業や交換をつうじて、人間が個々人の才能を発達させ、それを社会的に結びつけて一人一人では発揮できない共同の力を発揮させる、という過程を具体的に認識するうえでは、極めて有益な考え方であり、表現の方法であるということが出来よう(28)」。

スミスによればこうして行われる分業による商業社会が貨幣で媒介され市場の大きさで制限されるところまで見抜くが、この商業社会が人類の最良の到達点たる認識からは脱却できなかった。マルクスは『ドイツ・イデオロギー』時点ではこのスミスの目に見えざる財が共同資産（common stock）となる点を、分業から導き出されている、分業＝労働の分割＝私的所有といっている点からすると、スミスの分業概念の認識に不明確さがあり、共同資産の共同占有まで、この段階ではスミスには把握できていないが、のちにスミスのこの思想を類的存在としての人類の財産にまで及ぶと認識するに至った。これは言ってみればスミスによるアソシアシオンの思想であった。これはマルクスに引き継がれた。

スミスを、未来社会を思考する、社会思想史上の人物に登場させたのは、ほかでもないスミスの生存当時から二一世紀の今日まで、スミスが問題にした、重商主義批判である。「全体に対する効用が正義の効用」というスローガンのもとに、国家が国民を犠牲にして、スミス当時は重商主義者、独占的商人に、それ以後は、国家に従属する、独占資本を対象としてスミスの目からは不正義が行われてきた(29)。スミスは命をかけて『国富論』を書き重商主義政策を批判してきた。そして資本主義を批判して未来社会を構想するマルクスに大きなヒントを提供した。

このことの事例を挙げて未来社会に備えなくてはならないと考えるからである。それともう一点、それは先駆者としてのヒュームに始まるのだが、「公債や金融はそれ自体有益な公共財であるが、度を越えて利用すれば極めて危険なもので、商業文明を破壊する力となる。それはバブルと戦争を引き起こしかねない。為政者は商業文明を発展させるべく、勤労と結びついた平和産業を重視する政策をとるべきである[30]」と忠告していることである。スミス当時も金融バブル事件が発生し、自身も体験しているのだが、今日金融がカジノ的金融となり世界的な危機をもたらしている。このことをスミスの教訓として取り上げたい。

(1)　二つのケースで考えるスミスから学ぶ未来社会

ケース①帝国主義戦略としての過去・現在・未来

帝国主義としての過去は周知のように、日本では一九三一年、満州事変から始まった。その後一五年間戦争に足を突っ込み、日本は朝鮮・台湾・中国の一部を植民地として帝国主義的戦略を展開した。この帝国主義戦略は軍事推進のエネルギー確保と、国内の産業維持だった。日本の国民は「お国のために」のスローガンのもとに、若者は軍隊に採られ戦死し、第一線を退かれた人は在郷軍人としてひっそりと、「お国のために」家にある金属、刀、骨董品まで供出し、お金は郵便局へいって国債に変える[31]。そして庭に防空壕を掘り敵の来襲に備える。しかし敵は確実に来襲してくる。遂に街は焼かれ、家は焼かれて、ヒロシマ、ナガサキに原子爆弾が投下される。二九万人の死傷者が発生した。「お国のために」身をささげた。これがスミスのいう「全体に対する効用が正義の効用」というスローガンである。

過去はよく承知している。現在も帝国主義なのかどうか。レーニンは資本主義最後の世界システムが帝国主義で、「帝国主義とは、経済の局面や段階ではなく政策である。正に金融資本の好む一定の政策である[32]」。それは不均等な各国資本主義の発展のもとで国際競争を不可避とする。つまり先進資本主義国と後進資本主義国との間の資本の希少性の相違は各国間の利潤率格差を生じさせ、先進から後進へと流れ込む国際資本移動の結果、後進資本主義のほうが先進資本主義のそれを上回るという形で各国資本主義は不均等に発展する。その時間的経過のなかで強大化した後進資本主義国がそれに応じる市場と原料供給地を求めていく、先進資本主義はその要求に応じないから、世界の再分化は戦争という形をとらざるを得ない。第一次世界大戦でも「帝国主義時代」を終わらなかったから「第二次世界大戦」となってしまった。日米貿易摩擦も、戦後の日本はアメリカからの資本流入と、日本の優れた技術開発で、生産力が急速に増大して、アメリカ市場に逆に有利となって生じた摩擦である。もちろん日米の関係は軍事的なアメリカによる防衛で、摩擦が戦争には発展しない。紛争としては、安定はしている。しかし次のケース②で述べる日米間摩擦もアメリカとの関係では紛争になるわけではない。しかし日米為替戦争で経験したように、一ドル＝三六〇円が七五円にまで円が切り上げられてくる。これは戦争以上の行動である。ここで被害者は誰か、やはり、職場を追われて失業者になるのは国民であり、大企業の下請企業である。ここにもスミスのいう「全体に対する効用が正義の効用」というスローガンである。かくしてこの未来はどうなるのか。私ども経済学を学ぶ者が答えをださなければならない。

ケース②ドル体制下のアメリカと日本への規制緩和

一九七一年金ドル交換停止、ＩＭＦ体制崩壊以後、アメリカの恒常的経常収支赤字の解消は、アメリカ経済の好調と、魅力的な金融資本市場に惹かれて外国から経常収支赤字を超える対米投資が行われ、その超過分は世界の新興市場に投資して賄われてきた。これができるのは、世界の基軸通貨となったドルを持つアメリカだけが可能であり他の国は保有外貨の壁があってできないことである。一九七九年までは、ドルの量的拡大と実体経済の拡大とは大きな乖離はなかった、しかし一九八〇年以後、ドル建て名目輸出の伸び率と、米非居住者保有ドル資産の伸び率に乖離が起こる。すなわち輸出の伸び率以上に、ドル資産の伸び率が異常に高くなる。と同時に、一九八五年のプラザ合意のように、アメリカの政治的圧力でドル安に誘導して為替レート変更をしたりしたのちも、巨額な経常収支赤字と資本流入よる体外供給でのカジノ金融で維持してきた。サブプライムローンはアメリカの高度な金融技術と、ダーティーな格付け会社との結託による「最後の超魅力的な金融商品」であり、世界にアメリカドル体制への不信を撒き散らして自滅崩壊しようとしている。

まずアメリカの金融戦略は、アジア通貨危機以後国内での間接金融を直接金融に切り替えさせることにあった。アメリカのドルの傘下にある国々で、戦略的に切り替えさせた。サブプライムローン問題での最大の被害者はカジノの外にいる、何も知らないシロウトのアメリカ低所得の国民をホームレスにしてしまったことである。持ち家が欲しい、住宅価格は今後上昇していく、住宅ローンの金利を最初は低くしておいて、住宅価格が上がるから、そこで借り替えしていけば低所得者でも十分支払っていけるなどと何も知らない低所得の国民を被害者にしたことだ。これにより国内外に信頼を失った。イラク・アフガニスタン侵攻も、テロ防止、相手国の民主化ではなく、資源欲しさであることもわかってしまった。

日本は構造改革という美名のもとに「日米投資イニシアティブ」という協議がアメリカブッシュ大統領、日本小泉首相間で行われた。二〇〇三年五月のことである。これにより、①金融ビッグバン開始、銀行が企業のメインバンクとしての機能を失い、外資の直接投資によるドル化。これに始まり株式交換によるM＆Aによって金融・通信・小売・石油化学自動車・医薬品に波及。日本の商店街がシャッター街に凋落したことが象徴的、②会計制度も時価会計制度としてアメリカ基準になり株式交換をやりやすくする、など小泉・竹中改革が、表面的には、圧倒的な国民からの支持を得たようになっていたが、裏面ではアメリカを利する国家的犯罪行為であった。これらはスミスの述べる「全体に対する効用が正義の効用」というスローガンのもとに現実に行われた実例である。

被害者は誰か。日本のケースでは、記憶に残るのは山一證券と北海道拓殖銀行程度でその他の巨大企業は「巨大すぎて潰せない」。しかも未だに法人税も支払わず、役員は巨額の賞与を受け取っている。「正義」とはなんだったのか。

以上の二つのケースはスミスが、「全体に対する効用が正義の効用」として重商主義を批判したエッセンスであるが、二一世紀に至る今日に及んでも為政者によって国家が国民を犠牲にして行ってきた事例である。未来社会においてわれわれおよび、子孫達が、反対の狼煙を上げて戦ってもらわなければならない。

(2) スミスの「公債、金融に対する戒め」

スミスは『国富論』にこのように戒めている。「国債が、いったん、或る程度まで累積してしまった場合、公正かつ完全に償還が行われたためしは、まずただの一度もない」。「国家収入を公債の負担から解放するということは……実質的な破産によって達成されたものであった。鋳貨の名称の引上げは、実質的な国家破産を、いつわりの償還という見せかけでごまかしてしまう、もっとも月並みな便法であった[33]」。

二一世紀の今日、日本だけではなく世界で金融が経済をリードして、国家財政は破綻に瀕している。正にスミスの危惧が的中している。この問題を未来社会への課題として思考する。

世界で経済成長によらず金融が経済をリードしている。その代表がアメリカである。リーマンショク以後、景気刺激策で財政悪化、国債発行に頼るほかない。さらに投機マネーが増加。そして現在ではヨーロッパEUの国債が暴落、金融機関の含み損が増加し金融危機が増幅する。ヨーロッパの財政危機はギリシャ、イタリアなどで起こり、元凶はアメリカのサブプライムローンへの投資失敗が起因している。ヨーロッパの経済危機は、この地域に輸出していたからヨーロッパへの輸出は半減している。EUの国債評価はさらに下落して厖大な額の国債の償還が控えている。アメリカは金融市場での供給過剰が、解消されず、製造業への復帰もできない。リーマンショック以後八〇〇万人の雇用減で失業率は史上最高の九・一％に及ぶ。ＦＲＢはゼロ％金利を継続しても企業・個人に資金が流れていかない、やはり投機マネーとしてカジノ市場に流れる。国債が暴落すれば金利が上昇して、金融の本来の使命である企業への貸し出し金利が上昇してしまう。

アメリカのドル体制は、軍事、金融技術、石油の三つで支えてきた。この何れもが支える力を失っている。軍事は、水準は高いが、アフガニスタン、イラクへの派兵で、アメリカが他国を統治できないことを証明してしまったし、国内外に信頼を失った。そして本音はテロ封じや民主化ではなく、資源欲しさであることもわかってしまった。金融技術はノーベル賞レベルだがサブプライムローン問題で化けの皮がはがれてしまった。石油は開発競争で、ロシア、中国に遅れをとり、石油メジャーに残るのはエクソンモービル一社で世界の占有率も八％の低さになった。むしろ二酸化炭素CO_2問題で、化石エネルギーは二一世紀では問題視される。太陽エネルギー技術、エコカーなどの技術は、ドイツ、日本より開発が遅れている。ＥＵはロシア、中国に近づいていくだろう。中国は資本主義の後進国として異常な経済成長を続けている。資本主義であるから国内での先進国に比べて低賃金の労働者を搾取して成長している面もある。後進国グループのブラジル・ロシア・インド・中国（ＢＲＩＣｓ）[34]の資本主義諸国は同じ理由で高い成長をしている。もちろん低賃金労働者を利用してではなく、資源活用・経営戦略も成功してはいる。

アメリカの産業構造は、すでに家電、生活必需品は輸入にたより、自動車の競争力はなく、ＧＭ、フォードも経営破綻寸前の状況となった。ＩＴ産業、サービィス業、農業ぐらいが主要産業に体質が変わっている。なぜこのように変わったのか。貨幣を莫大な生産設備に投下して利益を実現するよりも、貨幣を投機する方が、利益率が高く、資金の回転もはやい。しかも仮に破綻したとしても国家政府は「大きすぎて潰せない」。誰がそのツケを支払うのか、それは納税者としての国民であり、その間、経営者は今までどおり、巨額の賞与を受け取り、納税者は我慢させられる。

これが金融の大きな罠である。

スミスの警告は現在に至るも生きているのである。

おわりに

スミスを、未来社会を見通した社会思想史上の人物と取り上げた。重商主義に反対する抵抗勢力として、身体を張ってスミスは『国富論』『道徳感情論』を書いた。その真意とは国家、政府が「全体に対する効用が正義の効用」として、そのスローガンのもとに、市民社会での市民を犠牲になることを承知で、重商主義者や独占商人を保護育成し、戦争による威嚇、植民地建設を行ってきたのであった。

筆者が強調したいのは、このような「全体に対する効用が正義の効用」のスローガンのもとに、日本国民だけでなく、韓国、台湾、中国の一部に軍事的侵略をして、日本には乏しい、エネルギー資源、石油、鉄鉱石などを求めて、第一次、第二次世界大戦に参戦し、国民は大きな犠牲者となった。この事例は過去のことでなく、現在も続いていることを述べたいからである。

身近な事例としては、東京電力による原発事故がある。発生原因としては地震、津波という予想不可能な自然現象が挙げられている。しかし国家も企業もそれによって被害を受ける範囲、被害の重要さを認識できなかったのか。東京電力と国家との間には、東電が国家公務員としての高級官僚の退職後の受け入れ先であり、国会議員も選挙資金のスポンサーであったことがわかってきた。他方、被害を受けた地域住民は、今後三〇年から五〇年と居住もできず、漁撈、農耕もできず、避難先で、身を震わせてじっと我慢せざるを得ない。

加害者の電力会社の役員、従業員たちは相変わらず、高給を貰って、今後は電気料金の値上げまで予告している。

これらはスミス当時の重商主義者と国家との関係に酷似している。この構図はスミス没後二二二年を経た現在も続いている。われわれはこの轍を未来社会では停止させなければならない。

もう一つのスミスの戒め「公債発行と金融」の方である。金融といっても金融機関が、商業、工業、農業の振興に貨幣を貸し出す行為は、役に立つ金融である。問題は「金融化」と呼ばれる金融魔術、カジノ化された金融のことである。もちろんスミス当時はこのタイプの金融はなかった。このカジノ的金融は、グラス＝スティーガル法[35]が廃止されて、シティコープ（銀行）とトラベラーズグループ（保険と証券）が史上最大の合併となり、一気にカジノ化金融に舵を切ったのである。そしてあのサブプライムローンの悲劇が世界を巻き込み、未だにその後遺症でヨーロッパの国債格付けダウンにまで影響するのである。国債の多額発行は日本も深刻となってきた。この解決を未来社会にまで持ち込んではならない。しかし巷間噂されているように、近未来でハイパーインフレーションによって一気に帳消しにする案がまことしやかに囁かれている[36]。過去の歴史は物語る。大恐慌を解決する方法は戦争しかない。アメリカの恐慌を救ったのはケインズ政策であったが、何よりもよい薬は第二次世界大戦であった。日本の戦後からの復興は朝鮮動乱という薬効が効いたことも確かである。スミスの戒め「公債発行と金融」は二〇〇年以上たった現在でも奏功しているのである。

注

（1）スミス『国富論Ⅲ』第五篇第一章第二節、大河内一男監訳、中公文庫、一九七八年、三三三頁。
（2）ケインズは「自由放任主義の終焉」で「スミスは、勿論自由貿易主義者であって、一八世紀のさまざまな貿易制限にたいする反対者であった。しかし、航海条例と高利禁止法に対する態度をみれば、彼が教条的な自由放任主義者でなかったことがわかる」。ケインズ「自由放任主義の終焉」宮崎義一・伊東光晴編『世界の名著69　ケインズ』中央公論社、一九八〇年、一四〇頁。

（3）スミス『国富論Ⅱ』第四篇第九章、大河内一男監訳、五一一頁。早坂忠は、スミス『国富論』で「自由放任」という言葉を使わなかった、ただ一箇所（System of natural liberty）を大内兵衛氏の訳で「完全に自由が与えられる」という箇所で「完全に自由に放任される」と訳されて以来、我が国ではスミスは自由放任主義者だという誤解が生じたと述べられている。早坂忠編著『ケインズ主義の再検討』多賀出版、一九八六年、三五頁。

（4）統治の基礎に、二つの原理がある。政府に服従する原理に、効利の原理と権威の原理があり、権威の原理がトーリー党で地主の利益を守るのちの保守党と、他方効利の原理を主とする、自由主義を推進するブルジョワジーを優遇して自由貿易を守ろうとするのちの自由党でウイッグ党の原理があり、前者は得られる利益のために政府に服従する受動的服従論、後者は権威の原理で、これは原始契約説という神聖な制度で「子供が親に反抗するように」罪悪である。ウイッグ的政策とはこの後者の政策である。スミスはいかなる政体、統治も両者が必要とみていた。「スミスは大ブリテンの統治構造、国制を自由な制度として支持していたが、国民の利益に反するような統治が行われる場合には当然、国民は為政者に服従する必要がないという思想の持ち主であった」。田中秀夫『原点探訪スミスの足跡』法律文化社、二〇〇二年、八〇頁。

（5）内田義彦『経済学の生誕』未来社、一九五三年、七二頁。

（6）内田義彦『経済学史講義』未来社、一九六一年、一五〇頁。

（7）この項目については、内田義彦『経済学の生誕』一〇六〜一〇九頁を参照されたい。

（8）田中秀夫『社会の学問の革新――自然法思想から社会科学へ』ナカニシヤ出版、二〇〇二年、一三一頁。「権威の原理と功利の原理」とは、前者は功利とそこから得られる諸利益とのために政府に服従する、後者は、政府は神聖な制度でありそれに逆らうことは、子供が両親に反抗するのと全く同様に罪悪であるという（高島善哉・水田洋訳『グラスゴウ大学講義』日本評論社、一九四七年、一〇一頁）。

（9）スミス『道徳感情論』上、水田洋訳、岩波書店、二〇〇三年、二二五〜二二七頁。

（10）スミス『国富論Ⅱ』大河内一男監訳、四三二頁。

（11）ヒューム『政治論集』京都大学学術出版会、二〇一〇年、三七頁。

(12) 同前、四二頁。
(13) 田中秀夫前掲書、一四三頁。
(14) 同前、三八二頁。
(15) スミス『国富論Ⅰ』大河内一男監訳、中公文庫、一九七八年、三九頁。
(16) アルバート・ハーシュマン『連帯経済の可能性』矢野修一他訳、法政大学出版局、二〇〇八年、三頁。
(17) 角山栄『新しい歴史像を探し求めて』ミネルヴァ書房、二〇一〇年二三頁。
(18) 角山栄『資本主義の成立過程』三和書房、一九五五年、一一三〜一二三頁。同著発刊当時、日本では資本主義の成立過程は、大塚久雄が唱える独立自営農民たるヨーマン説が主流であったが、後年イギリスでの研究からもジェントルマン資本主義としてのジェントリー説が主流をなし今日に至っている。角山栄『新しい歴史像を探しもとめて』ミネルヴァ書房、二〇一〇年、一六〜一七頁。
(19) 角山栄『イギリス毛織物工業史論――初期資本主義の構造』ミネルヴァ書房、一九六〇年、二六五〜二七八頁。
(20) もちろんピューリタンが国教会の制度廃止を求めることで革命はスタートしたし、クロムウェルなるピューリタンに先導されたのでピューリタン革命という観念が強いが、王党側には貴族と一部ジェントリーと議会側には進歩的ジェントリーとが分かれて戦った。この市民革命の主導は民主主義者レベラーズに導かれてジェントリーが起こしたジェントリー革命であった。角山栄『資本主義の成立過程』一四四〜一五八頁。
(21) 同前、一三四〜一五四頁。
(22) 「商業的社会」については、小林昇『小林昇経済学史著作集Ⅱ』未来社、一九七六年、一四〜二九頁を参照されたい。
(23) 小林昇『小林昇経済学著作集Ⅱ』三九九頁。
(24) スミス『国富論Ⅰ』大河内一男監訳、八二〜八三頁。
(25) マルクス『剰余価値学説史1』大内兵衛・細川嘉六訳「マルクス＝エンゲルス全集」大月書店、一九六九年、六五頁。
(26) スミス『国富論Ⅰ』大河内一男監訳、第一編第二章、八二〜八三頁。
(27) *Lectures on Jurisprudence*, edited by R. L. Meek. Oxford 1978. p. 493.『スミス・マルクスおよび現代』時永淑訳、法政大学出版局、一九八〇年、九二〜九三頁。

(28) 池上惇『人間発達観』青木書店、一九八六年、二二六頁。

(29) スミスの重商主義批判に対しては、小林昇が指摘しているように「本質においてきわめて正当であり、経済学を科学に高めるための不可欠な基礎作業であった……『国富論』はその冒頭に「必需品と便益品とはこの労働の直接の生産物であるか、あるいは、その生産物をもって他国民から購入したものである。と、重商主義の観念を全く転回させた言葉をおいている」とは矛盾する」(小林昇『小林昇経済学著作集Ⅱ　スミスと重商主義』四二一〜四三五頁)。現代経済学からすると、ケインズのように異論もでる。現代は国富をストックでみるがスミスはフローでみている。松原隆一郎は以下のように述べる。「スミスは、人々は他人の交流のうちに慎慮の徳を具えることで節約し、家族、友人や祖国など近さの順で安全をのべるのである。スミスにとって安全について慎慮を尽くしたと思われる順が、農業→工業→国内商業→国際貿易なのだろう」(『金融危機はなぜ起きたか』新書館、二〇〇九年、一五九頁)。筆者は時代的制約による見解としてスミスを理解すべきと思う。

(30) 前掲書ヒューム『政治論集』田中秀夫による解説三八二頁を参照。

(31) その結果どのようなことが起こったか、筆者は当時小学生であったがわずかに、しかし重く記憶している。筆者の父は当時官吏で兵役は逃れたが、預貯金は家一軒ほどの金額を郵便貯金して、終戦後その価値は背広一着分にしかならなかった。付論「高橋財政の光と陰、国債の日銀引受け問題」を参照されたい。

(32) レーニン『資本主義の最高の段階としての帝国主義』責任編集江口朴郎、中央公論社、一九六六年、三六四頁。

(33) スミス『国富論Ⅲ』大河内一男監訳、中公文庫、四一〇頁。

(34) 一人当たり年間国民総所得は、ブラジル一万二七八八ドル、ロシア一万二九九三ドル、インド一三八八ドル、中国五四一三ドル、(参考)日本四万五九二〇ドル、アメリカ四万八三八六ドル、イギリス三万八五九二ドル、フランス四万四〇〇八ドル、ドイツ四万三七四一ドル (http://www.stat.go.jp/data/sekai/zuhyou/0309.xls)。

(35) グラス＝スティーガル法とは一九三三年に制定されたアメリカ合衆国の連邦法で、銀行の業務を、商業銀行と投資銀行に分離して銀行が証券投資をできなくして投機の制限廃止を狙ったものだが一九九九年に廃止された。

(36) 岩井克人「インフレ熱狂からハイパーインフレーションへ」『貨幣論』筑摩書房、一九九三年、一九一〜一九九頁。また本著の付論「高橋財政の光と陰、国債の日銀引受け問題」も参照されたい。

第3章　ケインズ「自由放任主義の終焉」の現代的意味

はじめに

本章ではケインズが一九二六年、「自由放任主義の終焉」[1]（The End of Laisseez-Faire）を書いた背景を考え、現在の世界的金融恐慌でこの論文の意味を振り返って検討する必要を感じて書いたものである。それは未曾有の経済危機を迎えて、ケインズの時代との親近感を感じてならないからである。

「自由放任主義の終焉」ではケインズはこのように述べている。「現代における最大の経済悪は、危険、不確実性、無知に原因するところが多い。富のはなはだしい不平等が生ずるのも、境遇ないし能力に恵まれている特定の個人が、不確実性および無知につけ込んで利益を得ることが可能であるからであり、また、同じ理由に基づいて、大企業も、しばしば、富籤と同様、危険なものとなっているからである。それればかりではない。同様の諸原因がもととなって、労働者の失業、ないし合理的な事業期待の破綻、能率と生産の減退等がもたらされている[2]」。このケインズの危機感は、現代とそっくりあてはまる気がしてならない。

1 ケインズ「自由放任主義の終焉」での思想的背景

ケインズは、「われわれが、便宜上、個人主義と自由放任と言う表現で一括している、社会全体の意志に関する考え方は、さまざまな思想の流れと感情の泉から生命の糧を摂取してきた」[3]。このような書きだしから始まって個人主義と自由放任の思想と感情の由来を述べ始める。ケインズがこれを書いた当時のイギリスは正に個人主義的資本主義とでも表現するべき「豊富の中の貧困」の状態で、個別企業は利益極大を求めて行動する。不完全雇用が必然的に発生する。イギリスは空前絶後の生産設備をもち、勤勉な労働者がいるのに数百万の失業者が存在した。この論文の最終結論を言ってしまえば、資本主義の体制的矛盾の追及であり、ケインズの処方箋は、私的利益の追求がそのまま公共善となるためには国家が一部介入する以外にないということだった。

ケインズはここに至るイギリスでの一〇〇年の思想史を物語る。ケインズと並行してわれわれも考えてみよう。一七世紀の末期に「王権神授説」は「自然的自由」（Natural Liberty）と「契約説」（Compact）にその席を譲ったとケインズは述べる。このあたりから振り返ろう。ホッブズは、国家の成立を個人の契約に求めた社会契約論者と世上言われているが、彼が最も重視したのは戦争の悲惨を回避することであり、その起因となるものは財貨の所有権を巡る闘争であると考えた。富裕の要は「労働と節倹」にあり、その反面としての「貪欲と奢侈」を戒め、国家において一般民衆は自然法と市民法を守り、自己労働による生活を励むべしという思想であった[4]。これがイギリス民主主義のさきがけとなった。五〇年後に、ロックは人民主権の考えを明確にして国家への抵抗権を正当化し、ヒュームはルソー等の社会契約論、人間がエゴイストであるという前提に疑問をもち、神的・超越的なものを認識する機能が理性から奪われてしまえば、理性を使用するだけで発現される自然法は存在せず、道徳を支えているものは、合理的な利害関係のさらに根底にある、人間の自然的な感情、同感であると考えており、したがって政府への服従行為も人為的徳の一つであり、国家が成立する以前に自然的徳に支えられた共同体が成立するはずだとして社会契約も退けたとこれも世上言われていることである。しかしそうだろうか。

ダンカン・フォーブズ（1923–1994）は、ヒュームの「社会契約説」批判は自然法を全面的に否定しているわけではないという。「誤解はおそらく、自然法論者や契約論者たちは「市民社会」の短縮された形として「社会」という言葉を使用していた、という事実に基づくが、社会契約によって創造されるのは「市民社会」あるいは政府、正規の政治的権威と国家における従属であって、社会それ自体ではない。契約に先立つ自然状態は、一つの社会状態であった。あらゆる人間に一挙に適用されるような、全体的に非社会的な状態、あるいはまったく手が加えられていない自然状態は、ヒュームにおいてそうであるように、擬似的考案でしかありえない」[5]。ここで述べられているのは、ヒューム自身が『人間本性論』で述べているように、人間は一人では無力であり、他の動物に比べて欲求が非常に多く、それらの能力を満たす能力は極めて脆弱なので、「人間がその欠陥を補い得て、同じ他の生物と等しい程度にまで高まることができ、他の生物に優ることとさえできるのは、偏えに社会のおかげである」[6]。これが近年の研究者によるヒュームの見方である[7]。

ここで再びケインズの論文に戻る。ケインズは、ヒューム『道徳原理研究』から次の一文を引用する。「徳にとって困難なことはただ一つ、それは、正しい功利計算を行ない、着実に比較的大きい幸福を選択することだけである」[8]。やがてベンサムが社会的功利（Social utility）にまで広げ、ルソーはロックから社会契約説を受け継いで一般意思（General will）の観念を引き出した。自由、平等を実現するためには自我を捨てて共通の利益を心がける。これが一般意思である。そしてルソーとベンサムとの結合で民主主義と功利主義的社会主義が生まれたとケインズは述べる。

ケインズはヒュームが短絡的に功利の原理を説き、それがベンサムの社会的功利に直結するかのように筆を滑らしているが、スミスは人々が市民政府に服従する原理として効用の原理と権威の原理があり、スミスの『国富論』のモチーフは旧地主の特権を保護するが故に農業の資本主義的発展を妨げ、国内市場を狭隘化して、この前提の上で国外市場向きの製造業を築き上げ、国家の富と名のもとに独占的利潤を商人、製造業者に与えた重商主義を批判することだったのは間違いないことではあっても、ヒュームが短絡的に功利の原理を説き、まるで重商主義的イデオロギーの基礎づけになったわけでもない。スミスの効用の原理と権威の原理の感覚はどちらも必要で、「法学講義ノート」によると、個人的な功利感よりも、むしろ公共的な功利感から政府に服従すると書かれている。(9) 確かにスミスの「見えざる手」による市場原理は、非効率性や不純物があればこれを除去してくれる。これが社会に浸透すればするほどベンサム流の功利主義思想が蔓延するから、あとは自由放任主義に徹すればよかったのである。

ここまでの議論でケインズが述べようとしているのは個人主義の起源から説明して、個人主義と自由放任主義の思想がさまざまな思想と感情から興ってきたということである。目指すべきは私的利益と公共善との調和であるが、しかし、私的利益と公共善の調和という思想は、適切な科学的根拠なしでは達成できない。この思想に科学的根拠を与えたのは経済学者たちであった。本論文には出てこないが、ケインズはマンデヴィルの『蜂の寓話』から例をひいている。(10) マンデヴィルは「繁栄した社会における恐るべき窮状」を描いている。政府も人民も消費を差し控えて貯蓄し、奢侈を戒めて貯蓄にいそしむ、確かに個人的美徳であるが社会全体では物が売れず過剰な在庫を抱えて、職人は失業する。土地、家屋の価格は下がる。マンデヴィルは、貯蓄は美徳だが社会全体では有害であるという。ケインズは「この忘れられたマンデヴィルの考え方をもう一度取り上げ、『一般理論』で理論化したのだと、『一般理論の示唆に関する若干の覚書』という最終篇で述べている(11)」。これが、ケインズが「自由放任主義の終焉」を書くに至った思想的背景であった。

ケインズは、マンデヴィルの「私的利益と公共善の調和という思想」というこの思想のほかに、「熟練した政治家の巧妙な監理によって」という条件付与の方にコミットしたと考えられる。「自由放任主義の終焉」を述べなければならない理由について、次のようにいう。「もしかりに、可能なかぎり高い木の枝から葉をむしり取って食うことが生活の目的だとすれば、この目的を達成するのに最も適した方法は、首の一番長いキリンを自由に放任して、そのためにより首の短いキリンが餓死してもかまわないでいることである。……自由放任のもとでは、技能によるか運によるかを問わず、適切なときに、適切な場所に……身を置くわざの修練に強い刺激を与えるにちがいない。かくして、最も強力な人間的動機の一つ、すなわち貨幣愛（love of money）こそが、富の増大に最も適した方法で経済資源を配分する仕事に、人々をかりたてるのである[12]」。そして、ケインズが「自由放任主義の終焉」から国家による介入に舵を切らなければならないと呼びかけた根本的な主張の根拠であった。

ケインズのあの時代、すなわち一九二〇年代から、イギリスでどんなことが起こり、そして、アメリカの一九二九年の大恐慌にどのようにして突入し、ケインズがどのように経済政策を考えていったのかをまず振り返る。

2　ケインズが「自由放任主義の終焉」を書いた時代背景

イギリス経済は第一次世界大戦後の混乱で、一九二〇年代の前半はインフレ・デフレ問題に悩み、その後も失業問題に悩んだ。第一次世界大戦の舞台はヨーロッパであり、このなかでドイツに対する賠償問題の混乱などヨーロッパ経済の復興に決定的な打撃を与えるものであった。第一次世界大戦に後から参戦したアメリカは固定資本投資と住宅投資に支えられて世界経済をリードしだし、フォードシステムによる自動車の大量生産、大量消費で、繁栄を謳歌していく。このなかでイギリスは産業革命以後、世界の工場としての地位は揺らぎ、一九二〇年末で五二万六〇〇〇人、二一年には一九〇万人、その後二八年まで一〇〇万人を上回る失業者が出た。経済大国としての地位はイギリスからアメリカに逆転しだした。その結果、ヨーロッパから大量の金がアメリカに流れ、ポンドとドルの位置関係も逆転したのである。一九二五年イギリスの金本位制への復帰は、戦前の旧レートで実施されるが、ポンドの過大評価となり、この結果イギリス経済はデフレ圧力がかかってしまう。戦前の一九世紀的市場システムでは金本位制が、自動的に貿易の不均衡を解消し物価水準の変動を調節してくれた。イギリスの場合金本位制による「物価、正貨のメカニズム」よりも、イギリスの経常収支は銀行の手数料や、船舶利用といった貿易外収支で国際収支が支えられ、この黒字分をさらにインド、アメリカなどへの鉄道投資に振り向けられ、投資先の経済状況の改善からイギリスからの貿易を増加させることで、イギリス国内の経済を活性化させてきた。これが、イギリスが支配してきた自由放任主義の経済理論だった。海外投資は自動的に国内産業に貢献してくれる、この間に矛盾し対立するものはない。

ところが、一九世紀的自由貿易帝国主義の自由放任システムが機能しなくなった。第一次世界大戦そのものがイギリスを中心とした世界秩序を崩壊した。巨大なライバル国アメリカが台頭してきたのだ。

アメリカでは、有限責任法がイギリスよりも早く成立していて、所有と経営の分離による株式会社組織の巨大化がはじまり、これによって自動車、電機などの大量生産が始まっている。そしてこのことによって、資本家対労働者の二階級で考えることは古くなっており、投資家、企業家と、労働者階級の三つの階級で考える必要があるとケインズは考えた。

二〇世紀的現実の前にケインズが考えたことは、金本位制では確かに自動調整システムが働くが、その結果、国内の物価の変動によってインフレ＝デフレが調整される。企業家も労働者も物価水準が変動するのでは将来についての確かな計画がたてることができない。それを防ぐためには金本位制ではなく中央銀行が貨幣を管理する管理通貨制に移行すべきであると考えた。

二〇世紀にはいると、金本位制に基づく自由市場主義では、自由市場と国内均衡の両立が難しくなってきた。それは所有と経営の分離による株式会社組織の巨大化が、労使交渉による賃金決定をもたらし、貨幣賃金の硬直化を招き、イギリ植民地の構造変化によって、イギリス連邦への投資はかつてのようにイギリス本国への輸出増加、活性化への役割を果たさなくなって、次第にイギリス経済は活発な投資活動を誘引しなくなってきた。ケインズは、経済的環境が変化していることを認識した。

ケインズの経済政策はどう変化していくか。金本位制を廃止して、貨幣を中央銀行の管理下におく管理通貨制をとり、グローバリズムを排して国内の経済運営に比重を移すことである。ここでのケインズの経済政策は「貨幣改革論」でありここでは金本位制の廃止までは提言されていないが、イギリス国内経済の物価の変動と失業率の問題を解決するためには、中央銀行で貨幣供給と信用創造による信用を拡大し、物価をコントロールして、金は中央銀行に集中して為替相場を管理する。国境を越えた外国証券への投資には反対し、イギリスの国内に投資すべきであると主張した。

さて、世界の情勢はイギリスからアメリカに、ポンドからドルに通貨へゲモニーが移行していき、ポンドの対外価値は下落していく、イギリスの輸出は増すが海外からの需要はそれほど期待できない、むしろ輸入品の食糧、原材料が価格高となる、その結果生計費、原材料費があがる、したがって投資家の希望とは反対に海外投資を国内産業に転換すること、これが自由放任主義批判の根幹をなすものであった。

一九二〇年代イギリスは不況、失業状況であった。一九二五年金本位制復帰での混乱。戦前平価での復帰ではポンドの評価高でイギリスは商品価格減のためデフレ政策の必要があり、これでは投資家だけに利をもたらす。デフレ不況で失業が増大する。一九二七年以降アメリカへの金流入を不胎化して金の自動調節機能を麻痺させる。金は自ら管理された貨幣となり、ドル本位制になっていく。アメリカで株式ブームが起こり一九二九年の大恐慌に向かう。一九三一年イギリスも金本位制離脱。「自由放任主義の終焉」はこのような背景のなかで一九二六年に書かれた。

3　ケインズ政策としての『雇用、利子および貨幣の一般理論』の意義

ケインズが「自由放任主義の終焉」を書いたのは、自由主義市場経済に変えて、イギリスを自足的な国民経済にすることことそが重要であると考え、ここで、イギリスで海外に自由に逃避していく金融と国内産業が対立してしまっていることを重要視する。これは投資家と企業家との対立といってもよい。「自由放任主義」にまかせても、アダム・スミスの言うように、私的利益が、「見えざる手」によって公的利益にはならない。資本主義には独占や公共財や不完全情報や富の不平等など市場だけで解決できないさまざまな問題がありすぎる。市場がこれら不純物を「見えざる手」によって阻害物を除去してくれるのなら市場に任せる「自由放任主義」でもよいが、資本主義の存続のためには国家が介入して安定化政策、規制政策を導入するほかに方法はないだろう。

これが「自由放任主義の終焉」を書きたかったエッセンスである。短期的に資金が海外に流出する金融による利益と長期的に利益をあげるために額に汗して利益をあげる国内産業。この状態を「自由放任主義」にしておけばイギリスの物価不安定も失業問題も解決できない。市場には任せておけない。国家が介入して調整しなければならない。

考えてみれば、この話は過去どこかで聞いた話である。アダム・スミスは「自由放任主義」の元祖と考えられているが、スミスそのものが海外からもたらされた金、銀の貴金属貨幣の獲得に熱心な重商主義を批判して、富は額に汗する労働から生み出さなければならない、つまりグローバリズムではなく国内産業の重要さを説いたのだった。そして、『国富論』が書かれた。スミスの重商主義批判とは正に「重商主義を自由放任すること」への批判から生まれた

ものであり、それから一五三年後にケインズによって「自由放任主義の終焉」が書かれ、さらに二一世紀の現在の金融危機に際して、この危機が何故起こったのか、筆者が述べたいのは、これは過去だけの話ではないということである。サブプライムローン問題から発生した、今回の世界的金融恐慌もまさにこの状態である。歴史は再び第三の「自由放任主義の終焉」を叫ばねばならないのである。このことは本章の最後に纏めて論述する。

ケインズは同じ思想から『雇用、利子および貨幣の一般理論』を書いた。これは「自由放任主義」をどのようにして「終焉」させるかの回答でもある。『一般理論』の内容そのものは概括するだけにする。

ケインズの発見は、労働者は自分の意思に反して失業しているのは何故か、という問題を提起して、マーシャル、ピグーの理論では失業者が存在するのは労働市場での需給の問題であるとし、完全雇用を前提にすれば、他の物財と同様市場の需給で解決され、そこでの失業は労働の移動が円滑でないために生まれる一時的な失業（摩擦的失業）か、自発的失業かいずれかにより起こる失業であるという理論を批判したことであった。

ケインズは「自由放任主義の終焉」の冒頭でベンサム的功利主義を非難する。人間は効用関数を最大にするように行動するものだろうか。「古典派理論の公準が妥当するのは特殊な事例のみで一般的には妥当せず――われわれが現実に生活を営んでいる経済社会の実相を映すものではない(13)」。そして、ケインズは「一般という接頭辞に力点をおいた」と『一般理論』の冒頭で述べて古典派との違いをはっきりさせる。

ケインズは、失業は労働市場の需給関係で起こっているのではないという。現実のイギリスの失業は、企業が生産してもモノが売れないから労働者を雇用しない非自発的失業である。何故売れないか、それは一国全体の有効需要が不足しているからである。有効需要とは家計の支出、企業の投資、政府の支出であり、この大きさは消費者の消費傾向、企業の投資傾向、政府の財政規模できまる。今政府の財政規模を別とすると、家計と企業の投資である。ケインズはこのうち企業の投資がどのように決まるのかを考える。企業は投資にあたっては将来の収益期待を計算して投資する。ケインズのいう資本の限界効率である。企業は当然投資と将来収益とを比較するのだが、投資については市場の利子率だ。

ケインズの新しさは、その利子率の見方にある。将来利子率はどのようになるのか、上がるのか、下がるのかという見極めを企業家はするだろう。利子率が上がるのなら、将来収益が不明であるのだから投資をしない。この「将来の期待」には不確定な要素がある。

その不安定性は「数学的期待値のごときに依存するよりは、むしろおのずと湧き上がる楽観に左右されるという事実に起因する不安定性がある。……その決意のおそらく大部分は、ひとえにアニマル・スピリット（血気）と呼ばれる、不活動よりは活動に駆り立てる人間本来の衝動の結果として行われるのであって、数量化された利得に数量化された確率を掛けた加重平均の結果として行われるのではない(14)」。つまり、市場のメカニズムではない制御しがたいアニマル・スピリットの混乱が市場を混乱させるのならば、市場の外部から人為的に有効需要を注入しなければならないと考えた。ケインズの新しい発見はこれだけではない。

利子率もまた伝統的な理論である、横軸に利子率、縦軸に投資I・貯蓄Sと置いたときに、右上がりのS貯蓄曲線と、右下がりのI投資曲線の交点で利子率は決まらない。ケインズの考える利子率とはなにか。「利子率が貯蓄すなわち待忍そのものに対する収穫ではありえない……利子率は貯蓄に対する報酬ではない。……利子率は流動性をある一定期間手放すことに対する報酬である(15)」。これをケインズは「流動性選好」と名づけた。「流動性選好とは、利子率が与えられたときに大衆が保有しようと思う貨幣量を決めるところの潜在的な力ないしは関数的傾性のことである(16)」。ポイントは、この場合の投資が貯蓄によってなされる投資と貯蓄の関係である。投資は企業が行う。貯蓄は家計から消費した残りで行うフローと残された遺産、過去からの蓄積ストックなどから投資される。そこでケインズは、資本家、労働者の二つの階級ではなく、所有と経営の分離による株式会社の形成によって、資本家は、投資家と企業家に分離されており、したがって、投資家、企業家、労働者の三つの階級で考えなければならないと考えた。企業家は事業を営むに際して、予想利益率――ケインズは資本の限界効率と名づけた――を立てるのに際して、投資家から調達する利子率と比較する。投資家は、株式市場に上場されている場合には、この企業の株価が上昇するかどうかで決める。その場合の予想は、ケインズが美人投票の事例で説明したように、実に不安定で「確かなもの」ではない。そして何よりも、資金が株式会社制度以前とは違って二つの市場に流通しているのである。産業資本と金融市場とに。マルクスが『資本論』で述べたように「株式会社においては、機能が資本所有から分離され、したがって労働も生産手段および剰余労働の所有から分離されている」[17]。この結果なにが起こるか。産業資本に投下された資本は、機械、設備、技術開発に投資される。金融市場に回流する資本は、浮遊する流動的な、生産の裏づけのない虚構のものである。マルクスはこの資本に、仮空資本、擬制資本（fiktives Kapital）と名づけた。

ケインズの発見は、所有と経営の分離以後の貨幣の虚構性にある。これはケインズそのものが株式投資を日ごろから行う投機家であったことから発見したのであろうか。利子率五％の金融債に一〇〇万円投資しても、利子率が六％に上昇すると、貨幣価値は八三万円になってしまう。そうなると、むしろ投資しないで現金で保有したほうが得であったことになる。「利子率は流動性をある一定期間手放すことに対する報酬である」ことを発見したのである。投資家は企業家とは異なってこの感覚で投資する。株式市場での資本の評価と、実物投資の収益率の評価。これらは美人投票式に客観的な基準「確かなもの」ではない。企業家にとっては調達する資本の利子率が低いほど良い。片や投資家にとっては、ケインズの流動性選好説では高止まりするのが望ましい。ここで企業家と投資家とは対立することになる。産業と金融との市場での量的勢力は、所有と経営が分離された後では、擬制資本（fiktives Kapital）が圧倒的な勢力を持つに至る。そして、利子率は高止まりする傾向をもつ。

ケインズが唯一「確かなもの」と考えたものはなにか。それは労働者が手にする貨幣賃金である。労働市場の変化とはなにか。それは労働運動の拡大で労働組合が勢力を伸ばしてきた、その結果貨幣賃金が硬直的になってきたということである。ケインズにとってこれは望ましいことである。但しケインズは労働者の側には立たない。あくまでも企業家を代表する立場をとる。唯一「確かなもの」としての貨幣賃金こそ有効需要の主役なのだから。

ケインズの有効需要論のエッセンスは、投資と貯蓄との関係を革命的に考え直したことにある。非自発的失業が生まれるのは有効需要が不足していることだ。では唯一「確かなもの」としての貨幣賃金によって消費される有効需要と、企業家が投資することによって発生する有効需要を増加させるためにはどうすればよいのか。

所得が増加すると、消費も増加するが一部は貯蓄にまわる。社会全体の総供給すなわち、生産量と所得は消費と投資の和である。有効需要として考えると、消費需要と投資需要の和である。所得のうち一部は貯蓄される。所得＝消費＋投資①であり、所得＝消費＋貯蓄②である、投資が増加すると所得が増加するので、増加分の限界貯蓄分だけ貯蓄が増加して、投資＝貯蓄となる。この場合に所得の増加が消費を増加させ、順に乗数効果が働く。ケインズは、投資が常に貯蓄に均しくなることを論理展開し、乗数理論と抱き合わせて投資が増加すると、乗数倍の所得が増加して有効需要が増加することを論証したのである。

4　自由放任主義批判にもかかわらず、新自由主義による世界恐慌へと向かった理由

ケインズが「自由放任主義の終焉」で述べたかったこと、それは「経済学者は、まず最初、試行錯誤の方法に従っ

て、個人が独立に行動することによって、生産的資源の理想的配分がもたらされるという状態を想定したのである。その試行錯誤の方法というのは、誤った方向に行動した個人は、正しい方向に行動した個人に、競争の結果倒されるということにほかならない。このことは、それぞれの資本とか労働とかを誤った方向につぎ込む者に対しては、情け容赦も保護も与えてはならない、ということを意味している。それこそは、効率の劣る者は破産させて、最も効率のよい者だけを残すという苛酷な生存競争を介して、利益をあげるのに最も成功した者だけを上位に押し上げる方法である[18]」ということであった。そして、「政府のなすべきことと、政府のなすべからざることとを改めて区分し直すことであろう[19]」と提言する。

そこでケインズが最初に問題にしたのは、大量の失業の原因が、労働市場で賃金が需給を一致させない高止まりであるからではなくて、生産物が売れない、有効需要の不足にあるということである。その原因は利子率の高止まりが影響している。それは投資家の「貨幣愛」から来ていることだ。利子率が低下すると有価証券の価格が上がり、わずかな利子率の変動で巨額の損失を蒙るから、投資家に危険な利子率になると貨幣供給をしても利子率はそれ以下に下がらない。そのためには、人為的な利子率の引き下げと、貨幣量の供給と、有効需要の強制増加しかない。これらの政策は自由放任主義ではできないことである。

自由放任主義は、「国家の活動はごく狭い範囲に限定すべきであり、経済生活は可能な限り規制されず、出世しようと志すあっぱれな動機をもって行動する個々の市民の手腕と良識にゆだねるべきである[20]」と主張する。しかし、ケインズはこれらの政策を政府が実施すべきであるという。すなわち、公共投資と貨幣量供給、利子率の引き下げの財政金融政策と管理通貨制度による貨幣量管理である。ケインズとニューディール政策との関連については、当初はケインズも批判的だったが、結果的には、アメリカがケインズ政策の実験台となった[21]。

ところがケインズの自由放任主義批判の薬効は予想に反して意外に短かった。ケインズ主義は財政政策中心で、有効需要を増大させようとする。政府予算は膨張する財政赤字は拡大していく、金融政策はケインズ主義では手をつけない。金利の引き下げは有効でないと考えている。これは市場主義者のマネタリストからの逆襲にあう。もう一つの限界は政府による有効需要政策は、あくまでも一国の経済政策である。ところが世界はグローバリズムで動くように激変してきた。利子率の変動は資本移動を引き起こし、変動相場制のもとで為替レートの変動となり、投機的な資金移動をもたらし貿易構造まで変化してしまう。これではケインズ政策は破綻して一九七〇～八〇年代の新自由主義の時代に、「自由放任主義」の時代に逆戻りして、財政ではなく金融という不確かな世界になり今日に至っているのである。

5　ケインズ「自由放任主義の終焉」の現代的意義

この議論の前に、ケインズ「自由放任主義の終焉」を初期資本主義の時代にすでに語ろうとしていた人物がいた。それはアダム・スミスその人である。

一八世紀前半のイギリスは、商業革命と金融革命の時代であった。金融革命では、信用制度の革新と公債の発行、これに刺激されて商業と銀行が発展した。そして、重商主義政策を後押しした。スミスが攻撃するのは、これら重商主義政策とこれに結びついた権益だった。名誉革命以後の信用の急速な拡張、為替手形、銀行券の発行、融通手形の乱発行、そして、実際に銀行はしばしば過剰に銀行券を発行し、一種の「虚の経済」をつくり出している。虚とは、ジョン・ローの生み出したバブルのカンパニー、ミシシッピー会社がそうであったように、実際に流通するはずの数量を超えて紙幣を発行してバブルを産む、銀行が危険な企業活動に投資して過剰融資をしたが、「紙券のこうした過剰流通の根本原因となったのは、連合王国の（イングランド・スコットランド）両地方における幾人かの大胆な投機的企業家の過大取引だった[22]」。過剰に流通していた銀行券は一種の虚構であったことが判明し、信用は収縮し、企業も銀行も倒産する。スミスは銀行の効用を認め、銀行券の流通を富を引きよせる潤滑油として歓迎してはいたが、しかし、大きな危惧ももっていた。スミスは、市場の自由放任主義者であるとみなされてきたが、それは「土地と労働に基づく生産」という健全で確実な基礎に基づいていなければならない。この確実な収益の上に、人々の確かな財産と計画できる生計が営まれるからである。スミスが求めていたのは、市場経済の自由な活動そのものではなく、市場経済の確かな基礎の方であった。市場という便宜と道徳社会の「同感の原則」は、市場経済が確かな基礎の上にあるときには見事に一致する。しかし、銀行業や大商人は不確実性、偶然性、人為性、浮遊性のうえに立ち、このようなものに市場を任せることに、スミスは強い警戒心をいだいていたのである。

スミスは『国富論』第二編「資本のさまざまな用途について」で、資本の自然の用途がまず農業に向かい、次に製造業に向かうという。「資本は、国内に留まっているものもあれば、そうでない物もある。国内に留まる点からみて、農業、製造業および貿易業の順で資本を投下するのが国にとって有利である[23]」。国内に投下された資本は、国内の多くの生産労働者を雇用させる、商業においてもしかり。海外貿易にはリスクもある。だから重商主義的な保護主義や独占によって、遠方の大規模貿易を優先させることにスミスは反対しているのである。これはリスクを避け安全を求めるという人間の自然な性向である。不確かな金融業、大商人にも同じ理由で不確かさを避ける。これが、アダム・スミスの「自由主義の終焉」の理論だったのである。スミスは自由主義者であると同時に、「重商主義の自由を終焉させたい論者であった。筆者はスミスを第一次「自由放任主義の終焉」論者と位置づけしたいと論じてきた[24]。

この議論の現代的意義に移る。ケインズが「自由放任主義の終焉」で述べたことで、現在起こっている金融恐慌との関連で教訓とすべきものは何なのか。利子率の引き下げなど流動性の罠に陥っている現今、ケインズ政策がもはや有効性をもたないことは充分承知している。けれども、冒頭「自由放任主義の終焉」から引用した文言は驚くほど現今の状態を表現している。冒頭に遡ってご覧頂きたい。

アメリカのサブプライムローンとは、ケインズの言うとおり、無知につけこんで、ヒスパニック系等、低所得層の米国人に持ち家の夢を売り、その債権を他の優良債権と混ぜ合わせて、高い格付けを付して転売し、さらにこの債権に危険を感ずるなら、倒産事故保険を設定してはどうかと、再びＣＤＳ（Credit Default Swap）なる倒産保険まで証券化して、当初のサブプライムローンが何百倍に膨れ上がる、仮空資本、擬制資本（fiktives Kapital）に増幅してしまった。アメリカの基幹産業であった自動車産業、ＧＥなどの電器産業は、本来の自前の産業より、年率最高三〇％も儲かる金融産業が儲けの本業となり、このために大きな打撃を受けてしまった。この被害は国民の税金ではとても足らず、国債の発行で逃げ切ろうとしている。今までアメリカ国債を買い続けてきた中国、日本、アラブなどの諸国がさらに買い続けてくれる目算でいるらしい。ドル危機は目前である。

ケインズが『雇用、利子および貨幣の一般理論』を書いて、伝統的な経済学から革命を起こしたのは、資本家を二つの階級に、投資家と企業家に分けたことではないだろうか。所有と経営に分離する株式会社になると、実体の生産や流通を担当する企業家と、投資家、つまりは金利生活者との対立関係を引き起こす。株式会社制度をとると、現実に機能する現実資本と、株式として転々売買される擬制資本との二重の資本に分かれるのだが、後者の擬制資本の方は、株式、信用創造、金融商品等によって二重にも三重にも増加する。「利子生み資本および信用制度の発展につれて、同じ資本が――または単に同じ債権でも――相異なる人々の手で相異なる形態をとって現れる様式の相違により、あらゆる資本が二倍にも場合によっては三倍にも見える。この「貨幣資本」の最大部分は純粋に仮空のものである」[25]。したがって、現実資本と擬制資本である金融資本とのバランスが崩れてしまう。

これらは現実の実例で示す方がわかりやすい。現今アメリカで発生している自動車産業のGMなどビッグ3においては、現実資本の自動車生産と、金融業の擬制資本とでの比重は後者の比重が非常に高くなった。それは、前者の自動車生産の投資額と利益率、資本回転速度に比して、金融業では年率利益が三〇％にもなっていたからである。すべてうまく回転していたかに見えたが。今回の金融恐慌で破綻してしまった。

自動車産業への投資と利益はある程度計算可能である。いやアメリカのビッグ3の場合はそうであったから「不確実だが」、ハイリターンの金融業に賭ける。これは賭けであり博打なのである。グローバルに浮遊する貨幣が、人々の評判、美人投票、格付け会社の評価によって左右される博打に手を出す。この事例が示すように、現実の産業へ投資する現実資本と金融資本との間に乖離が生じ、対立が生じてしまう。このような自由放任主義をそのままにしておいてよいのか。「政府の為すべきこと、政府の為すべからずことを改めて区別しなおすこと」について考え、これを国家に求めるというのが「自由放任主義の終焉」のメインテーマであった。

さてここで、市場、国家、社会の関係が問題となる。この場合の市場とは金融市場に限定する。通常の財の市場は価格、需給を反映する。しかし、金融市場、為替、株式、デリバティブなどは生産コスト、消費者の好みなど財の市場には見られぬ、心理、気分、市場の心理、評論家達の「曖昧で不確かな評判」によってかもし出される「世論」が支配する。

ケインズは、この「曖昧で不確実」な状況であるからこそ貨幣を保持することがベストというのだが、同時に最後の解決のよりどころを国家に求めた。「国家のなすべきことで最も重要なことは、私個人がすでに達成しつつある諸活動に関連するものではなく……、重要なことは、現在全く着手されていないことを実行することである」[26]。この文章のあとに本章の冒頭に示した一文、「現代における最大の経済悪は、危険、不確実性、無知に原因するところが多い」。ここでは、三つの国家の為すべきことの例示をしている。①中央機関による通貨と信用の管理、②貯蓄と投資、社会全体として、望ましい貯蓄の規模、この貯蓄が対外投資の形で外国に出て行く規模の決定、「このような決定が、現状のように、私的判断と私的利潤のなすがままに放任すべき性質のものであるとは私は思わない(27)」、③人口の規模、としている。「現代における最大の経済悪」はこれらの放任によって起こっている。ケインズはこのように主張したのである。

今日起こっている金融恐慌は、①と②を自由放任したことで発生した。信用の管理のために設定したグラス＝スティーガル法が、何ゆえクリントン時代に廃止されたのか。デリバティブ、空売り、格付け会社による格付けの規制が何故できなかったか。時価会計制度がＣＤＳ商品の販売に利用されたのは防げなかったか。わが国でのアメリカからの要求に屈して行われた規制撤廃、これによる貧富の格差拡大、ゼロ金利政策によって流出した円、これによって発生した円キャリー資金による世界的な金融商品の拡販、日本がサブプライムローンの資金供給の片棒を担いでしまった。これらは、ケインズの警告にもかかわらず発生してしまったのである。

ここから「自由放任主義の終焉」の第三ラウンドがはじまる。第一はアダム・スミスによるもの、第二はケインズによるものであった。そして、現在第三の「自由放任主義の終焉」を叫ばねばならないのである。

金融市場は不安定で、一九九七年のアジア通貨危機以来、金融危機が続いている。サブプライム金融危機の収まりはつかず、アメリカの双子の赤字は増え続け、アメリカの国債発行残高の内外保有残高は遂に四兆四八億ドルに達し、アメリカ国債の格付け評価が一ランク下がってドル安が加速している。アメリカ国債の保有国、中国、日本も国債の暴落による危機を回避しなければならない。アメリカのドル危機が迫っている。日本円は他通貨に比べて安定しているという比較感から円が買われ七五円台の円高になっている。これはドルが基軸通貨でなくなるということである。

ドルが信任されれば誰もがドルを受け取らなくなる。これが恐慌である。今まさに「自由主義の終焉」の第三ラウンドが到来しているのである。

ではどうすればよいのか。ケインズは、「ハーベイロードの前提」によるエリート支配を想定していた。多様な期待を背負った選良たちが政策を決定していく。ところがアメリカでも日本でもこの期待に反して愚者による政治に終始したといえるか。いやそうではないという市場の声が聞こえてくる。

グローバリズムの急激な進展の結果、国家＝政府と市場との関係が逆転してしまう環境に変化してしまった。かつてケインズの時代には国家、政府が市場をコントロールできた。しかし、市場がグローバル化してしまうと、金融資本は瞬時に世界を駆け回る。金融資本だけではない、資源、労働賃金コストの安価な海外に移動する。簡単に移動できないのは労働力ぐらいである。市場の動きに応じて国家＝政府は対応策を講じるようになる。国家＝政府は市場友好的な政策を採らざるを得ない。国内の過剰資本をグローバル市場で有効に使うためには、市場を解放せざるを得ない。

この動きで激しく動いたのはアメリカであった。情報商品、金融商品を開発し世界に発信して、世界経済を土俵に引きずりこんだ、双子の赤字の解消を先進各国が支える、その先頭に日本が立たざるを得なかったのである。

かくして国家、政府対市場の立場はケインズの時代とは逆転してしまった。市場のほうが賢者で、国家、政府が市場の動きに右往左往する。これが国家、政府と市場との関係となってしまった。政府の賢人よりも市場の方が遥かに賢く動きまわる。ケインズが考える「ハーベイロードの前提」は実際には期待できない。ではこの浮遊するなかで頼りにする「確かなもの」とはケインズのいう貨幣だろうか。唯一の「確かなもの」であるはずの貨幣すらも、グローバリズムの中での貨幣の国際的な価値変動では「確かなもの」である保証はない。グローバリズムが進めば進むほど資本主義を支える「確かなもの」はなくなる。「見えざる手」などどこにもない。これが資本主義のパラドックスである。

マルクスは、このことを『資本論』で分析した上で「最後の鐘がなる」と書いた。しかし、資本主義はまだまだしぶとく生き残ろうとしている。取りあえずは資本主義を修正して「不確実性および無知につけ込んで利益を得ることが可能」な社会を廃絶しなければならない。マルクスは「最後の鐘がなる」、そして、「自立した個人」が連合してアソシアシオンの世界をつくるという。この到達点を目指していくほかはない。

6 ケインズが目指す未来社会とは

ケインズは『一般理論』「一般理論の誘う社会哲学――結語的覚書」の冒頭に「われわれが生活している経済社会の際立った欠陥は、それが完全雇用を与えることができないこと、そして富と所得の分配が恣意的で不公平なことである」(28)と語りだす。本論で述べたとおり、ケインズは、経済社会が投資者、企業者、労働者の三つの階層からなりたち、富の成長は投資家の節欲、貨幣愛に依存している。したがって富者である投資家の行動しだいで、雇用が決まる。「富の不平等の将来にかかわりをもつわれわれの議論すなわちわれわれの利子率理論から引きだされる。……重要な結論がある。従来、いくぶん高めの利子率が好ましいとされてきたのは、十分な貯蓄誘因を与える必要からであった。……有効な貯蓄の大きさは必ず投資の規模によって決定され、その投資規模は、完全雇用点以上に投資を刺激するのでないかぎり、低利子率によって促進される。だとしたら、利子率を、資本の限界効率表の完全雇用点まで引き下げるのがいちばんの利益だということになる」(29)。ケインズによれば、不平等の原因は社会発展の原動力である投資の源泉である貯蓄を、富者の剰余から求めるからである。金利は土地の地代と同じで、土地は希少性から生まれ、利子も資本の希少性から発生する。これは将来的に見て「長期的には存在しなくなるだろう……国家機関の力をもってすれば、資本の希少性がなくなる点まで資本が増加することを可能ならしめる水準に社会の貯蓄を維持することはやはり可能であろう。だから私（ケインズ）は資本主義の金利生活者的側面はその仕事を終えたら消え去る運命にある、資本主義の過渡的段階だと見ている[30]」。

ケインズが述べたいことは利子率を引き下げ、無機能な投資家の安楽往生をはかることである。国家は租税政策、公共投資と民間投資を誘導する。この場合に国家のなすべきやり方がある。

ケインズは近未来にどのような社会の仕組みを考えていたのか。これに関連して賢人ケインズが興味深いことを「自由放任主義の終焉」のなかで述べている。

国家が適切に「為すべきこと（Agenda）為すべからざること（Non-Agenda）」を遂行する能力を持つものとして政府の形態を工夫すべきであるとして、「支配と組織の単位の理想的な規模は、個人と近代国家の中間のどこかにある、と私は信じている。それゆえに、国家の枠内に、「半自治的組織」（semi-autonomous bodies）の成長を図り、その存在を容認することこそ進歩である、と私は考えたい。……組織の行動基準は、その組織が自ら社会全体の利益になると理解しているものだけに限られ、したがって、私的利益追求の動機などは、各組織の配慮する対象とならない。もっとも、人間の利他主義のおよぶ範囲がもっと広くなるまでは、特定のグループ、階級ないし同業者団体の個別的利益を図る余地を若干残しておく必要があろう[31]」と述べている。ケインズは、国家では必ずしも適切に処理できず、私的利益に左右されるので、もっと人民の立場にたつ組織を未来社会に築きあげるべきであるという。

人間が利他主義になるなど期待はできないとしながらも、国家そのものでなく、中間組織のアソシアシオンをつくる到達点はケインズにもあったのだ、と考えてよいのだろうか。

ケインズは、さらに以下のように続ける。「興味深いのは株式会社組織の動向である。一定の年数と規模に達すると、それは個人主義的私企業の段階にとどまらずして、むしろ「公法の人」(public corporation)に近づいていく傾向にある。最近の数十年間の変化のうち最も興味をそそる、しかし、あまり注目されていない発展は、大企業がそれ自身を社会化しようとする傾向である」(32)。個人主義的私企業が、株式会社制度で所有と経営が分離すると、社会化されて公的組織になってしまうと見ている。現今アメリカのAEGやGMなどは全くその逆に私物化されているので、ケインズの予言は当たっていないようにも見える。しかし、株式会社という組織が、先にケインズが述べた中間的「半自治的組織」にならないだろうかと考えている。その分権的自治の既存の実例として、イングランド銀行や各鉄道会社を挙げている。ケインズのこの「国家の枠内に、半自治的組織の成長を図る」という見解について、西部邁は、ケインズが「社会というひとつの単位を形成」する提唱をするのは、「支配し組織する単位」としてであって、その方向は政治社会であって共同社会ではなく、半自治的組織の任務は合理的な計画と管理を編成することであるという。そして、ケインズが求めているのは、やはり国家(state)であって社会(society)ではない。共同社会にとって必要な規範、価値といった社会学的な要素が無視されている。国家が社会のなかにいる個人よりも賢明であるとは限らない。自由放任の弊害を取り除くにあたり、「ケインズはなにほどか集権的な社会計画に頼るという、より直接的な道を選んだ」との見解を示している(33)。

ただケインズの思想の核心は、個人主義と自由主義であって、「国家がなすべきこと」と考えられているのは「個人が担当できる機能の範囲外」であり、個人の軽視ではない。失業救済に国家がその役割を果たすべきと考えるケインズ。「現代における最大の経済悪は、危険、不確実性、無知に原因するところが多い」と考えたケインズ。彼にとっていまいましい病的なものとして映る貨幣愛、投資家階級だけに向けられる嫌悪。ケインズは、資本主義に勝る合理的な社会システムは見あたらないと考える経済学者であるが、その反面、資本主義社会を金銭欲にかられた投資家によるマネーゲームの世界を生む唾棄すべき社会とも考えている。企業家と労働者は額に汗する活動階級であり、共同の敵は投資家＝非活動階級だと考える。ケインズは、マルクスのような労働者階級の味方では決してないが、投資家達のマネーゲームに産業と労働が翻弄されていることを許さない。

だが、これだけでは資本主義の本質的に持つパラドックスを分析できない。マルクスのように、人類史的に人間の労働がどのような生産力と生産関係、「自然と人間」、「人間と人間」との関係から分析できない経済学の限界であろう。

では、どのように資本主義を修正すればよいのか。ケインズは、自由放任主義・自由貿易主義の政策ではなく、社会的公正のためにも社会的安定のためにも、計画的に制御する体制に移行すべきと考えた。ただし、ケインズにとっては、経済的効率性と個人の自由を確保するには資本主義以上の社会システムはなく市場機構に任せるほかはない。

今回の恐慌は、マルクスのいう「詐欺師で預言者の二つの顔」の前者、擬制資本（fiktives Kapital）での悪い方への進化、株式の空売り、金融デリバティブ信用取引でのレバリッジドなどを、ケインズのいうように、これらは国家＝政府が「為すべからずこと」と規制せずして起こった金融恐慌であった。この反省からスタートすべきである。G20が、景気対策五〇〇兆円と同時に、擬制資本の「詐欺性」を廃棄、修正しなければならない。そして、株式会社のもつ「預言者の顔」では、民主主義、公平、労働者が株主になれば剰余価値の分配では資本家、企業家とも平等になり、労働力の商品化も廃棄される道に通じる可能性をもち、ケインズの大規模株式会社が社会化していくという見解は、マルクスの「株式会社が未来社会の通過点になる」というメッセージに通じるものとして興味がある。われわれは、この賢人達のメッセージをヒントに活かしていくことである。

おわりに

一七世紀の終わりに自然法思想は次第に後退し、王権神授説に代わって、ホッブズに始まる主権者と市民の関係を契約として考えることが始まり、ルソーに続く人間不平等思想を世に訴え、それが一方ではマルクスの疎外論へと継承されていく。同時に、これらの思想がスコットランドを中心とする啓蒙思想となり、ヒューム、アダム・スミスへと受け継がれていく。ケインズ思想のばあいには、ヒュームから個人主義を受け継いでベンサムでの功利計算を重視していく。そして、マンデヴィルに始まる私的利益と公共善の調和という思想は、アダム・スミスに受け継がれ自由主義の経済へとなるのだが、一九世紀にはいるとこの自由主義はマンデヴィルやアダム・スミスが想定した筋書きどおりにはいかなくなる。やはり賢人マンデヴィルがいみじくも述べていたように、「熟練した政治家の巧妙な監理によって」という、条件付与の必要が認められるようになった。その結果、ケインズが発表したのが『一般理論』である。結論としては国家が経済を調整しなければならないという理論である。これが「自由放任主義の終焉」の主旨である。しかし、これには先人がいたことを忘れてはならない。アダム・スミスが自由主義の経済学を創始したと同時に重商主義を批判し、ここで第一回目の重商主義者の「自由放任主義の終焉」を語っているのである。ケインズの『一般理論』による処方箋の薬効は意外に短かった。世界経済はゼロ金利となり、管理通貨制はアメリカがドルの増発、国債の増発による経済運営を強いられ、金融世界はカジノ化されて、擬制資本たる金融は、世界中に社会的に必要なものをつくり出す「しもべ」ではなく、金儲けをするための「切り札」になってしまった。正に「貨幣愛」によって、無知な世界中の素人も、プロであるはずの金融機関も、GMやGEといった製造業まで、本業に数千億の設備投資をするよりも手っ取り早く儲かると判断して、サブプライムローンという、格付け会社が「お墨付き」を与えたインチキ貨幣商品に手をだしてしまった。サブプライムローン被害が収まらぬ内に、アメリカの経済はドル札の増刷、国債の増刷、外国金融機関による引受け以外には経済を支えるすべもなく、遂にドル暴落、国債暴落も危惧されるようになってしまった。「自由放任主義の終焉」の第三ラウンドが今はじまっている。一八世紀にはじまった資本主義という社会システムは、自然との共生という人類のみならず生物、植物を含む「いのち」を生きのびさせるシステムとはならず、人類が開発した金融世界、擬制資本世界によって人間の生活を脅かすに至っているのである。

本章は、ケインズ「自由放任主義の終焉」という小冊子の経緯からはじめて、人類がどのようにして第三の「自由放任主義の終焉」を行うべきか、ということを世に訴えたかったのである。

注

（1）この論文は、一九二四年オクスフォード大学で行われたシドニー・ボール講義（Sidney Ball）、および一九二六年ベルリン大学で行った講義を基礎として、一九二六年にホガース出版社（The Hogarth Press）より出版された。
（2）ケインズ「自由放任の終焉」宮崎義一・伊東光晴編『世界の名著69　ケインズ』中央公論社、一九八〇年、一五五頁。
（3）同前、一三三頁。
（4）ケインズ論文にはなぜかホッブズがでてこない。ホッブズについては、田中秀夫『社会の学問の革新――自然法思想から社会科学へ』（ナカニシヤ出版、二〇〇二年）四～一八頁を参照されたい。
（5）ダンカン・フォーブズ『ヒュームの哲学的政治学』田中秀夫監訳、昭和堂、二〇一一年、九八頁。
（6）ヒューム『人性論』四、大槻春彦訳、岩波文庫、一九四八年、五七頁。
（7）フォーブズ『ヒュームの哲学的政治学』訳者解説を参照されたい（四六一頁）。
（8）ケインズ「自由放任の終焉」前掲書、一三三頁。
（9）田中秀夫『社会の学問の革新』一四〇～一五三頁。
（10）ケインズ『雇用、利子および貨幣の一般理論』下、間宮陽介訳、岩波文庫、二〇〇八年、一五三～一六〇頁。

(11) 杉本栄一『近代経済学の解明』下、岩波文庫、一九八一年、八九頁。
(12) ケインズ「自由放任の終焉」前掲書、一四五〜一四六頁。
(13) ケインズ『雇用、利子および貨幣の一般理論』上、間宮陽介訳、岩波文庫、二〇〇八年、五頁。
(14) 同前、二二三〜二二四頁。
(15) 同前、二三一頁。
(16) 同前、二三三頁。
(17) マルクス『資本論』第三部上、長谷部文雄訳、青木書店、一九五四年、六二一頁。
(18) ケインズ「自由放任の終焉」前掲書、一四五頁。
(19) 同前、一五二頁。
(20) 同前、一三七頁。
(21) 杉本『近代経済学の解明』一二七頁。
(22) スミス『国富論I』大河内一男監訳、中公文庫、一九七八年、四六七頁。
(23) 同前、五六九頁。
(24) 議論が複雑になるが、ケインズは、『一般理論』「一般理論の示唆するもの……短い覚書」のなかで、重商主義そのものは、ケインズ理論からすれば、一国経済でみると、貿易差額の黒字は収入になり。需要の増加となり、外国からの金の流入は、国内貨幣の増加、利子率の引き下げ、投資の増加、雇用水準の増加となる。その意味では重商主義政策は一国では他国の犠牲において有効との見解を述べている。ケインズ前掲書、下、一一三〜一七七頁。
(25) マルクス『資本論』第三部、下、六六七頁。
(26) ケインズ「自由放任の終焉」前掲書、一五四頁。
(27) 同前、一五五頁。
(28) ケインズ前掲書、下、一七八頁。
(29) ケインズ前掲書、下、一八二頁。
(30) 同前、一八四頁。

(31)　ケインズ「自由放任の終焉」前掲書、一五二頁。
(32)　同前。
(33)　西部邁『ケインズ　20世紀思想家文庫7』岩波書店、一九八三年、一二四～一二五頁。

第4章　シュンペーター『資本主義は生き延びうるか』の未来社会的意義

はじめに

本章はシュンペーターが一九四二年の著作『資本主義・社会主義・民主主義』[1]で述べた課題「資本主義は生き延びうるか」[2]を再評価し、マルクスとの対比も交えて評論することを目的としたものである。

この著作が出版されてのち、ソ連、東欧の社会主義が崩壊し、もはや資本主義に変わる社会システムとして、シュンペーターが想起したような中央集権的社会主義は存在しないのだから、今さら再評価の意義なしとの見解もあろう。しかし他方、資本主義そのものは、その後も倫理なき極めて「野蛮」なる方向に向かっている。また、現に資本の暴走は人間の生息環境を破壊し、生活環境、精神環境を脅かしている。現代こそが正に、「資本主義は生き延びうるか」をテーマとして議論されるべきときである。

資本主義の勃興期に早くも同じテーマを掲げて、警鐘を鳴らし続けてきたカール・マルクスと対比しながら、同時にシュンペーターの慧眼を探り、現代的価値についても評価していきたい。

1　シュンペーターの資本主義像

(1)「静態」「動態」二元論としての資本主義

シュンペーターは冒頭で、「資本主義は生き延びることが出来るか。否、出来るとは思わない(3)」と述べる。それは、「資本主義が経済上の失敗の圧力に耐えかねて崩壊するとの考え方を否定する程のものであり。むしろ資本主義の非常な成功こそが、それを擁護している社会制度を覆し、且つ不可避的に……その後継者として社会主義を強く志向するような事態をつくりだす(4)」そして、「この結論を受け入れるために社会主義者たるを要せず……決して予言した出来事の進行を願っていることを意味するものではない(5)」として、資本主義崩壊論を展開する。だが、その前に、資本主義そのものがいかに素晴らしく成功してきたかについて、シュンペーターに伺うことにしよう。

シュンペーターは言う。資本主義の成果は、まず総生産量の増大において、それ以前の社会システムとは格段の進歩を遂げ、その過程は偶然でもなく、人口増加、地理的発見、技術的発明といった外的要因でもなく、その内的メカニズムによって、大衆の生活水準を漸次上昇せしめ、「エリザベス女王が履いていた……絹靴下を女工達の手の届くところにもたらした(6)」。

こうして、社会改良家が夢みた願望が自動的に満たされた。その資本主義のエンジンとなるのは、「静態」から「動態」へと革命化させる企業家による「新結合」(イノベーション)の推進である。

シュンペーターの理論は、彼自身も指摘するように、ワルラスを母とし、マルクスを父とでも表現するべき、常に二人の陰が纏い付いたものであった(7)。彼は、ウィーン大学でのベーム＝バヴェルクのゼミナールで多くのマルクス学徒とともに、マルクスを学びながらも、根っこにあるものは、やはりワルラスの一般均衡理論であった。したがって、「資本主義」そのものの理解はおよそ、マルクスのものとは異なっている。

シュンペーターの言う資本主義とはなにか。これは非常に複雑である。ワルラスは、資本主義について次のように考えた。土地を提供する地主、資本を提供する資本家、労働力を提供する労働者がそれぞれ保持する用益を供給し、企業家がこれら用益に対して、それぞれ地代、利子、労賃を支払い、各用益を結合して生産財を市場に出して、支出した地代、利子、賃金で生産財をそれぞれの用益提供者と交換する。

このときに各用益提供者はそれぞれの、利己的な効用満足のみを満たして行った行動が、社会全体では、双方の市場の需給も均衡するに至る組み合わせがある。この地主、資本家、労働者、そして企業家の四つの経済主体が相互に依存しあい均衡しているのであれば、これほど優れた社会システムはないはずである。このワルラスの一般均衡理論が、シュンペーターのマグナカルタとなったが、これを彼がどのように発展させていくのか。

この理論では、企業家も管理労賃として自分自身の食い扶持はあるとしても、このワルラス体系では利潤が出てこない。なぜならば利潤が出れば、たちどころに参入者が市場に現れて、用益価格が上昇し、再び利潤が出なくなるところへ均衡するからである。シュンペーターは、このような状態を「静態」と呼び、利潤が出ない社会システムでは資本主義は成立不能と考えた。シュンペーターの体系では、このような「静態」の状態ではまだ、資本家を必要としない、ここでは土地に対する地代と直接労働に対する賃金、機械、原材料をつくる「過去の労働」をも含めて、賃金か地代と生産物の価値に吸収される。貨幣の機能は交換に際しての計算、流通手段としての補助的機能でしかない。資本家を必要とするのは、この「静態」をうち破る、「新結合」（イノベーション）を起こすときに、新しい購買手段すなわち資本が必要になったときで、それも蓄積によるよりも、銀行の信用創造を利用すればよいと考える。「銀行が唯一の資本家[8]」であり、資本提供の社会的機関と考えている。

シュンペーターの言う資本主義とは、つまり、「静態」ではなく、新結合を引き起こして「動態」にすることなのである。「およそ資本主義は、本来経済変動の形態ないし方法であって、けっして静態的ではないのみならず、けっして静態的たりえないものである。……この創造的破壊の過程こそ資本主義についての本質的事実である。それはまさに資本主義を形作るものであり、全ての資本主義的企業がこのなかに生きねばならないのである[9]」。

シュンペーターにとって、資本主義とは静態から動態化していくことで、そのエンジンは新結合（イノベーション）なのである。平易な事例で例示すると、現代でも、戦前はおろか、明治・大正時代から営々と家族で経営される商店を街で見かける。近所のスーパーやコンビニを意に介せず細々と経営を続けている。利潤は全くないわけではないが、家族の食い扶持さえあればよいと思っている。しかし他方で八百屋を改善してスーパーやコンビニにして安くて、品ぞろいが豊富で、顧客を誘引するために、資本を銀行から調達しようと考える企業家がいる。この後者の状態がシュンペーターのいう動態化であり、前者の形態が静態のままだと思考すると理解しやすい。これがシュンペーターの思考するイノベーションなのである。

このようにして、資本主義はイギリスに例をとると、ＧＤＰベースで一七〇〇年に八六億五二〇〇万ドルであったものが二〇一〇年には二二四億七〇〇〇万ドルに増大した[10]。この増大要因は群生的な新結合（イノベーション）の連続的発生であり、不況期とは、このイノベーションが発生せず、静態状態に陥ったときである。資本主義は放置していては、常に静態状態に戻りがちである、というのがシュンペーターの資本主義像なのである。

(2) 純粋経済学的考察、経済社会学的考察の二元論としての資本主義

シュンペーターの複雑さは、企業家が登場して、この新結合（イノベーション）による「静態から動態」論とする

資本主義論だけではないところにある。

シュンペーターが帝国主義を論ずる場合、「資本主義」について、企業家の登場→動態化とは異なった文脈で語る。『帝国主義と社会階級』[11]では、帝国主義を「戦争や征服を求める無合理的な非合理的な純粋に本能的な性向[12]」をもつ武士民族の活動から発生する武力を用いた「国家の際限なく拡張を強行しようとする無目的な素質[13]」と定義したうえで、古代アレキサンダー大王、ローマの帝国主義を説明し、資本主義の場合は、完全競争下で人間は合理的行動をとるから、合理主義に貫かれた純粋な資本主義社会システムでは、自由貿易が国際的に定着し、「どの国も外国の原料や、食料をたやすく入手できる[14]」。したがって、国境、国家概念もなく帝国主義は資本主義では想定されず、あるとすれば、資本主義以前の時代の帝国主義から持ち込まれたもので、それは衰微していくであろうと考える。この場合の資本主義とは、純粋な資本主義であり、資本の所有、蓄積がそっくり捨象された資本主義である。シュンペーターにとってはこの帝国主義論は、ベーム＝バヴェルク、ヒルファーディングらネオマルクス主義者への批判の意味よりも、彼一流の文明論的経済社会学から発する資本主義認識なのであろう。ここには前出の、企業家による新結合（イノベーション）は出てこない。

ここにある資本主義は純粋に、極大限界原理通りに動く、合理主義に貫かれた資本主義である。ひとまず、シュンペーターのいう資本主義には、企業家が新結合（イノベーション）によって動態化する資本主義と、帝国主義論で展開する合理主義に貫かれた純粋モデルとしての資本主義があることを確認しておく必要がある。そしてまた、純粋モデルの資本主義と、帝国主義論で展開していく、「時代精神」を論じていく経済社会学から見た資本主義とは交錯し矛盾していく。ここに資本主義が崩壊せざるを得ない。キーとなる企業家の資本主義へのエートスが不可避的に失われていく根本的な原因をつくり出すと見るのである。したがって、資本主義像は、まず静態、動態の二元論と、純粋経済的考察、経済社会的考察の二元論[15]とが、綾取りの如く織りなす、誠に複雑な「像」を形成するのである。

(3) 「過程」としての資本主義

だが、シュンペーターの「資本」主義の用語法に関して、一つの問題点があることに気がつく。資本はシュンペーターにとっては、所有でも蓄積でもない購買力資金であって、蓄積によらず、企業家が新結合の遂行上、旧結合から引き出すか、銀行の信用創造を利用するかであって、およそ企業家にとっては「資本」主義とは関連してこない概念である。まして資本家も登場しない。「唯一の資本家は銀行であって」、銀行への返済が完了すれば、資本家とは退場する存在である。八木紀一郎は、シュンペーターが「過程」(process)「資本主義過程」と表現している意味をかかる点から問題にする。[16] シュンペーターは言う。「自分が研究を進めていく中で気付いたことは、すべてこれらの現象「利子、景気変動、企業家利潤、貨幣、信用等」が、ある画然たる過程の単なる派生事にすぎないこと、又これらの現象を説明するある簡単な原理がこの過程そのものを説明するであろう、ということであった[17]」。「画然たる過程」とは、静態→動態化で、それを担う企業家は何ら「資本」主義的でなく、マルクスがキーポイントとする所有と蓄積を捨象した、単なる静態、動態の「過程」そのものに純化したものである。では、資本主義過程とはなにかというと、「過程」そのものなのである。それでよいのだろうか。銀行の信用創造というが、これには、金利生活者や企業家の遊休資金の蓄積がなければならず、捨象はできないカテゴリーであろう。この「過程」観に、今度は歴史的時間軸を縦線として貫くシュンペーターのイデーがある。資本主義を封建社会からきっぱりと区分されたものとしてではなく、前資本主義的要因が常に経済体制の中で、「隔世遺伝的に」影響していくものとして、常に過渡期的性格をもったものとして理解していた。したがって、これが資本主義秩序を、普及期にはブルジョワジーと貴族との共生として、文化的な補完、擁護の関係を形成し、「この過程は近代の経済的形態に適合した、社会的・心理的雰囲気をつくりだすのであって、その経済的形態の下では、それ以前の形態がすたれてゆくのと同じように、……衰微するよりほかにない[18]」

と考えていた。この資本主義の過渡期性の理解が、次の資本主義崩壊論への足がかりとなるのである。
ひとまず、シュンペーターの資本主義像とはかかるものである。

2　シュンペーターの資本主義崩壊論

資本主義は生き延びることができない。シュンペーターの見通しとは、常に静態状態に戻りたがる資本主義を、永遠にしかも群生的に、新結合（イノベーション）で動態状態を保ち続けることは不可能ということになる。これは、資本主義そのものが内在的に持つもので、不可避的に、次の社会システムである社会主義に向かうであろうという点では、結論はマルクスと同じだと語る。

そこで、シュンペーターのいう資本主義がなぜ生き延びることができないのか、ということについてまず聞いて、そして、同じ結論を出したマルクスと対比してみることにする。

(1)　企業家職能の無能化がなぜ資本主義崩壊論なのか

シュンペーターが理由にあげる第一点は、企業家職能の無能化である。少し長くなるが、シュンペーターの議論を要約する。

非現実的ではあるが、生産方法のこれ以上の改善はありえない状態に到達したならば静態的な状態が生じ、発展的な過程たる資本主義はそれがために萎縮してしまうだろう。企業者の仕事はなにもなく、利潤、利子率がゼロに近づく。それで食っているブルジョワ階級は消滅する。進歩そのものが静態経済の管理とともに自動機械化される。「彼らは、自分はあたかも永久平和の完全に保証された社会における将軍と同じような状態にあることを感ずる[19]」。企業者の機能は重要性をなくしていく、その理由は革新が日常化して一群の専門家の仕事になり、経済進歩は非人格化され自動化すると、官庁や委員会の仕事が個人の活動に取って代わる傾向となる。資本主義発展が停止ないし自動化すれば、日常的管理に支払われる賃金のごときものになり、資本主義的企業は、ほかならぬ自らの業績によって進歩を自動化してしまい、自分自身は余計なものになる。

シュンペーターにとっては、企業家のエネルギー喪失は致命的である。人間の経済的欲望が完全に充足されてしまう未来社会等とは考えているわけではないが、企業家も銀行の信用創造による資金で企業を立ち上げる資本主義普及期と違って、巨大な組織になって専門的な企画、研究開発職が分業で企業家の仕事をしていくと、企業家は無用化し機能も失う。[20]このことは企業家には日常的管理の仕事に対する賃金が与えられるだけとなって、ブルジョワジー階級の地位を失わせると見るのである。

これを、マルクスの資本家無用の理論だてと比較してみる。マルクスは次のように考える。資本蓄積で拡大していく限度がくると、資本を貨幣資本家から調達する。ここで、資本家は貨幣を貸し出すか、または株式会社として出資する株主と、資本の循環過程にあって利潤を生み出す機能資本家とに分かれる。しかし、貨幣資本家としての株主は、その目的とするところは、剰余価値＝利潤の分け前としての配当である。他方、機能資本家の機能は労働者に仕事を委譲して、単なる管理労働という複雑労働の対価としての賃金の受給者となってしまう。このシステムでは、資本家とは言え、株主でなければ利潤の分け前はなく、労働者も当然株主になる機会もある。株式会社という形態が、剰余価値さえも社会化してしまうのである。機能資本家も俸給生活者であり、「資本制的生産そのものは、指揮指導という労働を資本所有からまったく分離して街頭をさまよように至らしめた。したがって、この指揮指導という労働が資本家によって行われることは無能となった[21]」。そして、この株式会社の形態そのものは未来社会の顔をもっており、未来社会＝社会主義への通過点となる、と論ずる。

シュンペーターは、機能資本家＝企業家が、巨大組織——トラスト化資本主義——のなかで、輝かしい昔日のロマンを失い、俸給受給者となるという。このため、資本主義的企業の発展が停止するか、自動的に静態化してしまう。そして、「きわめて穏当な型の社会主義がほとんど自動的に出現する」[22]。シュンペーターもマルクスもともに、企業家＝機能資本家の労働者への委譲、消失を論じ、未来社会＝社会主義へ通過を論じているところは奇妙な一致だが、意味合いは違う。

マルクスの方は、生産力の増大は不可避的に、資本の調達を株式会社という形態に求める。しかしこれは、意図せざる結果として、社会化への道となる。株式会社の形態そのものが、剰余価値の社会化をつくり出す形態を内蔵している点を注目するのである。そして、株式会社になると、機能資本家＝企業家の機能は労働者が受け持つようになり、労働者による絶え間なき新結合（イノベーション）が自己増殖する。もちろん、生産関係の転覆は生じていない。労働力はまだ商品化されたままの状態であっても、ここには全住民の人間発達の素地がある。

シュンペーターはどうか。単純に読むと、確かにアントレプルナーとして企業を立ち上げた当初の企業家は、ロマンを持ち、静態を動態化するエネルギーに満ちあふれている。しかし、企業組織が拡大されるにつれて、企画、開発、技術、指揮指導を分業化して、下位管理者＝労働者に委譲していくのはむしろ自然で、だからといって資本主義のエネルギーたるイノベーションが現今の資本主義下で沈静化していくとは思わない。そうではなく、かえって資本主義のエネルギーは競争的に拡大し成功に導く。シュンペーターの言うように、組織化そのものは官僚機構化せず、革新の減退などないではないか。なぜこのような理論をシュンペーターは述べようとしているのだろうか。シュンペーターの構想は、もっと別のところにあるものと思われる。

資本主義は成功するのである。ここがマルクスと違う。しかし、その成功とは生産性が増大して、国民の生活水準があがって成功した。しかし、それは資本主義の経済システム上のことであって、非経済の領域、資本主義の秩序という面では必ずしも、安定的とはいえず、むしろ資本主義のシステムの成功故に、資本主義の秩序が不可避的に不安定になり、次の社会システムである社会主義に移行するであろうと述べるのである。

ここでの資本主義秩序とはなにか。シュンペーターは『資本主義は生きのびるか』第四章「資本主義の不安定性」のなかで、資本主義が制度として安定するかどうかを資本主義秩序と呼び、「システムのうちに秩序が基礎をおいている社会的立場を掘り崩して、秩序を破壊する傾向があるかもしれない(23)」。そして資本主義を三期に分け、一八世紀中葉を普及期、一九世紀を競争期、それ以降を「トラスト化された」「組織化、規制化、管理された」資本主義期として、企業家のイノベーションは競争期からトラスト資本主義になると、「個々の人とは独立した、巨大な単位の範囲で発生する。失敗は危険でなくなり……進歩は自動的で、次第に非人格的になり、リーダーシップと個人的能動性の問題ではなくなっていく(24)」。つまり、資本主義システムは安定的なのに、資本主義秩序はそれ故に不安定となる。企業家という存在は、トラスト資本主義までは非合理の世界にあってイノベーションをロマンとする人間的な存在であったのに、巨大な組織的イノベーションとなった後は、その陰で無用の存在となる。この資本主義秩序の不安定性は、資本主義システムがいくら安定するかに見えても、不可避的に崩壊するに至る、と述べる。

シュンペーターは、将来予見の時間的単位について、「一世紀といえども短期」と前提している。「非現実的ではあるが、生産方法がこれ以上の改善はありえないような完備状態に到達したと仮定して、……その場合には静態的な状態が生ずるであろう。……利潤や利子で食っているブルジョワ階級は消滅の傾向をたどる。人間の精力は実業から顔をそむけるようになる。経済的な仕事以外のものが人間の頭脳を引きつけ、これに冒険の機会をあてがうようになろう(25)」。

シュンペーターも随分複雑な人間である、しかし、マルクスに劣らずスケールは大きい。企業家の新結合（イノベーション）による経済発展で、生活水準は格段に上昇し、社会改良家が夢みる状態に達したときには、「元帳と原価計算」の資本主義的合理主義の世界で、「その生涯をだいなしにしても仕方がないとされているような種類の人間の存在[26]」ではなく、有り余る富、余暇が与えられ、ちまちました経済的仕事以外のものに人間が熱中する社会を未来社会のイメージにおいているのであるまいか。

そうだとすると、ここにはマルクスと共通の全住民による人間発達の思想があるように思われる。「資本主義は、経済的には安定であり、また安定性を増してさえいるが、人間の精神を合理化することによって、それ自身の基本条件、動機、そして社会制度と両立不可能な精神と生活スタイルを生み出したのであり、経済的必然性によらずに、おそらく経済厚生の何らかの犠牲をあえてしても。社会主義その他と呼ぶかどうかは趣味と用語法の問題であるような事物の秩序へと変化させられていくであろう[27]」。

(2)　資本主義擁護階級の壊滅がなぜ資本主義崩壊なのか

第二点は、資本主義を擁護してきた階級が壊滅していくことを理由にあげる。

資本主義の発展は、封建社会の制度的仕組みを破壊したが、邪魔者を破壊したつもりが、実はその邪魔者は同時に擁護者でもあったことを忘れていた。資本主義は、例外はあるが、フランス、イギリスともに、その形成骨組みは封建社会の人的素材からなりたち、この種の人材が軍隊の幹部となり、国家の政策を立案した。つまり、二つの社会階級の共棲だった。産業家、企業家、商人は企業の指導者を果たしうるが、その関心は「元帳と原価計算」で国民の指導者にまでは発展しないものである。したがって、非ブルジョワ的集団の擁護なしには、ブルジョワジーは政治的に無力で、国民を指導するどころか自分たちの階級利益さえも守れない。資本主義の発展は自己の障害物のみならず、擁護壁までも破壊してしまった。

シュンペーターの見る企業家とは、確かに夢とロマンを持ってはいるが、常に熾烈な競争場裏で、他のコンペティターを追い落とすことを考える存在である。「元帳と原価計算」が頭から離れず、新結合（イノベーション）を絶え間なく推進する経済人である。この結果として、確かに資本主義は成功し、生活水準は上昇してきた。しかし、他人の幸福、まして他国の幸福など眼中にないエゴ人間になりきらなければならない。このような人種が国の政治をできるわけがない。したがって、企業家には政治を任すわけにはいかない。国および国民の安寧、秩序、幸福は、資本主義を客観的に擁護する人種が担当してきた。

シュンペーターは、「ブルジョワ階級は……せざるを得ない内外の問題、に当たって、これをうまく処理する資質を持ち得ない。……非ブルジョワ的なんらかの集団による擁護がなければ、……国民を指導しえないばかりか、自分自身の階級利益を守ることもおぼつかない(28)」と考えた。したがって、この擁護する階級の壊滅を問題にするのである。

シュンペーターの本意とは何か。資本主義の普及期段階では、残存する封建制と両棲的ないし過渡的社会構造を生み出した(29)。それは残存封建勢力との対抗上、君主の保護と依存を求めたからであった。「王、法廷、軍隊、教会、および官僚は資本主義過程の創出した収益に依存して生活する度合がますます大となり、封建的な所得源泉でさえも、同じ時代の資本主義発展の結果、増大することとなった(30)」。こうして産業革命に突入し、本格的な資本主義が形成された。シュンペーターによる帝国主義、さらに輸出独占主義の理解は、それを資本主義の生産関係からではなく、人間のもつ征服欲、攻撃本能に基づく超歴史的な非合理的性向から発せられたものとして、資本主義発展を内在的要因とは理解していない。したがって、非資本主義的要素をもった絶対君主制と共生するものであり、帝国主義は前生産関係の遺産なのである。この遺産が資本主義を擁護する階級と考えた。資本主義の発展は、これらの階級を不可避的に壊滅せしめ、資本主義の合理性に基づく文明を築き上げる。

資本主義の文明は、結局のところ、「人間の行為と考え方とを合理化し、そうすることによってわれわれの心のなかから形而上学的信仰とともに、あらゆる種類の神秘的・ロマン的観念を追放する。……いまや人間の改良という功利的観念に集中されるに至る」[31]。資本主義の成功は、これら非資本主義的、非合理的観念を持った階級まで破壊してしまう。ここに本当に一面非合理の世界であった時代、ある程度人間らしい生活をしていた時代を振り返るのである。たしかに生活水準は向上した。しかし、「経済的成果についてさえも、今日の産業社会の方が中世の荘園や村落よりも、一層幸福であるとは言えず、よりよき暮らしであるとさえ言えない」[32]。しかるに、資本主義は非合理性と同居しえない体質をもつが故に、非資本主義的擁護階級を壊してしまう。

シュンペーターは非合理の世界との同居を求める。これはどういうことなのか、新古典派のいう市場経済の根底には、人間の合理性による意志決定があるというワルラス流経済学のマジックに囚われがちな「経済人」前提の論理がある。資本主義的合理性だけによって押し進められた世界での資本主義文明に対して、人間としてそれで良いのかというアンチテーゼが忍び込む。そこに、シュンペーターが非合理を求める所以がありはしないか。そうだとすると、そこにはマルクスと同根のものがあるのではないか。もちろんのこと、歴史を生産力と生産関係との矛盾として説明するマルクスとは大きな隔たりはある。

マルクスは、下部構造からこれと同じことを説明した。

「ブルジョワジーは、支配権を握ると、封建的な、牧歌的な関係を全て打ち壊した。人間を生まれながらの長上に結びつけていた色とりどりの封建の絆を無残に引きちぎり、人と人とを結びつけるものとしてはむき出しの利害、無情な〈現金勘定〉しか残さなかった。彼らは信仰の情熱、騎士の感激、町人の哀愁といった神聖な感情を氷のように冷たい利己的な打算の水のなかに溺らせた」[33]と。合理的打算だけでなく、「情熱、感激、哀愁」といったものこそが「人問らしさ」だからである。

シュンペーターは問う。なぜ企業家は「超資本主義的勢力や超合理的忠誠によって擁護されることを必要とするのか」[34]。企業家とは、ワルラス体系にある労働者、地主同様、主体的に意志決定する合理的経済人である[35]。しかし、資本主義の普及期に存在した企業家のロマン、冒険、英雄主義といった非合理は、やがて、企業家が家族とともにブルジョワ階級に入り、近代国家の政治機構を受け持つ封建時代の貴族階級と共生し、持ちつ持たれつの関係を結ぶブルジョワ階級化した企業家のなかには、ロマン英雄主義の精神と合理主義の精神とが両立できないのである。だから非合理を求める。

「全ての人が闘わねばならぬ毎日の苦労や苦労の予想は、いかなる社会体制にも、存在する。摩擦や失望、害を及ぼし、人を困らせ、人を邪魔する大なり小なりの不愉快な出来事がこれである。……かようなことに反発して生ずる敵対的衝動を克服するためには、社会秩序に対する情緒的愛着……これこそ資本主義がその成り立ちからして生むことあたわざるものである。……が必要であると思われる[36]」。資本主義秩序の不安定性が資本主義システムの安定性から生じるというレトリックは、塩野谷祐一は、「経済の領域と非経済の領域との間の長期的な相互交渉」でこの相互作用を通じて社会は内生的に進化する、と説明する。進化を非経済の領域から説明する点にはどうしても違和感がある。シュンペーターは文明という上部構造からマルクスと同じ結論を引き出した、と考えるほうが理解しやすいと考える。

進化の点については、社会システム移行との関連から、後で検討する。シュンペーターの社会主義については節を改めて詳述する。

(3) 制度的骨組みの破壊が資本主義衰退となる

第三は、資本主義社会の制度的骨組みの破壊を理由にする。シュンペーターは述べる。資本主義的企業者の非常な成功が、ブルジョワ社会の制度や変化、そしてそれに伴う活力の喪失を招く。資本主義過程は、不可避的に小生産者や小商人の経済的基盤を攻撃する。この結果、競争は衰退し、独占を招く。資本主義の長所は競争にあるのだから、競争の衰退は資本主義の衰退と同一視される。独占は動脈硬化でなく効率を高める。しかし、中小規模企業の排除は政治構造に打撃を与える。最も活発な意味深いタイプが国民の道徳的視野から消え去る。このような国では、「私有財産」と「契約の自由」の基礎が失われる。

ここでは、シュンペーターの独占問題を取り上げる。ワルラス体系では完全競争を前提とするが、現実には完全競争は不可能であり、競争の結果は独占を生む。誤解してはならない点は、競争の行き着くところを独占と理解しているのではなく、独占は過渡的であり、独占においても技術革新は生じ続けている。

「純粋なる長期的独占の場合はもっとも希な現象たるに相違ない……、鉄道や動力や電気の会社でさえも、最初はその供給する用役の需要を創り出さねばならず、そうしたのちにおいても、競争に対して自己の市場を守らねばならなかった(37)」。このような状況では、価格の下落も、新規参入もある。このような競争的資本主義からトラスト化資本主義に移行した後は、体制移行論が待ち受けているのである。

「完全競争的装置が自らの浪費を暴露する(38)」。シュンペーターにとって独占は資本主義の動脈硬化、市場の失敗でなく、浪費を解消できる効率改善装置なのである。教科書的競争理論では、独占は競争に比べて価格と産出量において、消費者に不利益を与える。しかし、シュンペーターは、独占によってより効率的に優れた商品を提供し大衆化する。大企業の役割を正当化する。しかし、「独占は資本主義を安定化せしめるだろうとは予想しない(39)」。むしろ独占が社会主義へのステップとなる。

それは、「一方において、資本主義過程は、不可避的に、小生産者や小商人のよって立つ経済的基礎を攻撃する(40)」。

しかし、競争の衰退、独占の欠陥の理由で、資本主義の衰退の図式では、「独占は動脈硬化症の役割を果たし、経済的成果を益々不満足たらしめることによって、資本主義秩序の運命に暗影を投げかける」[41]。しかし、シュンペーターは確かにこの議論は有力であるとしながらも、「この見解を拒否する」。「近代的産業条件のもとでは、完全競争は不可能であるから、……大規模組織または大規模支配単位は、経済進歩と不可分の必要悪として認めなければならない、と議論するだけでは、極めて充分でなく……生産制限的に見えるのであるが、これによって大規模組織が経済進歩、とりわけ総生産量の長期的増大の最も強力なエンジンとなってきたということである」[42]と独占的大規模を擁護する。しかし同時に、この資本主義システムの成功が、不可避的に次の社会システムに移行すると述べる。

シュンペーターの独占＝効率改善装置の発想は、競争的資本主義よりも独占的資本主義に優越性があり、「社会主義者は、競争的モデルの長所の上にではなく、むしろ社会主義経済の長所について自己の批判の根拠を求めるべきである」[43]と述べる。

(4) 批判勢力の増大が資本主義衰退になる。

第四に、資本主義批判勢力の増大を理由にあげる。

資本主義は、一種の批判的な社会的雰囲気をつくり出す。近代資本主義が完全に雇用された労働者に与えた生活水準の間断なき上昇および閑暇。この中で他のいかなる型の社会とも異なって資本主義が、不可避的に且つ文明の理論そのものの力によって、社会不安のなかに一つの特定な利害関係をつくり出し、これを教育し、助けることである。もう一つは、ブルジョワ家庭の崩壊である。現代資本主義社会では、家庭生活、親子関係は以前ほどの意味をもたなくなる。資本主義発展の効果は、私生活領域まで拡大される。生活万端は合理化され、功利主義の薫陶をうけ、個々人の行動は利益、不利益の原価計算の習性にさらされる。資本主義過程は、自らのつくり出す精神的態度によって漸次家庭生活の価値を曇らせ、少子化、親子関係の変化をもたらし、子供はもはや小農民を除いては経済的財産でなくなる。ブルジョワジーは家族動機に委ねられて貯蓄し投資する。かくして、企業者や資本家の機能の重要性を減少せしめること、擁護階層、擁護制度を破壊し、敵対の雰囲気をつくり出し、内部から資本主義の原動力を解体せしめる、と述べる。

これまでのシュンペーターの理論を辿っていくと、資本主義衰退論は、たとえ企業家が無用化しても、組織化された専門職が新結合（イノベーション）をルーチンワークとして組織的に継続すればよいし、独占の問題にしても、それはそれで資本主義システムとしては独占的大企業の存在意義があり有用である。つまり、資本主義システムは成功するのである。資本主義に批判する勢力がなぜ増大するのか。それも資本主義システムが成功方向に向かうからである。労働者の生活水準が向上し、労働運動とともに労働時間も短縮され、余暇が生まれ、教育水準が高くなり、「資本主義の本質とは何か」を批判的に振り返る余裕が出てくる。中小規模企業の敗退は政治的には批判勢力を増大させる。すべて資本主義の成功がもたらすのである。しかし、このようにトラスト化していく過程で、資本主義秩序としては次第に不安定化して、資本主義の発展が意図せずして、次の社会システム＝社会主義システムの形成を胎内で準備しているのである。このような社会進化的状況を、シュンペーターは資本主義「過程」と表現した(44)。

もう一度、静態→動態論にかえって考えると、静態→動態への変化は時間的な過程ではなく、商店街には、明治・大正以来、静態を続けている店舗もあれば、コンビニなど、新結合（イノベーション）によって動態的に環境適応し、さらに新方法で差別化している店舗もあり、静態と動態が併存している。シュンペーターの資本主義とは、企業家による新結合（イノベーション）の群生的、競争的、継続活動なのだから、マルクスのように、資本を蓄積し無限に拡大していく運動体とは考えない。企業家の新結合、動態化運動とでも言うべきもの、それが資本主義過程なのである。資本主義が、普及期→競争期→トラスト化資本主義への資本主義発展のなかで社会学的な発想で進化を動態的適応過程として、多線的に観察しようとしたことはある。(45) シュンペーターは資本主義から社会主義への体制移行を社会の進化として見ていた。

(5) 体制移行過程としての社会化

資本主義の胎内で意図せずして、社会主義システムの形成が準備されていく、という社会化論については、マルクスが先行していた。マルクスの社会化論は、資本の自己増殖が、人間の意識の外で意図せずして、資本も労働も社会化されていくことを、株式会社論の展開のなかで例示した。そして、資本の運動がついには恐慌を起こし、自然を破壊し、社会主義へ至ることの必然性を理論化した。

シュンペーターも同じく、資本主義の成功が、資本主義の胎内に、不可避的に次の社会システムを胎生すると論じた。しかし、シュンペーターの社会化はマルクスと違って、成功に導くために起こさねばならないものであった。競争にうち勝つための「合理化」そのものが社会化を意図せずして起こしてしまう。前節で掲げて検討してきた課題は、すべて社会化への過程であった。

企業家の無用化とはなにか。誰にでもできるのではない新結合（イノベーション）が、日常的に専門家による官僚的組織で行われれば、連続して群生的に、困難な新結合（イノベーション）が可能となることである。これは、資本主義不安定要因の一つの除去完了でもある。これも合理化の結果である。

資本主義擁護階級の壊滅とはなにか。合理化の追求の果てに、非合理の世界を壊滅してしまい、企業家の昔日のロマン、エートスを破壊し、実は企業家が非合理に擁護、共生されてしか生きられないことを忘れさせてしまう。資本主義は成功するが、ロマン、情熱、冒険、哀愁といった資本主義秩序、「時代の精神」。これまで没個性化されてしまう。

制度的骨組みの破壊とはなにか。

ここでは、独占による効率性に特化して評論した。資本主義の合理化が大企業を生み、独占組織をうむ。この管理業務は、社会主義のもとでの組織運営に近くなると考えた[46]。

資本主義批判勢力の増大とはなにか。資本主義の合理化が、労働者の生活水準を引き上げ、余暇をつくり、「近代的な株式会社は、それ自体資本主義過程の産物でありながら、ブルジョワジーの精神を社会化する[47]」。合理化が、資本主義の批判勢力を拡大し、社会主義へのステップにしてしまうのである。

しかし、マルクスのものとは正反対である。マルクスは、生産力の拡大が労働者を貧困化させ、生産関係を覆すという。これに対して、シュンペーターは、資本主義は成功し、労働者の生活水準は向上するが、合理化が非合理化を破壊させるという。シュンペーターそのものは、社会主義を望んでいるのか。望んでいるわけではない。社会化が良いこととは必ずしも考えていない。それは「ある医者が患者はもうすぐ死ぬだろうと予言したとしても。それはなにも医者がそうなるのを願っていることを意味しない[48]」と述べる通りである。

3　シュンペーターの社会主義論と社会進化論者としてのシュンペーター

(1)　社会進化論者としてのシュンペーター

シュンペーターの社会主義とは、「生産手段に対する支配、または生産自体に対する支配が中央当局に委ねられている――あるいはこうもいえると思うが、社会の経済的な事柄が原理上私的領域ではなく公的領域に属している――様な制度的類型にほかならない」[49]。それは「中央集権的社会主義」であり、こうすることによって、「資本主義社会に見られた対立関係をも再現される恐れのある複数の地域的自治部門の存在を排除しようという点にある」[50]。社会主義は、必要な産業発展段階にすでに到達し、過渡期の問題をうまく解決されたならば、作用しうると断言する。それは単に胃の腑を充たすだけでなく、もっと高遠な新しい文化世界を意味するものであり、経済的論議が上出来というだけでは決定的なものにならない。ただ「社会主義の文化的不確定性」の問題に直面すると見ている。社会主義的でありながら、同時に絶対的な支配者に統御されるか、または民主的な仕方で組織されるか。貴族的であるかプロレタリア的であるか、宗教も神政的であるか、無神論であるか、軍隊も厳格に訓練されているか、いないか、貴族の倫理をもっているか、奴隷の倫理であるか、生活様式も、個人主義的か、画一的か。ここで、シュンペーターは脚注をつけている。「逆説的に聞こえるけれども、個人主義と社会主義とは必ずしも反対のものであるとは限らない。社会主義的な組織形態こそが各人の個性に真に個人主義的な実現を保証するものであると主張することも不可能でない」[51]。これが、シュンペーターの抱く社会主義のイメージである。要するに、「不確定性の原理」なのである。

さて八木は、この不確定性の原理（a principle of indeterminateness）という思想で「資本主義の死滅論」「社会主義必然論」を読むと、シュンペーターのスタンスが理解できると述べている。「個人を形成していく環境は、個人的環境でなく集団的環境である。個人の動機を生み出すのも個人でなく集団の動機である。諸々の行動は単純に個人の行動であるのではなく、一般に、集団的な行動としてのみ理解することが出来る」[52]。集団を重視するというが、シュンペーターは「不確定性の原理」を主張していて、その根拠に、第一に偶然的要素、第二に個人的要素を挙げる。第一の偶然的要素には、巨大な金鉱の発見や戦争の勃発のような不可測な事象も含まれるが、シュンペーターがより重視するのは、第二の個人的要素である。「知力、予見力、忍耐力等々といった素材としての人間の資質が経済的、制度的発展の要因であるということは言うまでもないことである。……指導的階層の質にも言えることである。この指導的階層とは、ある特定の活動を行わせるために、その追求のために、社会的条件によって引き付けられた既存の指導的人員である。……個人の登場と結びつく事象の偶然的な生起と合わせて、われわれの将来の予測能力を著しく制限している要素が存在している。これがここで「不確定性の原理」という言葉の意味である[53]」。

シュンペーターがより重視するのは、社会生活の相対的に独立した諸分野における発展の相互作用である。これを個人の行動として考えず、集団的環境と考える。ここにはすでに「個体群」(population) で発想するシュンペーターを見いだすことができないだろうか。この概念は生態学の基本概念である。少し生物学の世界を垣間見ることを許されたい。

「個体群」という概念は、一定地域内のある生物一種の個体をまとめたことを指す生態学用語である。あらゆる生物種は、それを構成する個々の個体が、少なくとも生涯の間にある程度以上同種他個体と接触することなしには、長期にわたって生存し得ない。生殖行動をして、繁殖を行わなければ絶滅するからである。したがって、絶滅が確定した種でなければ、必ず同種個体との接触をもてる状況にある。互いに接触可能な範囲の中のその種の個体は、個体群を構成している。個体群という言葉から、集団をなしていなければならないような印象を受けるが、そのようなことはない。集団をつくるかどうかは、その個体群内の個体間の関係の問題であり、そのような意味では、単独で活動するのも、そのような個体間の関係を持つ個体群の特徴と言える。逆に言えば、群れをつくるものでは、往々にして子供を群れから追い出したりする習性があるから、群れをとりあげて、これを個体群というのは間違いである場合もある。生物を生活している場で考えるのが生態学である。そういう意味では、生態学的に言えば、生物は個体群の形で存在しているとも言える。あるいは、種の現実的な単位は個体群であるという言い方もある[54]。

生物学の世界でベストセラーになった、リチャード・ドーキンス『利己的な遺伝子』(55)で、働きバチが蜜泥棒に対して行う行動は、刺すという行為が生命維持に必要な内臓まで体外にもぎ取られる、ジハード的自殺行為であり、このために共同体を守り、そのハチは利益にありつけない行為として利他的行為であると同時に、種の利益のために、集団の利益のために行う自己犠牲を払う集団によって淘汰されていく。この説は「群淘汰」(group selection)説とよばれる。それに対して、利他主義者の集団のなかにも、犠牲を拒否する意見を持つ少数派がいる、他の利他主義者を利用して利己的な反逆者がいると、その個体のほうが生き残るチャンスが多く何代かの自然淘汰を経て、利他的集団が崩壊し、利己的個体が成功する。「個体淘汰論者」はこのような説をたてる。リチャード・ドーキンスは淘汰の単位は「種」で、集団でもなく個体でもないという。

「個体群」という概念は、ダーウィンがマルサスから学んだ概念と言われている。生物の世界で、生物の種はそれぞれ多少の違いのある個体群から成り立っていて、差異をもちながら相互作用しあう多数の個体を想定する。(56)特定の環境のなかで、個体差の形質が異なる場合はより有利な形質をもった個体がより多くの子孫を残す。結果的に他と区別された個体群が成立する。これがダーウィンの「自然選択(淘汰)」説で、個体群は種と個体との対概念のなかで、変化と多様性をいれた中間概念であり、人間の世界では人口増加に対して、技術革新や道徳などによって緩和されるが生物の世界では、環境に対して個体群として変化している。八木は、この個体群という対象領域で個々人、企業、経済主体の行動を観察していくことが、社会進化を考えるポイントになると言う。(57)

この思考を進化経済学の認識に取り入れたE・S・アンデルセン(Andersen)は『進化的経済学』[1994]で「個々の主体が合理的な行動をとっているのではなく、さまざまな行動をとる個体群から最終的に環境に適応的な結果をした固体の行動が選択され、他の個体にも普及」していくという考えかたで、一九五〇年にA・A・アルチャン(Alchian)によって書かれた論文「不確実性、進化および経済理論」にはじまった。

シュンペーター『経済発展の理論』のなかの具体例で、「個体群」概念を考えてみる。シュンペーターは、駅馬車から鉄道に発展する具体例をあげている。まず「発展」とは、「経済が自分自身のなかから生み出す経済生活の循環の変化のことであり、外部からの衝撃によって動かされた経済の変化ではなく、自分自身に委ねられた経済に起こる変化とのみ理解すべきである[58]」との意味を確認したうえで、「駅馬車から汽車への変化のように、純粋に経済的――体系内部的――なものでありながら、連続的にはおこなわれず、その枠や、慣行軌道そのものを変更し、循環からは理解できないような種類の変動および結果として生ずる現象こそわれわれの問題設定の対象となるのである[59]」という。まず、駅馬車輸送という輸送能力に、収容力とスピードで限界を迎える環境変化がでてくる。このシステムは、当初は均衡しているルーチンとして機能する。次にこの均衡は、多くの資源を必要とするから、環境容量を満たす時間はかかるが、鉄道輸送の導入となる。シュンペーターは、駅馬車をいくつ連結しても鉄道には進化しないと言う。こうして駅馬車輸送は攪乱され、鉄道輸送が均衡状態になると、今度は新しい革新、自動車がこの均衡状態を攪乱させる。これがシュンペーターの見る発展であり、生物学でいう「淘汰」となる。ここで、シュンペーターが「駅馬車をいくつ連ねても鉄道輸送にならないと考えること」がポイントになる。駅馬車も鉄道も自動車という個体も同時に存在していると考えると、このなかで環境容量という生物学での概念を満たす個体群だけが淘汰されずに進化していくと考える。決して外部要因でなく、内部要因から変化、発展が起こる。シュンペーターにとっては「進化とは本質的に、不均衡で、不連続で、不調和なものである。……進化とは既存の諸構造の攪乱であり、穏やかな、しかし絶え間のない変移というよりも、爆発の連続に似ている[60]」。このシュンペーターの考え方が、シュンペーター以後のネオ・シュンペータリアンに引き継がれていく。E・S・アンデルセンは、アルチャンから導入した個体群思考（population thinking）を引き出していく。アンデルセンの『進化的経済学――シュンペーターを超えて』から個体群思考での発想に触れてみる。ダーウィンは、個体は種のなかで全部同じ物に見えるが、全部少しずつ違っていて群をなしており、そのなかで環境に適応する個体が淘汰されずに進化していくという。ところが、個々の主体がそれぞれ合理的な行動をとると考えるのではなく、さまざまな行動をとる個体群から最終的に環境に適応した結果をもたらした個体の行動が選択されて、他の個体にも普及していく。多くの可能性をもつ多様性のなかで、正しい選択をするメカニズムをとる。これがたとえ偶然正しい選択をしたとしても、非常に合理的な選択をしたように見える。アルチャンはこんな事例を挙げて説明する。「シカゴから遠く離れたガソリンスタンドに向けてランダムに経路を選択した数千人の旅行者が出発したとする。このなかで偶然に恵まれた旅行者だけが旅行を続けられる。残りは旅行不能」となる。本当は単なるランダムな選択なのに合理的な選択をしたように見える。この場合に個体が取り扱う選択肢が複数で競争状態であり、その成功によって個体の利益が高く、環境への適応度が高いことが満足されていなければならない。この個体群思考の対極にある思考は類型学思考（typological thinking）で、すべての個体――企業、消費者などをイメージ――は合理的で均質な個体であると考え、せいぜい幾つかの同質な種に分類できると考えている、だから個々の個体の行動の前にこの種の個体はこういう行動を起こすと予想してしまう。個体群思考では個体をさまざまな特徴と行動原理をもった個体群と考えているから、競争環境によってその中の幾つかの項目が競争に強い影響を与え、この優れた行動が保存されて他の個体に普及することで合理的な結果が達成されると考える。これは、行動の結果に対する将来の不確実性が高く、問題が複雑である場合に有効な思考である[61]。

話しをもとに戻す。シュンペーターの社会進化論は、根っこには後世のネオ・シュンペータリアンが引き継いだように、この個体群思考が作用していたように思う。社会システムのように多数の個体が競争状態で、複雑で、不確実性が高いから、「社会主義的でありながら、同時に絶対的な支配者に統御される。か又は民主的な仕方で組織されるか。貴族的であるかプロレタリア的であるか、宗教も神政的であるか、無神論であるか、軍隊も厳格な訓練か、訓練されていないか、貴族の倫理をもっていることも出来れば、奴隷の倫理であるか、生活様式も、個人主義的か、画一的か[62]」、さまざまな可能性を有する。これは要するに不確定ということで、どのような環境下に置かれるのか、誰が淘汰され生き残るのか予想がたたない。しかし、シュンペーターはそれにもかかわらず、資本主義に代わって社会主義が到来すると確信をもって述べる。ここにシュンペーターの複雑さとアイロニーがあるのである。

社会進化論者としてのシュンペーターへの見方の最後については、八木による指摘がある。八木紀一郎はハーバード大学で、シュンペーターの同僚であるアボット・P・アッシャーが一九三三年に書き残した「社会進化と歴史過程」という表題の執筆プランを発見した。シュンペーター自身の執筆によるものではないが、シュンペーターとアッシャーとの親交関係から見て、シュンペーターとの討論の成果を取り入れたレポートであるということができる(63)。このなかで、社会進化の概念を「動態的適応の多線的過程」(multilinear process of dynamic adaptation) と述べている。この概念は、適応 (adaptation) という生物学の用語を使用している点で、社会進化を、社会主義に向かうとしても多様な過程を経るし、それがどのような「個体群」か、または人間個体としてどのような人物が指導者になるかによって、かなりの不確定であると見ていたのではないかと考えられる。シュンペーターの念頭にあったのは人間であり、とくに「指導的階層」の人間の資質を問題にしていた。

シュンペーターの複雑さはここにも現れている。複雑な人間であるシュンペーターが社会主義を社会進化として捉える進化論的な議論を、以上の視点でみたときにどのようなものとなるのかを見てみたい。

(2)　シュンペーターの社会主義論

シュンペーターは社会主義について、資本主義が成熟すると、歴史的過程のなかから内生的に進化して、それ自身が変貌せざるを得ない内生的なものと見ていた点ではマルクスと同じであり、この見方をするマルクスを評価している。シュンペーターにとって、社会主義は最高に成熟した段階に達した資本主義を経なければならないから、したがって、論文が書かれた一九四二年のスターリン全盛時代のソ連を社会主義とは考えていないことになる。さらにもっと不可思議なのは、恐らくシュンペーターが、社会主義計画論争で、社会主義の欠陥、不可能性まで指摘していた、ハイエクやミーゼスの議論を知りながら、何故中央集権的計画経済を核にすえて、社会主義を資本主義に代わる社会システムと考えたのかという点である。

シュンペーターは、「市場以上に民主的な制度は決してない……もし市場を捨て去るとすれば……価値判断をなす当局、すなわちあらゆる消費材に対してその重要度の指標をなす当局が存在せねばなるまい……社会主義経済が巨大な官僚組織の存在が必要とし、……これが機能に好都合であることが銘記されねばならない(64)」という。シュンペーターは、この計画経済の遂行には楽観的でもある。最初の振り出しで、重要な生産方向における正しい情報を手にしうると考えるシュンペーターは、社会主義の青写真を示すに当たって、確かに市場を利用することの方がはるかに需給調整をしやすいことを認める。それに比べて、計画経済での調整には困難も伴うだろう。しかし、その困難に比較して社会主義の長所が出てくると、青写真の比較論に入る。

社会主義が資本主義より優れている点。

① 過剰生産力の調整が資本主義では緩慢で無駄がある。社会主義では合理的、計画的なので人間の精力、物的資源を節減できる。社会主義でも過剰生産力の問題は発生しても、過剰設備を廃棄せず他の用途に転用できる。

② 失業が発生しない。社会主義では不況が発生しない、失業が少なくなる。失業が起こっても他の仕事に再指名できる。

③ 資本主義では改良が原則的に個々の企業で行われ、改良が遅い。社会主義では法令一本で実施でき、非能率を処理する。

④ 資本主義では私的領域と公的領域に分断されている。相矛盾する原理で組織されているので摩擦がある。

⑤　資本主義では紛争を処理する弁護士を必要とする。最上の頭脳を他の仕事に従事させれば社会的損失を回避できる。

このように利点のある社会主義には、どのような人物が指導者として必要か。「社会主義的形態が存立しうるには……高い倫理的水準が前提されねばならぬ」(65)。しかし、人間の魂の改良は必要ない。与えられた社会環境の変化で、人間の本性は順応していくものだ、と考えている。そして具体的に人的要素に関して、社会主義のプランを述べる。

Ⅰ　農業は、生産計画の設定、土地利用の合理化、農民への機械、種子・繁殖用の種畜・肥料その他の供給・生産物価格の決定と農民からの買い上げ、などだが農業界とその態度については何らの手を付けないこと。何らの摩擦もなく従いうる。

Ⅱ　労働者と勤め人には何の魂の改良の必要はない。

Ⅲ　問題は官僚管理だ。シュンペーターが最も困難な問題として取り上げている。

成功させるには、ブルジョワ人種に適している仕事を官僚にさせ、旧ブルジョワジーを差別的に取り扱うことのないような人選をする。そして、社会主義組織の形態は、巨大な包括的な官僚組織を持つ以外に方法はないとまで断言している。但し、重要なのはこの機構は個々の創意工夫を発揮せしめる余地を与えず、意気消沈し努力無用とかの雰囲気が醸成される可能性を持っていることが心配である。純粋に利他的な義務観念に依拠するのでない。この可能性は非現実的である。社会的表彰、社会的名声を与える工夫もする。「トロッキーのような人でさえも赤軍勲章を受けたではないか」。名誉、官費で維持される官舎、特別給与などの配慮が肝要。

シュンペーターが、官僚機構が成功するかどうかがポイントになるとして、具体的且つ本音が垣間見える箇所である。われわれにとっては、旧ソ連など社会主義国での官僚の悪いイメージを持つだけに、大変興味のある問題である。

多分シュンペーターも、その当時の社会主義官僚制の評判を知っていたであろう。「官僚機構」なるものは個人の資質ではなく、まさしく「個体群」として、労働者、市民の強い味方でありながら、社会主義秩序を維持する規律をつくるスタッフとして愛される存在でありうるか。これは困難であるといっている。特別扱いするとエリート群として、労働者、市民から離れるし、創意工夫する「個体群」になるための配慮もしなければならない。この「官僚機構」には高い倫理的水準が必要となる。それは何から生まれるのか、シュンペーターは、「与えられた社会環境の変化で、人間の本性は順応していくものだ」と言っている。このような社会環境は誰がつくり出し、誰が順応させるのか、これも「官僚機構」なる「個体群」によるのである。この基礎さえしっかりしているかどうか。それにはうまくいくか、失敗するか不安定要素がありすぎる。シュンペーターの本音を覗かせる箇所である。シュンペーターは、一九五〇年におけるシカゴでの講義のシラバスに次のように記して、この講義の前日に死去してしまった。このなかで個人を形成していく環境は集団、階級であるという。個人の動機を生み出すのも集団の動機である。しかし、ここにも偶然的要素や個人的要素に左右される「不確定性の原理」が働く。したがって、人間のなかでの「指導的階層」の人間の資質が問題となる。それは知力、予見力、忍耐力といった素材としての人間の資質である、と述べている。(66)

ソ連型社会主義の最大の問題点は、独裁的指導者の傘下にある「巨大な官僚機構」であったと筆者は認識している。確かにレーニンが、将来国家は死滅するという理論をもちながら、過渡期においては、強力な中央集権型の統治によって、政治不安定を克服しようとしたが、残念ながら優秀な官僚機構は一つの階級にまでに至り、地方は中央官僚機構の指示を待つという状態になった。本来は地方に優秀な企業者を育成し、地方でいきいきとアントレプルナーとして行政を担当すべきものが、中央官僚機構肥大の組織をつくってしまった。この機構では、良い情報のみが政治トップに伝わり、悪い情報は官僚機構の失策になるからと隠蔽せざるを得なかった。シュンペーターも、『資本主義・社会主義・民主主義』を執筆していた当時の旧ソ連中央官僚機構の欠陥を知り尽くしながら何故官僚機構にこだわるのか。

社会進化論者としてのシュンペーターで見てみる。社会システムの移行は資本主義の制度としての安定性が確保されていても、資本主義秩序が不安定であれば、社会システムは必然的に外的要因ではなく、体系そのものから次の社会システムに内生的に移行していく。その場合、塩野谷の用語を借用すれば、経済的成功は、非経済的要素を反作用させて、資本主義を崩していく。資本主義経済の発展は、企業者のアントレプルナー精神の発揮による動態化であるから、これが日常的に作用することは、社会主義に入っても同様であると考えている。旧ソ連の場合には、資本主義が十分に成熟していなかった。アントレプルナー精神による経済の発展が未発達の状態で、革命によって成し遂げた社会主義では失敗するに相違ない。

官僚機構という「個体群」は、体制指揮官に向かって利己的行動をとるのか、労働者、市民に向かって利他的行動をとるのか、ここが分水嶺である。後者の態度をとらせることが、社会主義秩序としての社会主義文化的プロメテウスである。これを、シュンペーターは個人として考えないで集団でもないグループである「個体群」で考えようとしている。これには高い倫理感を「個体群」に求めても非現実的だという。使命感、社会的名声、飴も必要。しかし、エリート意識や、労働者、市民からの不満、もあってはならない。こうなると一種の「ゲーム理論」である。

筆者の実業経験から考えるなら、中央集権体制をとらない。いくら優秀なスタッフ、官僚機構を設置しても、出先ではその指示を待つ体制となり、自分たちでアントレプルナーとして知恵を出さない体制となる。成功しても拠点の努力でなく、官僚機構の成功となってしまう。それゆえに、筆者はシュンペーターのアイデアには反対である。しかし、シュンペーターのやり方で、官僚機構がうまく働ければ成功するかもしれない。実はこの点が、シュンペーターに言わせると「不確定性の原理」であり、また、「動態的適応の多線的過程」(multilinear process of dynamic adaptation) ということになる。不確定なのは、人的要素➡「個体群」の要素であり、方法論も、どれが正解かわからない多線的過程のなかから選択しなければならないのである。

そこで再度シュンペーターが中央集権型社会主義を主張している真意を探る。

シュンペーターが「新結合」（イノベーション）が、資本主義の初期段階では、個人としての企業家が、次いで法人としてのスタッフが、最終段階では官僚機構が、日常的に行うようになった。これでは資本主義経済は成功していても、資本主義秩序、「時代の精神」まで没個性化されてしまう。ここに社会システムの進化を察知した。ポイントになるのは、「新結合」（イノベーション）の官僚機構による日常化である。もうこの段階では、資本主義でなく社会主義と考えるシュンペーターの特徴がある。マルクスと違って経済的に、内部から破綻して社会主義になるのでなく、経済的に成功しながら、資本主義秩序が崩壊すると予見する。ここに社会主義の「文化的プロメテウス」の匂いを嗅ぎだし、社会主義を構想するのである。ここは、シュンペーターにとっては、絶対に官僚機構による中央集権型社会主義でなければならない。資本主義の最高の段階では、地方も「新結合」（イノベーション）に慣れ親しんでいる。中央からの指示待ちにはならないとみている。

このように考えて、現今の日米官僚機構の実態を考えると、経済戦略、外交戦略を動かしている大変優秀な機構である。アメリカの場合、この頭脳集団、「個体群」が世界を動かしていると考えても良い。しかもアメリカの場合には、政権が変わると官僚機構も入れ替えになるので必死になって努力する。日本は法律の制定、戦略制定すべて官僚機構が実務として実施している。これはまさしく日常的な「新結合」（イノベーション）の世界である。シュンペーターは、資本主義のこの成果をそのまま遺伝子として、社会主義に引き継ぐ必要を考えた。その上で、先に示した「青写真」の比較メリットを社会主義のシステムに活かしたかった。ここで初めて社会主義としての「文化的プロメテウス」が生まれていくのである。だから、当時論争された社会主義計画計算論争での問題は、官僚機構の「新結合」（イノベーション）と日常化している末端組織の企業による「新結合」（イノベーション）とで充分にやっていける点が看過されたことにある。シュンペーターの生存時代にはなかったIT技術の発展によって、消費者の需給調整は可能かもしれない。現実に筆者宅では、主として食料品について、生活協同組合に購入申し込みをして配達してもらう習慣を三〇年続けている。この利用によって添加物が混入していない安全な食品を供給してもらっている。今ではパソコンによるインターネット注文も可能である。価格は少し割高であっても発癌性物質の混入した食品を体内に入れるよりは良いという消費者の選択である。この生活協同組合の全国的需給調整をやれば非市場的計画供給も可能ではないか。シュンペーターが社会主義計画計算論争を一蹴するのもわかるような気がする。シュンペーターが中央集権型社会主義に固執する真意は、このようなことではないだろうか。社会の変化、環境の変化に動態的に適応していく生物のように、社会主義への道は決して一本ではなく、そのときの環境や、歴史や、風土、文化によって多線的に思考していく必要があり、それがシュンペーターの考える個体群思考すなわち「動態的適応の多線的過程」(multilinear process of dynamic adaptation) ではないだろうか。シュンペーターが、その死去の前日に準備していた講義シラバスは、次のように結ばれている。「社会主義は民主主義的なものなのかそれとも独裁的なものなのか、集権的社会主義なのかギルド的社会主義なのかという問題は、預言者が答える問題であって、傾向とか可能性を並べ立てるのが精々である分析家の問題ではない」。ここもシュンペーターの「不確定性の原理」で結ばれている。

4　コーポラティズムとシュンペーターの社会主義

シュンペーターの考えていた社会の再建は、カトリック的なコーポラティズム協同主義の社会主義によるものではなかったか。

ここで、コーポラティズムという概念について、規定しておく必要がある。通常コーポラティズムは労働組合や経営者団体が利害調整のために、協議機関を設置して、政策立案、運営に当たる一つの政治形態である。しかし、かつてコーポラティズムがファシズムに利用された忌まわしい事例があるように、このコーポラティズムはイデオロギーとして永い歴史をもっていると同時に、多元的に左から右まで実に幅広い支持者が存在してきた。アメリカのＰ・Ｃ・シュミッター（Philippe C. Schmiter）とドイツのＧ・レームブルッフ（Gerhard Lehmbruch）による支持者リストでは、ロマン主義的国家有機体論者から、マルクス以前の社会主義者、シスモンディ、サン＝シモン、プルードン、社会派キリスト教、ローマ教皇レオ一三世、ピオ九世、ファシストの権威主義者のジュゼッペ・ボッタイ、フランチェスコ・ヴィート。世俗的な近代化志向のナショナリストであるミハイル・マノイレスク。神秘的普遍主義、オトマール・シュパン。急進的ブルジョワ連帯主義エミール・デュルケーム。親資本主義的改良主義としてケインズ、反資本主義的サンディカリズム、ギルド社会主義のＧ・Ｈ・コール、初期のハロルド・ラスキ、Ｓ・Ｇ・ホブソン、ブルジョワジー社会主義、フランソワ・ペルーなどが挙げられている。(67) これだけ幅広いイデオロギーをもつ人たちが支持したコーポラティズムの定義をするのはとても困難であるが、シュミッターはひとまず、「団体に組織された市民社会の諸利益と国家の決定構造とを結びつける、一つの特殊な様式、ないし理念型的制度配置として把握することが有益」(68) と述べている。要するに、支持者たちのイデオロギーの最大公約数をとると、「権威主義的決定作成システムと利益代表との間にある一つの制度的関係」というわけである。

前章で述べたことのくりかえしになるが、支持者の一人としてケインズが、論文「自由放任主義の終焉」のなかで次のように述べている。「多くの場合において、支配と組織の単位の理想的な規模は、個人と現代国家の中間のどこかにあると私は考えている。したがって私は、国家の枠内にある、半自治的組織体（semi-autonomous bodies）の成長と認知の中にこそ進歩が存在すると示唆したい。なお、この組織体自体の活動領域内における行動基準は、もっぱら、その組織体が自ら公共善であると理解しているものだけに限られ、私的利益の諸動機はその組織体の対象から排除されている。ただし人々の利他主義がもっと広汎におよぶまでは、特定の集団とか、階級、同業者団体が個別的利益をあげうる余地をいくばくかでも残しておく必要があるかもしれない。さらにまた、この組織体は、自然の成り行きで、その制限規定の範囲内では、大体において自治的にことを処するが、究極的には、議会を通じて表現される民主制の主権に従うものである。私の提案は、独立した自治組織という中世的な概念への復帰であると言われるかもしれない(69)」。このケインズの提言は、私的な市民が対立する利益を増進しようとして連合体や団体をつくることである。そして、ケインズは、国家は利害の規制をして介入するが結局、これらの団体に委任するか共有するようにはたらく。これは国家と利益団体との相互浸透的に求め合う過程であるが、あくまで「民主制の主権に従う」ことが条件であり、これがなければ中世への復帰になってしまう、というのである。これはコーポラティズムの本質をついている。このようなコーポラティズムを、ローマ・カトリック教会が回勅を発布して支持したことは大変興味深いことである。

シュンペーターが一九四五年にモントリオールでの産業家連盟（L'Association Professionelle des industroele）の会合で行ったスピーチの原稿「現代の社会主義的傾向のもとでの私企業の将来(70)」のなかで、彼の社会主義感がよく出ている、次のような一文がある。「社会的有機体を機能させる力の組み合わせは、連帯と敵対の要素を含んでいる。これは、家族、委員会、政党、企業などどこでも見られることである(71)」。統治階級の間における信頼の欠如、リーダーシップの欠如により、家族にせよ、職場、社会にせよ、誰もが個人的で即時的な得失だけでバランスシートを書き上げようとするから機能していない。この遠因は、前世紀の功利主義哲学での思想体系で個人的な利己主義以外の規制原理を認めなかった合理主義の原理が手助けしてしまったことにある。このような社会を再建する方法は、ボリシェビズムのような権威的な国家主義からも、民主的な社会主義からも生まれない。「教皇回勅で唱道されたような協同体的組織に目を転じると……そこから経済的な教義を引き出すことは出来る(72)」。これこそが唯一、現代経済の解体状況を治癒する方法であると、シュンペーターは自信を持って述べる。経済的自由主義が解決する能力を持たないのであれば、国家権力の介入が要請されよう。例を挙げれば、営利企業Aは企業Bが操業していないので操業できない。Bが操業できないのはCが生産できる状態ではないからだ。どの企業も独力でこの悪循環を断ち切ることはできない。これでは産業全体の閉鎖、労働者を犠牲とする没落に至りかねない。職業団体の共同体的行動、団体の共同主義は、労働者と所有者との平和的な協調にとっての深刻な障害を取り除く。このためには、まず組織問題から解決しなければならない。これは最も困難な問題である。解体が進行中の社会では、集権的で権威主義的な国家主義が自然に発展する傾向にある。自由放任の機構が機能するのを止めたのだから、それを官僚機構に置き換えることが論理的帰結になる。「その成功は保障できないでも、その勝利を保障するにはなにをする必要もない。だが団体の共同主義は、機械的ではない。それは立法的権力によって創造、付加されえない。それは自然と生じるものではない」[73]。では、どのようにして成功させるか。それは、自由な人々の行動と彼らを鼓舞する信条によって生み出される意思の力、精力と、経済的・社会的改革を超えて、道徳的改革を含んでいることに要約されると結んでいる。

さて、この「教皇回勅」とは、具体的にはレオ一三世が一八九一年に発布した『レールム・ノヴァルム』(Rerum Novarum)である。ジャック・ルクレールは、『キリスト者と金銭』(Le chrétien devant l'argent)のなかで、キリスト教最初のエルサレムの共同体は、ある意味で共産主義(Communisme)であったと言え、この伝統は修道生活に引き継がれて今日に及んでいる、と述べた[74]。この回勅の内容は、一九世紀以降、社会主義的反聖職者主義が共産主義を主張するようになるなかで、キリスト教徒のうち「相愛するものの間では誰もが共同である」という理想にあこがれる人々に、キリスト教が共産主義とは全く違う思想であることを説明したものであった。ここでは、社会主義は私的所有権を認めないのに対して、キリスト教は認める立場をとると説きつつも、労働者の立場を救済し、労働を尊重し労働者を奴隷的境遇から救う必要を認め、適正な賃金の支払いなど労働問題について、キリスト教として言及した点で、当時としては画期的であった。それから四〇年を経て、ピオ一一世[75]による『クアドラジェジモ・アンノ』(Quadragesimo anno) は、コーポラティズムの思想形成にさらに大きな影響を与えた。ではその回勅の内容とはどのようなものかというと、「資本は長い間、過度の利益を独占することに成功した。労働者には、労働の回復と持続に必要なものを、かろうじて残すに過ぎなかった」、「プロレタリアートの救済のために尽くすこと、これが私の先任者――レオ一三世――が義務として追求した目的であった」、「資本家の手に蓄積される財貨の分け前をもっと公正な額に減らして、労働者にもっと潤沢にゆきわたるよう全力をつくさなければならない[76]」というように、ローマ・カトリック教会が正式の回勅の形式で発布した内容としては労働者救済思想が良く現れたものである。カトリック社会哲学は労働組織に関して、常にペルソナの自由を保障する組織を要求している。この根底には、人間の自然権はすべてペルソナの自由と自立を保障するという思想がある。ピオ一一世は、余分な収入をもつものが、利己的満足を充足するために使用したり、使用せず死滅したりするよりは、企業に投資して労働者に仕事を与えるのはよい方法だと述べている。しかし、国家が労働者に労働させる役目を引き受けると、国家自体が生産手段を握って、労働者の雇用の方法、場所を決定する権利を握ることになる。これは個人の労働権は満たされるように見えるが、労働者は国家に労働権を奪われて、国家の利益のために使用される労働者になるだけである。キリスト教の基本的思想は、人間のペルソナの自由を守り、国家はこの監督義務があるという立場をとる。コーポラティズムに関しては、職業団体組織 (institution corporative) を階級間の闘争、産業界の不当競争を是正する方法として取り上げる。政治組織と相互関係になりやすい職業団体組織について、政治に干渉しない立場をとる教会としては特定の形態を示していないが、職業団[77]体組織を望ましいものとして改革、改善を要求してきた。イタリア、オーストリア、ポルトガル、ドイツ、フランスでこの職業団体組織が発展し、これがコーポラティズム思想の中心課題となった。

カトリック信者として教会にも関わっていたシュンペーターは、このようなキリスト教によるコーポラティズムに影響されていたと考えられる。「教皇回勅で唱道されたような協同体的組織に目を転じると……そこから経済的な教義を引き出すことは出来る」と考えたシュンペーターの社会主義のイメージは、中央集権的なローマ法王庁的官僚機構による強いリーダーシップのもとで、あくまで国家主導ではなく自由な個人のペルソナが尊重された職業団体組織の結集アソシアシオンと考えていた。これが、シュンペーターの考える社会主義である。

おわりに

塩野谷祐一『シュンペーターの経済観』の帯に、「シュンペーターはドン・キホーテか？」と書かれていた意味が段々わかってきたような気がする。確かに、サンチョ・パンサの代わりにワルラスの影を率いて、巨大なマルクスを批判はするが、同時に畏敬の念も示している。そして、「資本主義」という風車に向かって突撃を企てるというような複雑な人間であり、膨大な著書を網羅して検証する巨人である。

巨人シュンペーターは、マルクスの階級闘争を拒否する。それは社会の経済進化法則というようなマルクスの方法論への否定であった。シュンペーターは、シュンペーター研究者が彼の進化的発想から考え付いた「個体群思考」を本来的に身に付けていたとは考えられないだろうか。

シュンペーターは、『経済分析の歴史』を未刊のまま残した。彼は、これを第三番目の妻エリザベスが混沌とした原稿のなかから取り出し編集するなかで、悪性腫瘍にさいなまれながら、この書が世にでることを見ずして亡くなったという。(78) 巨人シュンペーターに死期を目の前にして、この膨大な著書を書き表そうとさせたエネルギー源は何だったのか。この書の第三編で「知性の景観」と題する、経済学が歴史的にどのような知性にとりまかれ、影響を受けてきたかを分析する個所で、ダーウィン派の進化論について書いている。ここでシュンペーターは、ダーウィン『種の起源』の付録にある「種の起源に関する意見の進歩の歴史的概要」と題する「スケッチ」を読むように読者に求めている。読んでみると、シュンペーターの興味は、ダーウィンによって自然淘汰説が完成するまでの、アリストテレス、ビュフォン、ラマルク、ウェルズといった先人の足跡を辿っていることが、ダーウィン自身によって書かれていることに向けられている。このようにして経済学も、『種の起源』がマルサス『人口論』からインスピレーションを受けて閃いたように、あらゆる周囲の学問や先人達の分析研究の状況を分析して、どのように経済学が進化していくのか、という課題に対する興味がエネルギーとなったのであろう。そして、この行動そのものによって、シュンペーターが進化論的発想をする人物であると言うことができる。同じく、この「知性の景観」の「進化的心理学」の個所では、ダーウィンの影響が心理学にも及んでいることを指摘して、「経済学者達は、このラインに沿う研究が、例えば社会主義的社会組織のなかにおける経済行動ならびにその順応性などの明白な関係をもっているにも関わらず、なおこの研究に就こうとはしなかったのである……ここには何ものか熟考されるに値するものがある」[79]と述べている。

このシュンペーターの研究態度、着眼点は進化的である。あらゆる学問との関わりで経済学は影響をうけ、影響を与える。このなかの個体のなかで自然淘汰されていく、これは個体群思考そのものではないだろうか。

シュンペーターという巨人が、なぜ資本主義は生きのびることができず、社会主義が必然的に次の社会システムになると断言したのか。われわれのような凡人には、資本主義が新結合（イノベーション）を今もなお次々と行っているなかで、とても動態から静態に移りそうには見えない。かたや社会主義は資本主義に移行している。社会システムとしては、資本主義のほうが貧富の格差を生んだとしてもなお、社会主義よりもベターのように見える。そういう観点から、中央集権的社会主義が社会主義システムを維持していくと断言するシュンペーターの秘密に挑戦したのがこの論文である。

シュンペーターはマルクスとは違って、社会主義の青写真を明確に示している。しかし、それにもかかわらず、同時に「社会主義の文化的不確定性」の問題に直面すると見ている。「社会主義的でありながら、同時に絶対的な支配者に統御される。か又は民主的な仕方で組織されるか。貴族的であるかプロレタリア的であるか、宗教も神政的であるか、無神論であるか、軍隊も厳格な訓練か、訓練されていないか、貴族の倫理をもっていることも出来れば、奴隷の倫理であるか、生活様式も、個人主義的か、画一的か」(80)。それは不確定であり、動態的に環境に適応していくには幾つかの多線的過程があって、個体群としてどう適応していくのかは、いかにその社会システムが環境に適するか、淘汰されないかによる。ここに、シュンペーター理論の本質がある。

シュンペーターにとって、社会主義は「単に胃の腑を充たすだけでなく、もっと高遠な新しい文化世界を意味するもの」である。資本主義は成功し、イノベーションの減退もなさそうであるが、シュンペーターの構想では、そのような成功によって経済領域は安定していても、非経済の領域、資本主義の秩序という面において不安定になり、不可避的に崩壊する。「元帳と原価計算」の資本主義的合理主義の世界で、有り余る富、余暇が与えられ、イノベーションが日常的ルーチンワークとして動態から静態に達したときには、「資本主義として生きのびる」ことはできない。そして、必然的に社会主義となる。それはいつのことかは預言者でないからわからないが、一〇〇年といえども短い時間と認識するシュンペーターにとっては問題ではない。そして、来るべき社会主義がどのようなものであるかも不確定である。しかし、その青写真では、それが中央集権的であることを譲らない。これは何故なのであろうか。

それは、シュンペーターが、まず社会システムとして、その変化をリードしていくのが、個人的環境ではなく、集団的環境、つまり、集団的行動であると考えるからである。それはまた、偶然的要素や個人的要素というような「不確定性の原理」に左右され、指導者集団、階級の人間の資質によるものである。そして、来るべき社会主義のあり方については、その指導者集団、具体的には「官僚機構」が民主的で、高遠な新しい文化を築いていくかどうかにかかっており、「不確定性の原理」に基づいて多様な可能性を有する、とイメージしている。これがシュンペーターの社会主義のイメージである。

シュンペーターにとって、この「官僚機構」による集団的環境と、ローマ教皇庁の「官僚機構」のイメージが重なっているのではないか、というのが筆者の指摘である。カトリック信者のシュンペーターが、晩年にローマ教皇ピオ一一世の回勅から発したコーポラティズムの影響を受けて、この線に沿って社会主義システムを連想した、と筆者は考える。こう考えると、中央集権社会主義に固執することも理解できる。つまり、社会主義の運営は、一面ではローマ教皇庁のような強い官僚主義的リーダーシップがなければならない。しかし、それは独裁ではなく、個体群のペルソナを尊重するコーポラティズム的組織でなければならない。そこでは自由な結社であるアソシアシオンの集合的組織が、日常的に新結合（イノベーション）を行う動態の世界を考えていたのであろう。

最後に、『資本主義は生きのびるか』という課題の現代的意義とは何であったのだろうか。資本主義は確かにGDPベースにおいても高い成長を遂げ、労働者の生活水準は向上し、シュンペーターのいうように成功した。しかし、資本主義の下での社会秩序は、日をまして混乱し、堕落している。紛争、テロ、貧困、自殺、教育の荒廃、差別、格差、抑圧とまさに閉塞状態にある。贅を尽くしたきらびやかさとは裏はらに、虚無、諦めの重苦しい空気が漂っている。これが現代の資本主義社会である。シュンペーターは、このような重苦しい社会の到来を早くから予期していた。経済領域の成功ゆえに、非経済の領域、文化的プロメテウスが失われていく社会は、成功ではなく破滅である。これを救う道として社会主義を構想した。それはシュンペーターが好んでいるからではなく、これしか道がないからである。シュンペーターは色々な青写真を示すが、そこに至る方法は「不確定」であると述べ、多様な道があるとも断言する。それを決めるのは、環境にどのようにして適応していくかという人間という生物種の選択しかない。ここに、シュンペーター理論の現代的意義がある。

注

（1）シュンペーター『資本主義・社会主義・民主主義』上、中山伊知郎・東畑精一訳、東洋経済新報社、一九六二年。

（2）本章はスウエドベリ（Richard Swedberg）により発掘され編集された Joseph A. Schumpeter Can Capitalism Survive? に収録された論文のほか日本にこれまで紹介されなかった論文を訳出したもので、『資本主義は生きのびるか』（八木紀一郎編訳、名古屋大学出版会、二〇〇一年）をテキストとした。

（3）同前、一一三頁。

（4）同前、一一四頁。

（5）同前、一一四頁。

（6）シュンペーター『資本主義・社会主義・民主主義』上、一二四頁。

（7）シュンペーター『経済発展の理論』上、塩野谷祐一・中山伊知郎訳、岩波書店、一九七七年。日本語訳序文 "This may be illustrated by a reference to two great name: Léon Walras and Karl Marx."

（8）同前、一九八頁。

（9）シュンペーター『資本主義・社会主義・民主主義』上、一五〇～一五一頁。

（10）ＧＤＰ数字は一九八五年価格に設定。A. Maddison, *Dynamic Forces in Capitalist Development*, Oxford University Press, 1991.

（11）シュンペーター『帝国主義と社会階級』都留重人訳、岩波書店、一九五六年。

（12）同前、一一四頁。

（13）同前、三〇頁。

（14）同前、一二九頁。

（15）この「二元論」については、吉田昇三『シュンペーターの経済学』法律文化社、一九五六年、六七～七二頁を参照されたい。

（16）八木紀一郎「シュンペーターにおける資本主義過程の探求」『経済論叢』第134巻３・４号、京都大学経済学会、一九八四年。

（17）同前、三一頁。八木はシュンペーター『経済発展の理論』上から引用している。

（18）シュンペーター『帝国主義と社会階級』一二〇頁。

(19) シュンペーター『資本主義・社会主義・民主主義』上、二三八頁。
(20) シュンペーターは、資本主義を普及期（一八世紀中葉）、競争の時代（一九世紀）、トラスト資本主義（一九世紀～現代）と三期に分けている。
(21) シュンペーター『資本主義は生きのびるか』第四章「資本主義の不安定性」で述べている（一一一～一四三頁）。
(22) マルクス『資本論』第三部上、長谷部文雄訳、青木書店、一九五四年、五四九頁。
(23) シュンペーター前掲書『資本主義・社会主義・民主主義』上、二三八頁。
(24) シュンペーター『資本主義は生きのびるか』一一四頁。
(25) 同前、一三一頁。
(26) シュンペーター『資本主義・社会主義・民主主義』上、二三七～二三八頁。
(27) シュンペーター『資本主義は生きのびるか』一三二～一三三頁。
(28) 同前、二三五頁。
(29) シュンペーター『資本主義・社会主義・民主主義』上、二五一頁。
(30) 同前、二四五頁。
(31) 同前、二四六頁。
(32) 同前、二三一頁。
(33) 同前、二三五頁。
(34) マルクス＝エンゲルス『共産党宣言　マルクス・エンゲルス選集5』新潮社、一九五九年、七頁。
(35) シュンペーター『資本主義・社会主義・民主主義』上、二五九頁。
(36) 「欲望満足が経済活動の基準であるならば、われわれの類型の行動は一般に非合理であるか、さもなければ異なった種類の合理主義に属するものであろう」『経済発展の理論』上、二四〇頁。
(37) シュンペーター『資本主義・社会主義・民主主義』上、二六二頁。
(38) 同前、一七九頁。
(39) 同前、一九二頁。

(39) シュンペーター『帝国主義と社会階級』一六二頁。
(40) シュンペーター『資本主義・社会主義・民主主義』上、二五三頁。
(41) 同前、二五四頁。
(42) 同前、一九二～一九三頁。
(43) 同前、一九三頁。
(44) 八木紀一郎「シュンペーターにおける資本主義過程の探求」。
(45) 八木紀一郎「進化的政治経済学と市民社会」『経済セミナー』No.517、一九九八年二月。
(46) 八木は、シュンペーターの社会化問題への誤解によるものであると指摘する（『資本主義は生きのびるか』解説、一三頁）。
(47) シュンペーター『資本主義・社会主義・民主主義』上、二八五頁。
(48) 同前、一一四頁。
(49) シュンペーター『資本主義・社会主義・民主主義』新装版、一九九五年、二六二頁。
(50) 同前、二六三頁。
(51) 同前、二六八頁。
(52) 八木紀一郎『ウィーンの経済思想』ミネルヴァ書房、二〇〇四年、二一〇頁。
(53) 前掲『資本主義は生きのびるか』三七八～三七九頁。
(54) 進化経済学会編『進化経済学ハンドブック』共立出版、二〇〇六年、「進化生物学」を参照。
(55) リチャード・ドーキンス『利己的な遺伝子』日高敏隆他訳、紀伊国屋書店、二〇〇六年、一一～一六頁。
(56) 八木紀一郎編『進化経済学の諸潮流』日本経済評論社、二〇一一年、六～一三頁。
(57) 八木紀一郎「経済学における進化視点」『理戦』二〇〇五年四月号参照のこと。
(58) シュンペーター『経済発展の理論』上、一七四頁。
(59) 同前、一七一頁。
(60) シュンペーター『景気循環論』金融経済研究所訳、有斐閣、一九五八年、一〇二頁。
(61) 個体群思考については、E・S・アンデルセン『進化的経済学――シュンペーターを超えて』八木紀一郎監訳、シュプリンガー・フェアラーク東京、二〇〇三年、前掲『進化経済学ハンドブック』四七〇～四七一頁を参考にした。

(62) シュンペーター『資本主義・社会主義・民主主義』新装版、二六七～二六八頁。

(63) 八木紀一郎『ウィーンの経済思想』二〇〇～二〇一頁。

(64) シュンペーター『資本主義・社会主義・民主主義』新装版、二八九～二九二頁。

(65) 同前、三三一頁。

(66) シュンペーター『資本主義は生きのびるか』三七六～三七九頁。

(67) P・C・シュミッター（Philippe C. Schmiter）・レーム・ブルッフ（Gerhard Lehmbruch）『現代コーポラティズムⅠ』山口定監訳、木鐸社、一九八四年、二七～二八頁。

(68) 同前、二六頁。

(69) ケインズ『自由放任の終焉』山田文雄訳、現代教養文庫、一九五三年、三四五～三四六頁。

(70) シュンペーター『資本主義は生きのびるか』三三一～三三七頁。

(71) 同前、三三三頁。

(72) 同前、三三五頁。

(73) 同前、三三六頁。

(74) ピオ一一世『ディヴィニ・レデンプトーリス――無神的共産主義』岳野慶作訳解、中央出版社、一九五九年、六～七頁。

(75) ピオ一一世には痛ましい経歴がある。ドイツに台頭したナチズム国家社会主義を、共産主義に比して無害であると評価して、一九三三年にヒットラーと政教条約（コンコルダート）を結んだことである。しかし、国家社会主義が圧政的、危険思想であることを見たピオ一一世は、直ちにナチズムを反キリスト教的であると非難し、全カトリック教会に回勅を読み上げるように命じたことで有名となった。

(76) レオ一三世『レールム・ノヴァルム』（Rerum Novarum）、ピオ一一世『クアドラジェジモ・アンノ』（Quadragesimo anno）（ともに『教会の社会教書』中央出版社、一九九一年、一七三～一八一頁、に収録）。

(77) フランスではコーポラティズムの研究が行われ、一九三五年の「社会週間」で、職業団体組織の性格づけについて、①自由結社でなく、地方自治体的コミューヌ（commune）の性格、②個人の自由から生まれる、正当な利得を目指す、個人企業を存続させる、③国家は法的地位。権限を与えるが、絶対主にはならない、④職業団体組織は国家と個人の仲介役、⑤過当競争を避ける共同善、⑥国全体の興隆に貢献する、の五点を挙げている。

(78) マーク・パールマン「シュンペーターの『経済分析の歴史』」『思想』二〇〇六年八月号、塩野谷祐一訳、一一四〜一一五頁。

(79) シュンペーター『経済分析の歴史3』東畑精一訳、岩波書店、二〇〇六年、九四五頁。

(80) シュンペーター『資本主義・社会主義・民主主義』全、二六八頁。

第5章　マルクス貨幣・信用論研究——地金論争・通貨論争から学ぶこと——

はじめに

未来社会ではマルクスは商品も貨幣も廃絶すると思考していたのか、それは貨幣も擬制資本までも必要とする株式会社が未来社会への通過点とする議論と矛盾する。ここでは貨幣と未来社会との関係を分析しマルクスの真意にせまりたい。

本章では、金との兌換を絶たれた紙幣の増発をどのようにコントロールするかを巡る通貨論争を通して、マルクスが貨幣・信用をどのように考えていたかを探求する。また、経済学史的見地から、マルクスがリカードを批判する過程で『資本論』の価値形態論を確立したことの検証でもあり、それがその後のマルクス経済学者による貨幣・信用論の発展に繋がっていくと考え、取り上げた研究である。

1　イギリスでの地金論争と通貨論争

地金論争とは、一七九七〜一八二一年にイギリスでナポレオン戦争を契機として、イングランド銀行券の兌換停止時に生じた金価格、諸商品価格の高騰の原因を巡って行われたものであり、その後に、通貨とは何かを巡る通貨論争に発展していった。

(1) 発端と論争の経緯

イギリスは、一七九八年に革命後のフランス政府に対して宣戦を布告した。その結果、イギリスの財政は膨張して、イングランド銀行からイギリス政府に貸し付ける貨幣額は増大する。そのため同行の保有する正貨、地金は減少していき、遂に同行は一七九七年二月に正貨の支払いを禁止して、その後四半世紀の間、兌換を停止した。ポンドは不換紙幣に転落したのである。この間に、イギリスは物価騰貴、地金価格の高騰、為替相場の下落を経験する。このとき、銀行券の不換化とその過剰発行に紙幣の減価原因があるとの地金主義者と、銀行券の過剰発行が原因ではないとする論者の間で行われた論争が地金論争である。リカードは「地金高価論」(1)で、不換紙幣の過剰発行が原因であるとして、兌換再開すべしとの論陣をはった。この見解によって、「地金委員会」が設置され、「地金委員会報告」(一八一〇年)に理論的支柱を与えた。この論争は引き続いて通貨論争に発展した。

「地金委員会」の勧告に従って、イングランド銀行は兌換を再開したが、その後においても、イギリスは物価の変動を伴う恐慌に見舞われ、銀行券の過剰発行が恐慌の原因となるのかを巡る通貨論争に発展したのである。

銀行券の発行は、銀行がその発行残高を自由に拡大でき、銀行側に過剰発行による恐慌を引き起こした責任があるとする通貨学派(オーバーストーン、ノーマン、トレンズ、ピール等)と、他方、銀行券と政府紙幣とは別のもので、銀行は自由に銀行券の発行残高を拡大できるのではないと主張する銀行学派(トゥック、フラートン、ウィルソン、ギルバート等)との間で論争がはじまった。もとをたどれば、通貨学派はリカードの貨幣数量説から端を発した地金主義の見地から推論する。リカードによれば、金はどの国でも等しい価値を持つ限り、国際的に金が移動することはないが、ある国で金鉱山が開発されて、金の損耗分を超えて流通必要量以上に生産されたとすると、流通に投ぜられる金の分量が増加して通貨価値は低下し、諸商品の価値は逆に高騰する。金が安価になると高価な国に輸出されて、国際的移動によって、どの国でも等価となったところで終息する。金を輸出した国は、通貨の価値は上昇して物価は下がる。(2)

金価格は、自動的に国際的な移動を通じて回復される。銀行券の発行増は、鉱山の場合と同様に通貨の価値に影響を及ぼす。兌換制のもとでは、銀行券が発行され通貨の量が増加すると通貨の価値は低下し、物価は高騰するが、金にいつでも兌換できるから、増加した銀行券は金に兌換されて、安価になった金は高価な国に輸出される。金輸出国では金地金の量は減少して、通貨価値は上昇し物価は下がる。物価は自動的に調節されて、再び均衡状態を回復する(ところが、銀行券の兌換が停止されると、兌換義務を課していた過剰発行への抑制は取り除かれる)。

リカードは、兌換の停止と銀行券の過剰発行のなかに、金地金の高価格と物価騰貴の原因を認めた。その後、紆余曲折を経て兌換再開を定めた一八一九年、ピール通貨法が議会を通過して、一八二一年に兌換を再開した、ところが、兌換再開後、一八二五年、一八三六年、一八三九年に恐慌が訪れる。この恐慌は、過剰生産による商品流通の停滞、価格の暴落、貨幣支払いの停止による資本制的再生産過程で発生する恐慌であった。しかし、通貨学派は、リカードのいう自動的な調節作用が銀行券の過剰発行によって攪乱されて、物価の高騰、過剰生産の原因となったとして、兌換制のもとでも銀行券の発券と流通量は調節しなければならないと主張したのである。

通貨学派は、金流出が生じたときには、それに対応して同額の銀行券を廃棄せねばならないと考えた。一八四四年のピール銀行法では、イングランド銀行の機構を発行部と銀行部に分離し、銀行に一四〇〇万ポンドの保証発行を認め、それ以上の銀行券の発行は全額金準備の量に一致しなければならないとした。これでイギリスは、永遠に恐慌の到来からのがれるはずであったが、再び、一八四七年、一八五七年に恐慌を発生してしまう。防止どころか、危急時に利子率を高め貸出しを厳しく制限して、恐慌を激化してしまった。

銀行学派は、通貨学派が悪循環に陥っている原因は、銀行券と政府紙幣との区別を理解していないことから起ると主張した。フラートンは、銀行券は発行方法と回流の仕方が政府紙幣とでは全く異なるという。トゥックも銀行券の発行残高の変動は物価騰貴の原因ではなく、むしろその結果であることを論証した。金属流通のもとでも、流通手段としての鋳貨と、退蔵または準備としての地金は区別されうるものであるから、通貨学派のいう国際的な自動調整機構は成立しない。そして、貨幣を種々の段階と使途で把握する。流通手段としての貨幣は通貨とよび、銀行券も為替手形も小切手もともに信用の通貨であり、それらはすべて取引の必要に応じて発行されるものであって、物価には直接に作用しない。銀行券は、発行目的、方法によって、政府紙幣とは本質的にこれとは異なる。それは貸付けによって流通に入り、返済によって流通から退く、社会の需要を超える過剰部分は、兌換・預金などで銀行に還流するものである。銀行は、イングランド銀行であれ地方銀行であれ、発券にあたっては受動的で任意に発券を統制できるものではない。恐慌の原因は、銀行券の過剰発行によって起こるのでなく、過剰信用、過剰取引による信用の濫用によって起こるものである。通貨学派のいう発券統制は有害無益であると、銀行学派は主張する。

(2) 銀行券とはなにか

ここで銀行券とは何かを検討する。「銀行券は貨幣を支払うという銀行の約束を表わした紙券であって、すなわち銀行の手形に他ならない」、「法的な見地からすれば、銀行券は持参人に一覧払いされるべき銀行の自己宛の指図証券であって、通常は一定の端数なき貨幣額が記載されている(3)」。イングランド銀行の成立史をみると、まず貨幣の代わりに紙券を貸し付ける制度が最初に採られた。この先駆者は金匠（goldsmith）であって、ここで発達した信用の操作をイングランド銀行が継承したのである。金匠とは金銀細工匠であったが、その商品の販売商人でもあった。この金匠が貸付けにおいても巨大な力をもつに至り、金匠のもとへ国王、商人、ジェントリーも低頭して貨幣を借り入れるようになる。王制復古期（一六六〇年頃）には、彼らが預金者に渡す預かり証書はゴールドスミス・ノートと呼ばれ、ただの預金証書と譲渡可能な約束手形との二通りの形式がみられ、後者はひろく一般に流通して、金匠は国王や商人に貸し付けるのに、貨幣にかえてこのノートを用いることになる。このノートは額面が一定ではないが、今日の銀行券の先駆となった(4)。そして、為替手形の取引、地金の売買、担保商品の売却、そしてシールド・ビル(5)（seald bill）の発行が、イングランド銀行の特色とされるものになるのである。

このような歴史的経緯を経て現れた銀行券とは政府紙幣ではない。トゥックは銀行券に関する限り、流通数量の増減は物価騰落の原因ではなく、その結果であることを歴史的事実で立証した。

兌換が完全に行われている限り、金にプレミアムがつくことはない。兌換銀行券の過剰発行の可能性は否定される。不換紙幣の量の増大は無限にあるかもしれないが、兌換紙幣の量の増大は、金に対してその価値を減じはじめるや否や、所有者はそれを金と交換する力によって制限される。兌換制が完全に行われる限り金と紙幣間の乖離はありえない。

通貨学派はリカードの貨幣数量説を理論的根拠にしているが、リカードの通貨理論はいずれの国の貨幣もすべて財貨交換で授受されていることが前提になっている。リカードにあってはすべての貨幣は流通手段としてのみ規定され、それ以外の貨幣の機能は全く無視されている。通貨学派は銀行券を単なる流通手段として機能するとみて、その発行量を規制しようとする誤りを犯した、というのが銀行学派の論理であった。

2　地金、通貨論争に関するマルクスの見解

(1)　マルクスのリカード批判

マルクスは、『経済学批判』と『資本論』第五編第三十四章「通貨主義と一八四四年のイギリス銀行立法」のなかで、一七九七年以来のイングランド銀行の兌換停止にからむ通貨論争を取り上げた。「当時の大多数のイギリスの著述家は、全く他の法則にしたがって規定されている銀行券流通を、価値表章または強制通用力をもつ国家紙幣の流通と混同している(6)」。

マルクスの主張では、リカードは銀行券または信用貨幣の流通を、単なる価値表章（訳は表章となっているが、一般的には価値章標）の流通と混同している。この理論は、リカードの見解が採用された一八一〇年の地金委員会の有名な報告「地金の高価格。銀行券価値低落の一証拠」が先駆となって起こった（価値章標とは本来無価値な紙片が商品所有者間の慣習によって貨幣材料金の章標となり、それが国家の強制通用力を与えられ、客観的・社会的な妥当性をもつと価値章標の完成された形態たる国家紙幣となる。この流通と銀行券の流通とは全く異なる）。

マルクスは述べる。「ヒュームに対してアメリカの鉱山が意味していることは、リカードにとってはスレッド・ニードル街の紙幣印刷機だった(7)」。つまり、ある日突然金鉱山で金鉱脈が発見されて大量の金が増産されたのと、印刷機で多量の紙幣が増刷されたことを同じと考えている。リカードの考えでは、「流通する貨幣は、もしその量が商品の交換価値が与えられている場合に、それ自身の金属価値によって決定されるとすれば正常なる水準にあることになる。金が膨張しすぎると、金がそれ自身の金属価値以下に下がり、商品の価格は騰貴する。というのは、商品量の交換価

値の総額が減少するか、または金の鉱山からの供給が増加するかであるからである」(8)。

マルクスは次のように述べる「リカードの主張では、貴金属はいたるところで同じ価値を有し、しかも各国はいずれも現在使用している数量にたいして同じ程度の必要を感じているのであるから、貴金属の輸出入をしなければならないような誘因は存在しえなかった。今これらの国の一国で金鉱が発見されたとすれば、その国の通貨の価値は、流通的に持ち出される貴金属の量が増加する結果として下落し、したがって諸外国のそれと同じ価値を持ち得ないことになるであろう。鋳貨が輸出されるのは、それが低廉なためである。鋳貨の輸出は不利な貿易差額の結果ではなくて、むしろその原因である。リカードは投下労働価値説を唱えながら、他方では、貨幣の価値はその希少性とか、貨幣数量の増減によって決まるという貨幣数量説を唱え、これによる貨幣価値の一時的乖離で、長期的な貨幣価値の決定は投下資本と労働量だが短期的には価値の決定は希少性であると述べている、とマルクスは批判する。リカードは次のように述べる。「われわれが、商品の現実価格または市場価格が、この価値、つまり商品の本来的な自然価格から偶然的・一時的に乖離することを否定するものと考えてはならない」(9)。金鋳貨の数量増減による価値変動がそのまま銀行券に適用され銀行券の減価となる。こうして金の流出の批判と責任が、支配的な発券銀行であったイングランド銀行に投げかけられることになった、というのがリカードの論理である。

リカードの見解が採用されて、一八四四〜四五年のピール銀行法が発布された。しかし、銀行券を金属準備量によって規制しようとして、銀行券の流通法則に対する無理解を暴露する結果となった。それは、銀行券の流通と価値章標たる国家紙幣との流通を混同したことによる過ちであった。銀行券とは、マルクスによれば、「貨幣流通――金属貨幣の流通であるか国家紙幣の流通であるかをとわず――に立脚するのでなく、手形流通に立脚する」(10)。銀行券は、商業手形に代わって現れた代用貨幣である。一国の中央銀行の出している兌換銀行券は法定支払手段となっているから、いつでも金貨に交換できるので、流通する信用章標となんら違わないと考えがちであるが、あくまでも銀行の手形にすぎず、金貨の代替物として必ず兌換されなければならないのではない。銀行券の流通を、一国内に現実にある金量、金属準備量の増減と結びつけることは無意味となる。発券銀行の保有金はすべて買上げに基づくものではなく、①預金として集めた貨幣も兌換準備金の上に膨大な銀行券を創造する擬制的貸付資本もある、②金準備を超える発行部分の銀行券もある。

マルクスが述べるように、「イングランド銀行がその地下室の金準備によって保証されていない銀行券を発行するかぎりでは、同銀行は価値章標を創造するのであって、この価値章標は流通手段を形成するばかりでなく、この無保証銀行券の名目額まで、同銀行にとっての追加の――架空のだとはいえ――資本を形成する」(11)。マルクスは、銀行券が流通手段としての貨幣ではなく信用による資本なのだ、との銀行学派の見解を優れたものとして評価する。しかし、彼ら銀行学派は貨幣の諸機能の内部連関と法則性を貨幣論次元で明確にせず、現実の具体的な資本の運動から説いていない。資本の貨幣形態と所得の貨幣形態として資本の運動を考察しなければならない。マルクスは、「もし金が、例えば国外に送られるとすれば、実際は資本が国外に送られるのである。――金が、またはその代わりに銀行券が、支払手段として国内商業で機能するならば、それは同時に資本である。しかし商品の形態における資本は、例えば恐慌が極めてはっきりと示すように、金や銀行券の代わりをつとめることはできない。従って、支払手段となって商品と区別されるのは、貨幣という性質の金であって、資本という性質をもった金ではない(12)」、という。これが、マルクスの銀行学派への批判である。

マルクスのリカード批判は、リカードは貨幣商品としての金の流通手段機能しか把握していないというものであった。貨幣の価値尺度の機能、退蔵貨幣、支払手段としての貨幣、世界貨幣としての諸機能を理解していない。金が輸出されるのは単なる商品としてではなく、商品に対する貴金属の特殊な形態、世界市場における一般的商品すなわち世界貨幣としてである。中央銀行の金属準備は、銀行にとっては資本であり、金はそれを輸出する資本家にとっては資本である。しかし、金はここでは資本一般として需要されるものではない。それは国際的支払手段としての形態にある資本として需要される。つまり金輸出は、金が世界貨幣であるということに基づくものである。

マルクスのリカードへの批判の中味は、銀行券は資本主義の発展とともに支払手段の機能に基づいて発生し発展したものであるのに、流通法則が金貨流通→摩損→補助貨幣→政府紙幣として完成形態を得ていることを理解せず、政府紙幣と銀行券との差異を理解していないということである。したがって、資本制社会での基本的矛盾から発生する恐慌の原因を銀行券の過剰発行に求め、イングランド銀行への発券集中、金貨流通の法則＝金の自動調節的流出入に求め、金による発券管理に求めたのである。

純粋金属流通の場合と、金貨と預金通貨を含む銀行券の混合流通の場合に分けると、前者では退蔵貨幣が存在して、利用者はその機能を認めていないし、後者では、同じ紙券でも政府紙幣と銀行券など信用紙幣とでは兌換と還流の流通法則が異なるのに、リカードは流通手段としての政府紙幣一色に紙券の流通を塗りつぶした。マルクスはここに貨幣数量説が誤っていることをみる。信用貨幣の流通は物価騰貴によって、自動的に兌換か還流の法則に従って伸縮する。物価騰貴が原因で、銀行券の流通の増減はその結果であるのに、貨幣数量の増減が物価騰貴の原因として説かれている。これは全く逆であると批判したのである。リカードの貨幣数量説と、ヒュームに発する金の自動調節作用説への批判が込められていたのである。

マルクスがリカードの貨幣数量説を批判するのは、金がその国に流入するからといって、その国の国内での流通貨幣量の増大にはならず、国内での流通必要金量は実現される諸商品価格の総額に応じて増減されるから、物価騰貴は起こるとは限らないという点である。金準備の一部を形成して退蔵されることもある。流通する貨幣の増大は、物価騰貴の原因ではなく結果として起こるのである。貨幣数量説を批判する論理と同じく、貨幣の増大が物価騰貴の原因でなく結果として考えるマルクスには、この論理は通用しない。「貨幣（金）の価値」が上がる、下がるというのは、金を生産する労働量の増減を示しているのでなく、物価の下落・騰貴を逆に反映する「貨幣の相対的価値」の上下のことである。貨幣の価値は、もともと物価変動→流通必要金量の増減を決定する要因であるにもかかわらず、貨幣数量説では物価変動を逆行的に反射する単なる結果現象として捉えられている。以上がマルクスのリカードへの批判であった。

(2)「貨幣の相対的価値」とは何か――その後のマルクス主義者の通貨論争――

リカードは、『経済学及び課税の原理』（一八一七年）で次のように述べる。「商品の現在または過去の相対的価値を確定するものは、労働が生産する商品の相対的分量なのであって、労働者にたいして、その労働と交換に与えられる商品の相対的分量なのではない[13]」。ここで相対的価値とは、労働時間によって規定された交換価値、投下労働量のことである。しかし、リカードの相対的価値にはもう一つの意味がある[14]。砂糖の交換価値をコーヒーの使用価値で表す場合、一重量ポンドの砂糖は二重量ポンドのコーヒーと等しい。この場合にリカードは述べる。「二つの商品の相対価値は変動する。そしてわれわれは、どちらの商品に変動が生じたのかを知りたいと思う[15]」。リカードのいう変動とは、「比較的価値」である。例えば、砂糖に以前の二倍の労働時間が費やされたのかなど。第一の相対的価値は一定の労働時間で生産される砂糖の量で規定され、第二の場合は、砂糖とコーヒーとの相対的価値は、それらの商品が交換される割合を表して、その割合の変化は、コーヒーまたは砂糖の第一の意味での生産に費やされた労働時間の差、という相対的価値の変化によって起こることになる。したがって、相対的価値には「二重の意味」があった。比較的価値での相対的価値では、一重量ポンドの砂糖に相変わらず以前と同じ労働時間が費やされたとすればその相対的価値は変わっていないが、しかし、コーヒーには半分の労働しか費やされないならば、第一の意味でのコーヒーの相対的価値は変動したのだから、コーヒーで表される砂糖の価値は変動したといえる。第二の意味での相対的価値とは、一商品の交換価値を他の商品価値の使用価値で、または貨幣で実際に表現しようとした。マルクスによれば、「リカードの方法は、……商品の価値の大きさは労働時間によって規定されるということから出発し、次いで、その他の経済的な諸関係や諸範疇がこの価値の規定に矛盾するかどうか、または、それらがこの価値の規定をどの程度修正するかを研究する。……この不十分性も一見しただけでも明らかである。この不十分性は、単に叙述のうちに、（形式的に）現れるだけでなく、間違った結論に導くものである。というのは、それは必要な諸中間項を飛び越えて直接的な仕方で経済学的諸範疇の相互の整合を証明しようとするのだからである」[16]。「必要な中間項」とは、「価値形態論」そのものである。マルクスはリカード価値論の過ちを批判して次のように言う。「相対的価値とは、第一に、価値一般の質とは区別された価値の大きさのことを言っているのである。それゆえ、このあとのほうも絶対的なものではない。第二に、それは、他の一商品の使用価値で表現された一商品の価値のことを言っているのである。これはその価値のただ相対的にすぎない表現。すなわち、その価値がそれで表現される商品に関しての表現にすぎない。一重量ポンドのコーヒーの価値は、ただ相対的にだけ茶で表現されているのであり、それを絶対的に表現するためには、他の全ての商品との諸等式の無限の列で表現されなければならない[17]」。マルクスがリカードの相対的価値を批判する過程で、のちに「価値形態論」をつくり上げたもとになったのである。「彼（リカード）は、労働がそれにあっては価値の要素である独自な形態を理解しなかったのであり、特に、個々の労働が抽象的に一般的な労働として、またこの形態で社会的な労働として現れなければならないことを把握しなかったのである。彼は、貨幣形成と、価値の本質との、またこの価値の労働時間による規定との、関連を理解しなかったのである[18]」。

マルクスは上着の価値を相対的に表現して、一枚の上着は二〇枚の亜麻布に値するとする。その労働量は絶えず変動するが、リカードの関心である「どちらの商品に変動があるのか」という問題を、上着も亜麻布もいずれも人間的労働という抽象的属性を秤にかけて「一商品の価値は他の商品の使用価値で表現される[19]」という「価値形態論」へ導かれた。

リカードの方は［外国貿易について］で、「一国内の諸商品の相対価値を規定する同じ法則は、二国間またはそれ以上の国々の間で交換される諸商品の相対価値を規定しないのである。……葡萄酒はフランスとポルトガルで造られるべきだ、穀物はアメリカとポーランドで栽培されるべきだ、そして金物類やその他の財貨はイギリスで製造されるべきだ、といったことを決定するのはこの原理なのである[20]」と説いた。この場合、金でも相対的価値は起こりうる。相対的価値の違った外国産金と国産金とは、流入国内市場では一つの市場価格を物指しとする。これは金の価値尺度としての価値の変化であって、貨幣機能としての流通手段としての金の価値の変化ではない。金の国際的移動では、その相対的価値の高低が原因となる。金の相対的価値が物価の逆数になるのである。

マルクスは、「商業恐慌の最も一般的かつ感覚的な現象は、物価の長くて一般的な下落である。物価の一般的な下落は、すべての商品と比較して貨幣の相対的価値の増加として表現され、また、物価の一般的な騰貴は、逆に、貨幣の相対的価値の現象として表現されうる[21]」と『資本論』で述べ、「貨幣の相対的価値」には「価値尺度としての貨幣の価値」と「流通手段としての貨幣の価値」という二つの「貨幣の価値」があり、後者を「貨幣の相対的価値」と呼ぶ。不換紙幣が金に対して減価するだけでなく、金自身が自分の価値以下に減価する。マルクスも、貨幣の流通量が「単なる市場価格」の変動によっても増減することを言及して、「貨幣の相対的価値」の低落を商品価格の一般的な上昇と錯覚した通貨学派を批判した[22]。

岡橋保は次のように言う。「貨幣の相対的価値が無視されると、価値章標の価値低下のなかに、相対的価値の低下と代表金量の減少（二重の減価）の区別が見失われ、流通必要金量を規定する貨幣流通の諸法則の〝一般に妥当する〟法則が、代表金量決定の法則にすぎない紙幣流通の特殊法則と混同、一体化される。……摩損金貨を象徴貨幣と錯覚し、貨幣の相対的価値を理解しないから、金インフレーション論（貨幣の相対的価値の低下）を奇異とも感じない。そしてついに物価変動のなかに、貨幣の流通必要量（金量）と現実の流通量との時間的乖離（おくれ）を発見して、価値の尺度としての金そのものの減価・増刷さえ説く。こうして貨幣はもはや金ではなく、価値章標といっても、商品価値章標でしかなく労働価値説は見失われる[23]」。

「貨幣の相対的価値」とは、諸商品の数量で表現された貨幣自身の価値のことであって、一般的等価物である貨幣の価値は、貨幣において共同して自分達の価値を表現している諸商品の使用価値によって、相対的に表現されるほかない。諸商品の価値以上に騰貴または下落される価格である。これが、マルクスによる「貨幣の相対的価値」である。

岡橋はマルクスによる「貨幣の相対的価値」概念の見直し・発見は、インフレーションには紙幣の乱発以外に、平価の事前的切下げによるものがある、という二つの道を発見したことであったと述べている。「貨幣の相対的価値」概念の理解を深める意味で、二つのインフレーション論について検討する。

日本でこの論争の発端になったのは、一九三一年の金輸出再禁止を契機に、為替相場は一九三一年一月を一〇〇として一九三二年一二月には四二・九％に下落し、銀行券の発行高は変動がないのに、卸売物価は一一六・五％に騰貴している。これは銀行券の増発によるものではなく、為替相場の変動によるインフレーションである。インフレーションには、銀行券の必要流通量を超えて発生するものと、為替相場の変動によって発生するものが存在するとの見解を巡って、為替インフレーション論争が起こった。その発端は猪俣津南雄と笠信太郎による論争で、為替インフレーションなる規定も猪俣が提起したものであった。金輸出再禁止・金兌換停止以後において起こった国内物価騰貴は、為替相場の先行的下落によるもので、為替相場下落↓輸入品価格の騰貴↓一般物価騰貴↓兌換銀行券の不換銀行券への転化↓紙幣インフレーション↓これは為替相場の下落に端を発するインフレーションであるとする議論であり、その後、小野朝男と岡橋保が為替インフレーション論を整備して、これに川合一郎、三宅義夫が反論して論争となった。ここでは論争の中味は割愛して、この議論と「貨幣の相対的価値」との関連を探っていく。

小野朝男、岡橋保は、為替インフレーションとは、銀行券の金兌換を停止した国家間での為替相場の実質的下落に基づく金の市場価格の騰貴を価格標準の事実上の切り下げであるという基本的見解に立って、議論を展開する。「不換紙幣下にあっては、為替相場が、その瞬間に決済されるべき国際収支のいかんによって下落しても、それがもし金現送点を越えて下落すれば、自動的にその国内紙幣に対する金の打歩となり、価格標準の実質的な切下げ、すなわちインフレーションになった[24]」。「為替相場の下落が、ある条件（兌換停止、金輸出入の禁止・金現送点を越える為替相場の大幅な下落）下で発生すると、なんら紙幣の増発がなくとも、物価を騰貴させインフレーションに導く[25]」。国際収支の大幅な逆調で、為替相場の金現送点を超える実質的下落が生じると、対外決済に為替を利用するよりも金を利用したほうが有利になる。そのために、法律上金の自由売買が禁止されていても、金価格は為替相場に比較して有利なだけ騰貴してしまう。ここでは、為替相場が価格標準の変更から起こる名目的騰落とは別に、為替需給から決まる為替相場の実質的騰落とがある。兌換停止下であっても、為替相場の実質的騰落があれば、兌換が行われている場合と同様に、為替相場は法定平価を中心にその時々の為替需給によって決まり、この法定平価が依然として為替相場の騰落の中心をなしており、為替相場が金現送点を超えても金の市場価格が鋳貨価格を上回ることがあったとしても、それは価格標準の事実上の切り上げを反映していると考えてはならない[26]、との見解である。

さて議論をイギリスでの通貨論争に戻す。金の市場価格が鋳貨価格を上回って騰貴したのは、一七九七年からのイングランド銀行の正貨支払い停止からであった。リカードは、この為替相場の下落をもって名目的下落と考え、これらはイングランド銀行が銀行券を増発した結果銀行券が減価したものであると誤解した。

リカードは「二重の減価」を発見したが、それが貨幣用金にも相対的価値があることを理解していなかった。貨幣用金の価値とは、金の生産に必要とする社会的必要労働時間できまる。しかし、その価格は為替相場市場できまる。ここでは価値と価格は乖離する。為替相場で金の法定価格以上に価格が騰貴すると、銀行券の増発とは無関係にインフレーションが発生してしまう。これが為替インフレーションである。インフレーションには二つの道があり、紙券通貨の乱発と平価の事前的切下げによるものがあるというのが、小野、岡橋理論である。われわれの検討の対象は為替インフレーション論ではなく、金が価値以外に「貨幣の相対的価値」をもつことの確認であった。

マルクスが考える貨幣数量説とはなにかを考えることで、以上のマルクスの批判を纏めてみる。貨幣数量の増減は、本来物価騰落の結果ではなく原因である。貨幣の流通量が増加すれば物価は騰貴するし、減少すれば物価は下落する。貨幣数量の増減が原因であり物価騰落の結果ではない。

マルクスの「商品と貨幣」との関係は、「価値と価値形態」との関係である。商品の形態そのものが「自然形態」と「価値形態」とに分離するのである。したがって商品の交換総量が貨幣の交換＝取引の総量となる。マルクスはヒュームに始まる貨幣数量説を批判してきた意味はここにある。「貨幣もまた特殊な商品であった」。マルクスはこう述べる「すべての商品はつかのまの貨幣であり、貨幣は不滅の商品である。分業が発展すればするほど、ますます直接的な生産物は交換手段たることをやめる。一般的な交換手段の必要性、すなわちいずれの特定の生産にも依存しない交換手段の必然性が生じる、貨幣において、事物の価値はその実から分離されている。貨幣は本来的にすべての価値の代表物なのである。……貨幣は他の商品と同じく一商品になるが、同時に他の商品と同じ商品ではない。貨幣はその一般的な規定にもかかわらず、他の交換可能なものとならんで、一つの交換可能なものである。……貨幣が自己の目的を同時に否定することによってその目的を達し、商品にたいして自立化し、手段から目的となり、貨幣が商品を自分から引き離すことによって商品の交換価値を実現し、……直接的な商品交換の困難はこれを普遍化することによって克服し、生産者が交換に依存するようになるに連れて交換を生産者にたいして自立させる。以上のようなことが貨幣に内在しているのを知る」(27)。これがマルクスの考える「商品と貨幣」との関係である。物価騰落の場合での貨幣価値とは、貨幣の絶対価値ではなく「貨幣の相対的価値」である。貨幣（金）が価値と乖離した「貨幣の相対的価値」をもつのだから、「貨幣の相対的価値」の増減が物価の増減となるのである。

3 不換紙幣と不換銀行券によるインフレーション

さてこれまでの議論は兌換紙幣、兌換銀行券をもとになされてきた。一九七一年以後、金ドル交換が停止され、紙幣、銀行券ともに兌換は停止されている。この状況下で起こる必要流通量以上の通貨の発行、インフレーション発生について考察する。

まず金（貨幣）と価値表章性の代用貨幣とを混同してはならない。支払い手段から発生する信用貨幣の否定が不換銀行券である。兌換停止後は不換紙幣と不換銀行券とは同じ性格のものとなる。

もう一度マルクスの価値形態論にもどって考える。流通必要金量に内在しているものは、間接的に迂回して交換される他の商品の価値形態が、やがて一般的等価形態として転化して、諸商品価格の実現に必要な流通金量を決定する。代用貨幣として不換紙幣、不換銀行券が登場すると、この流通必要金量はさらに迂回して商品世界にはいる。商品生産・流通が発展するにつれて、国内の商品流通過程にはいる貨幣は、しだいに現実の金であることを必要としなくなる。流通手段としての貨幣は、金表章・貨幣表章としての国家紙幣へ、支払い手段としての貨幣は、現実の金から信用貨幣としての兌換銀行券へと転化する。しかし流通必要金量がなくなったのでなく、金属性は価値表章や信用貨幣に代位されても、諸商品価値は一般的等価形態・金を迂回して間接的に自らを表示する。飯田繁は、「流通必要金量の決定要因は極めて、複雑・多様である。……諸商品価値と貨幣、(金)価値できまる諸商品の価値価格のうえに、諸商品の需給関係の介在を経て諸商品の市場価格があげられ……取引量が掛け合わせされなければならず、……この流通必要金量に対して反比例的に作動する貨幣の流通速度が産出されねばならない。……流通必要金量は具体的には計測できない(28)」、と述べている。

議論をもとに戻す。貨幣・金にとって代わって貨幣・代用物が現れた。代用貨幣には、瞬過性の流通手段から生じた国家紙幣と、信用貨幣として支払手段から生じた兌換銀行券、現在では不換銀行券がある。国家紙幣の増発によるインフレーションと、不換銀行券の増発によるインフレーションとは異なるのか。インフレーションそのものはどちらも違わないが、増発する動機が異なる。紙幣の発行主体は国家である。国家は経済の外にある。紙幣は国家によって外部から流通過程に投入される。国家は商品生産、流通を本業としない外部である。不換紙幣が流通過程に投じられても、紙幣発行総量は流通必要金量の額面を下回らない。長期持続的な戦争、内乱などで紙幣インフレーションが発生したケースもある(29)。

しかし、不換銀行券の増発はこれとは異なる。不換銀行券は、兌換銀行券の否定として捉えなければならない。不換銀行券は信用貨幣ではなく、「確定量の金との同一性」を失って価値表章性に転化している。ここでは、紙幣増発によってではなく、不換銀行券の増発によって起こるインフレーションの本質を見る必要がある。それは、不換紙幣とは違って、利子つき資本性を発生当初から受け継いでいることである。不換銀行券の発行主体は中央銀行である。

これは民需に基づいて兌換銀行券を貸付発行し、返済期限が到来すると、利子つきで市中銀行をつうじて還流される。一定期間繰り返される利子つき資本の還流、信用貨幣の増加は貨幣流通の法則に支配されてきた。ところが、この兌換銀行券が不換となったとしても、金兌換に裏づけされた兌換銀行券と同じように、再生産する資本の回転の需要にあわせて貸付、発行され返済・回収される。兌換銀行券と不換銀行券とは、その運動において何の違いもない。これが不換銀行券である。民需に基づいて中央銀行から貸付発行されるかぎり、大量に増刷されても不換銀行券インフレーションは発生しない。しかし、これが民需であっても、非経済的主体である国家の非再生産化需要に奪われると、不換銀行券インフレーションが発生する(30)。

おわりに

マルクスが、地金・通貨論争でリカードを批判しながら、マルクス理論の核となる「価値形態論」をいかにして形成していったか。金との兌換を絶たれた紙幣の増発をどのようにコントロールするかの問題をテーマとして、マルクス生存中にイギリスで起こった通貨論争に対して、マルクスが貨幣・信用をどのように考えていたかを探求したかった。通貨論争でのマルクスのリカード批判でわかるように、マルクスの貨幣観は、貨幣とは商品の交換過程の発展から、一般的等価物の役割を果たすものとして、商品世界から排除されて出てきた独自な商品である。貨幣は商品である。その役割は歴史的に金である。金もまた他の商品と同じように、社会的に必要とされる労働の量できまる商品＝貨幣である(31)。一ポンドの金貨一枚が現実の流通場に登場しなければならない。まず商品の量があって、貨幣がその交換の担い手になる。これがマルクスのいわば貨幣流通の法則なのである。したがって商品の量、価格高があって貨幣の量がきまる。逆ではない。貨幣の量が増大するから商品価格が高騰するのではない。通貨論争でマルクスが批判したのはこの一点である。

金と兌換されていたときには、金のもつ貴金属としての特性から、国内と海外との貿易を通じて、貨幣数量説とリカードの金の自動調節作用説によって、いかにも自動的に調節してくれるものと考えられていた。しかし、リカードの提案に基づいて採用されたピール法案でも恐慌は回避されず、イングランド銀行は最後の貸し手としての役目が果たしえなかった。マルクスは述べる。恐慌は貨幣の調節で回避できない。資本主義生産様式の内在的な矛盾で起きる過剰生産から起こるものなのだ。マルクスは『経済学批判要綱』で、「貨幣が依然として本質的な生産関係であるかぎりでは、貨幣の関係に固有の矛盾を止揚できるわけではなく、ただそれらをあれやこれやの形態で代表するにすぎない」[32]、と述べる。貨幣とは、人と人との人格的関係から生じ、それは根底的には商品と商品との関係で、貨幣が資本となって労働力という商品を求め、生産手段を求めて資本制生産様式に基づいて生産する関係、生産関係なのである。通貨論争に学ぶべきことは、恐慌を貨幣の仕組み、形態を「あれやこれやと」変更しても恐慌は収まらないことである。問題は、「貨幣」そのものにあるのではなく、その社会の生産関係にあったのである。ところが、旧来の一部マルクス経済学者達は伝統的に「貨幣」「商品生産」を犯人に仕立てる。だから貨幣とその根本にある商品生産を「廃棄」すべきであると考えてきた。そうではない。これらがマルクスによって戒められてきたフェティシズムなのである。貨幣そのものの属性が、G－G'という運動を展開していくように「取り違える」のである。マルクスの物象化とはこのことである。貨幣がG－G'という運動を行うのではなく、そのような生産関係を資本主義生産様式がとっているからである。現在に至るも一部のマルクス経済学者は、貨幣は歴史的に特殊な社会形態に固有な概念であるとし、超歴史的な永遠の概念とみなすことを戒めてきた[33]。

注

（1）David Ricardo（1772-1823）The High Price of Bullion, A Proof of the Depreciation of Bank Notes, 1810.『デイビッド・リカードウ全集Ⅲ』雄松堂、一九六九年。

（2）マルクス『経済学批判』宮川実訳、青木書店、一九五一年、二二五～二四五頁。マルクス『資本論』第五篇第三十四章「通貨主義と一八四四年のイギリス銀行法」を参照されたい。

（3）渡辺佐平『金融論』岩波書店、一九五四年、一四二頁。アドルフ・ワーグナーからの引用。

（4）同前、七三～七七頁。

（5）シールド・ビルとは一種の紙券で裏書によって譲渡しうる手形で、持参人払いになっていた。宛名のほかはすべて印刷されていて、額面は一〇〇ポンドであった。銀行は資本金の額までは同額の貨幣を保有しなくともこの手形を発行できた。

（6）マルクス『経済学批判』向坂逸郎訳『マルクス・エンゲルス選集7』新潮社、一九五九年、一七七頁。

（7）同前、一七八頁。

（8）同前、一八〇頁。

（9）リカード『経済学及び課税の原理』上、羽島卓也・吉沢芳樹訳、岩波文庫、一九八七年、一三〇頁。

（10）マルクス『資本論』第三部上、長谷部文雄訳、青木書店、一九五四年、五六九頁。

（11）同前、七六六～七六七頁。

（12）マルクス『経済学批判』一九二～一九三頁。

（13）リカード『経済学及び課税の原理』二四頁。

（14）マルクス『剰余価値学説史Ⅱ』、マルクス＝エンゲルス全集刊行委員会訳『マルクス＝エンゲルス全集26』大月書店、Ⅱ「リカードはこの相対的価値を比較的価値とも呼んでいる」二一七頁。

（15）リカード『経済学及び課税の原理』上、二五～二六頁。

（16）マルクス『剰余価値学説史Ⅱ』第10章1「リカードの労働時間による価値規定。彼の研究方法の歴史的な正当性とその欠陥」二一〇頁。

（17）マルクス『剰余価値学説史Ⅲ』第二〇章「リカード学派の解体」一七〇～一七一頁。

(18)　同前、一七六〜一七七頁。
(19)　マルクス『資本論』第一部上、一四〇頁。
(20)　リカード『経済学及び課税の原理』上、一九〇頁。
(21)　マルクス『資本論』第三部下、七七五頁。第五篇第三十四章「通貨主義と一八四四年のイギリス銀行法」。
(22)　エンゲルスも「貨幣の相対的価値」を理解していなかったことを認めて、エンゲルス自身、マルクスの死後、自分の手で編集した『資本論』第五編第三四章にリカード誤解の文章を再録している。「金そのものが……鋳貨としてであれ地金であれ……それ自身の価値よりも大または小なる金属価値の価値章標となりうるから、流通する兌換銀行券などが同じ運命を分かつのは自明である。銀行券が兌換されうるものであり、したがってその現実価値が名目価値に照応していても、流通する貨幣たる金または銀行券の総量は、上述の諸理由によってその総量が水準……の上または下に増加または減少するに従って、その価値が減少または増加しうる。……この価値減少……金に較べての紙幣のそれでなく、金と紙幣もろともの、または一国の流通手段の総量のそれ……は、リカードの主要発見の一つであるが、この発見はロード・オーヴァストーン一派によってお役に立たせられて、一八四四年および一八四五年のサー・ロバアト・ピールの銀行の一基本原理たらしめたものである」同書、七七三〜七七四頁。
(23)　岡橋保『貨幣数量説の新系譜』九州大学出版会、一九九三年、一三〜一四頁。
(24)　小野朝男『外国為替』春秋社、一九六一年、一〇六頁。
(25)　小野朝男「為替インフレーションについて」『バンキング』第126号一九五八年九月、四七頁。
(26)　岡橋保『現代インフレーション論批判』日本評論社、一九六七年、一六二〜一六三頁。
(27)　マルクス『経済学批判要綱Ⅰ』高木幸二郎訳、大月書店、一九五八年、七〇〜七二頁。
(28)　飯田繁『マルクス貨幣理論の研究』新評論、一九八二年、一八五〜一八六頁。なお島恭彦も「〝流通に必要な貨幣量〟というマルクスの概念は、これを計測したり、何かの政策をたてたりする次元での概念ではない。〝社会的必要労働〟というものを計量できないからといって労働価値説を否定するのと同じ論法である」。島恭彦「インフレーションの論点」『経済論叢』第97巻第5号、京都大学経済学会、一九六六年五月、一〇頁。
(29)　飯田繁は、フランス革命時のアッシニア紙幣インフレ（一七八九〜九六年）、アメリカ南北戦争時のグリーンバックスインフレ（一八六二～七八年）、日本の明治維新期の太政官札インフレ（一八六八～七八年）を挙げている。飯田『マルクス貨幣理論の研究』二四七頁。

(30) 以上の論理展開は、飯田『マルクス貨幣理論の研究』に従った。この説に対して、岡橋保は不換銀行券＝信用貨幣説に立って、不換銀行券が国家紙幣と同じように紙幣流通の法則に従って流通していない。現実に不換銀行券も不断に伸縮を繰り返している。信用貨幣とは金債務証書ばかりでなく、「貸付けられた手形」であり不換銀行券とはやはり信用貨幣である、と主張する。三宅義夫は手形流通が起源をなしているが、兌換停止されれば、国家の強制流通にしたがう国家紙幣となんら変わりはないとして、岡橋説に反対する。筆者は、このような論争は現代インフレーションを解明する道具にならない不毛なものであると思う。

(31) マルクスの貨幣論は古典派から引き継がれた労働価値説、貨幣商品説から成り立っているが、貨幣が金、銀金属貨幣から紙幣へと象徴化されると、銀行券、国家紙幣にように、紙とインクでできたものとなり、金のように金属生産に要する労働時間では説明できなくなる。マルクスは「商品価値にたいする紙幣の関係は、ただそれが他のすべての商品量が然ると同じように価値量でもある金量を代表するかぎりでのみ、価値章標である」（『資本論』第一部上、二五五頁）と述べている。

(32) マルクス『経済学批判要綱Ｉ』四四頁。

(33) 一例であるが、飯田『マルクス貨幣理論の研究』一五頁。

第6章　マルクス貨幣・信用論研究――「マルクス貨幣思想の変遷」――

はじめに

本章は、マルクスの貨幣思想の変遷を探ることを目的としている。筆者は、マルクスの貨幣思想が初期マルクスと後期マルクスとで変遷してきているのではないかということに興味と関心を持っている。今日でも伝統的なマルクス経済学者は、貨幣について、「商品社会という歴史的に特殊な社会形態に固有な概念で、……この社会関係がなくなれば貨幣もなくなる(1)」、と述べている。マルクス経済学では、今でもまだ商品社会でなく貨幣も廃絶された未来社会を想定している人達がいる。確かに『資本論』は商品生産も貨幣も廃絶されることを念頭においているように見える。しかしマルクスは、株式会社が未来社会への通過点となると提言した。貨幣どころか擬制資本まで必要な株式会社を未来社会への通過点としたのか、これが弊著の問題提起であった(2)。未来社会で貨幣が生産関係を廃絶し機能を失っても、交換、流通の便利な道具としての機能は利用されるであろう。本稿はこの問題を分析していきたい。

1　マルクス『経済学批判要綱』貨幣章での貨幣論

前章で、マルクスの結論は、恐慌は通貨の仕組みを変更することでは収まらない、なぜならば貨幣そのものが生産関係であるからだ、ということであったと確認した。

『経済学批判要綱』貨幣章は、ダリモン『銀行の改革について』の批判から始まっている。ダリモンは、フランス銀行の金準備減少と有価証券の保有が増大・減価することを憂慮して、銀行の信用創造機能が国富の減退と恐慌を招く恐れは、銀行券の金への兌換禁止から起こった、と主張した。そして、どの商品も貨幣にし、貨幣特有の性質を付与するか、あるいは貨幣を商品の地位に引き下げるべきで、そうすれば金、銀に兌換可能な銀行券に特有な弊害はなくなると、ダリモンは結論づけ、労働貨幣論で基礎づけられた立場から貨幣改革を提案した。プルードンを師とするダリモンへの批判は、労働を含めてすべての商品の価値がその生産に要する労働時間によって規定されるという点に向けられた。金属貨幣を労働貨幣へ代替するならば、労働貨幣は労働時間に対して受け取ることになる。問題は、その時間紙券の兌換制である。商品の市場価格は平均価値を中心として需給できまる。その価値尺度は金商品、これも生産に要する労働時間によって決まっているが、それは過去の労働である。

今第三の商品としての価値尺度がなくなった労働貨幣は、人によって労働時間が異なる価値ベースである。これで価格として設定された商品とどのようにして交換されるのか。「価格は価値に等しくないから、価値を規定する要素——労働時間——は価格が表わされる要素ではありえない。なぜならば労働時間は、価値を規定するとともに規定せず、労働時間そのものに等しいと共に等しくないものとして、自己を表わさねばならなかった筈である。価値尺度としての労働時間はただ理念的にだけ存在するのだから、価格の比較のための材料としては役立たない(3)」。

マルクスの批判は、通貨論争での通貨学派への批判と通奏低音を同じくしている。

「貨幣のいろいろな文明化された形態――金属貨幣、紙幣、信用貨幣、労働貨幣（これは社会主義的形態のものとして）――は、貨幣という範疇に表現されている生産関係そのものを止揚することなしに、これら様々の形態によって獲得されるものに達することが出来るかどうか、……貨幣が依然として本質的な生産関係であるかぎりでは、貨幣の関係に固有の矛盾を止揚できるわけではなく、ただそれらをあれやこれやの形態で代表するにすぎない[4]」。

ここで、マルクスの「貨幣は本質的に生産関係である」という主張の理解が必要である。生産関係ではなく流通関係ではないのか。正確にいうと、流通関係と切り離された生産関係ではない。望月清司は、ここでの生産関係とは交換制度であり社会的分業関係である、と述べている[5]。マルクスは「貨幣はそれ自体、Gemeinwesen であり、……交換価値に対応する社会の組織の完全な発展を前提する[6]」。Gemeinwesen は「類的存在」に近い概念と理解してよい[7]。

人間は自然の一部でありながら、生存や生活のための生産の素材、対象を自然に求め、類活動を行う。この活動は他の人間との分業と協業で行う。このような類的共同活動を行う人間をマルクスは類的存在と表現した[8]。

貨幣は類的存在としての人間が共同活動を営むための道具となり、人間が開発した制度なのである。このように説明すると、それでは流通関係であって生産関係ではないと思われがちである。ところが、資本制生産様式がとられると、人と人との交換手段としての貨幣が、資本に転化して貨幣を増殖する手段にしてしまう。貨幣から転化された資本は、生産手段という商品を調達し、労働者を雇う。ここでは資本家は労働力という商品に転化する。この二つに転化された貨幣が、生産することによって剰余価値をもたらし、その剰余価値はさらに生産手段に投下されて、労働者が商品として販売した労働力が、資本が回転するに従って、さらに剰余価値をもたらす展開となる。ここでは貨幣は資本家と労働者との生産関係に基づいている。なるほど貨幣で生産手段、労働力を調達し、生産物を販売回収する手段、流通手段でもあるが、生産と交通としての貨幣なのである。

マルクスは『経済学批判要綱』の前半で、ダリモンの批判に多量のページを使って分析して、通貨学派がリカードの貨幣理論、すなわち銀行は流通する銀行券の数量を統制し、流通手段の数量は物価を規定するという理解に立つがそれは逆であって、物価が流通手段の数量を規定するのであり、ダリモンの誤りはこれと同根である。「金と銀との特権を廃止せよ、他のすべての商品の地位におとせ、とダリモンは最後の判決をくだす。——どの商品も貨幣にし、貨幣特有の性質を付与することによって貨幣を廃止せよ」。しかし、マルクスは「真の問題はこうである、……ブルジョワ的な交換制度そのものが一つの特有な交換用具を必要とするのではないか？ 制度がすべての価値にたいする一つの特別の等価物を必然的につくりだすのではないか?」[9]という。ここでは、マルクスは富の原基的形態としての商品の交換制度があるかぎり貨幣は廃止できないと考えている。商品→貨幣→資本とつらなる資本の増殖運動が、資本と労働者との生産関係を生んでいる。貨幣というモノ、制度が問題であるのでなく、生産関係を形成することが問題なのである。「貨幣は生産関係」というのはその意味であるから、貨幣を廃止しても問題の解決にはならない。生産関係を打ち砕くことが解決なのだ。マルクスの真意はここにある。ところが、ダリモンどころか伝統的なマルクス経済学者までも同じ発想をしてきた。

貨幣を廃棄する。商品生産社会を廃止する。七〇年にも及ぶ社会主義の実験が教えてくれたにもかかわらず、このドグマから脱出できない。問題は生産関係の粉砕、変革なのである。

『経済学批判要綱』では、この後に「人格的依存関係論」が述べられる。

2 マルクスの「依存関係」論と貨幣(1)

マルクスが『経済学批判要綱』を書いたのは一八五七〜五八年である。「貨幣は Gemeinwesen である」、「貨幣は生産関係である」と書くまでには長い前史があったことを知らなければならない。

一八四三年、新婚ほやほやの二五歳であったマルクスは、『独仏年誌』に「ユダヤ人問題によせて」を書いた。その頃はまだ経済学の研究に入っていない。マルクスの貨幣への関心は人間解放の思想に立脚していた。「貨幣は、その前にはほかのどんな神の存在をゆるさないような嫉妬深い神である。貨幣は人間の一切の神々をひきずりおろし、……それを商品にかえる。……貨幣は人間の手を離れた人間の労働と存在の本質であって、この手を離れた本質が人間を支配し、人間はこれを礼拝するのである」[10]。貨幣は、いかなる商品とも交換できる。地位名誉までも手にすることができる人間の欲望の化身となる。貨幣からの解放が人間の解放であり、人間は貨幣の物神崇拝から自由にならなければならない。それは貨幣という物体の性格から来ているのではない。人間と人間との関係が物と物との関係に反映されているからで、貨幣は人間の労働と存在が人間から疎外されたものであり、この疎外されたものが人間を支配する。まだ経済学を学んではいないが、しっかりと貨幣の本質を掴んでいる。

このような思想はモーゼス・ヘス（Moses Hess 1812–1875）からの影響を受けていると、A・コルニュ（Auguste Cornu 1888–1981）は述べ、ヘス研究家山中隆次も言及している。ヘスの論文「貨幣体」（Über das Geldwesen）の内容は貨幣制度論でなく、物神的な貨幣によって支配されている商品生産と交換の社会構造的性格を暴いている。人間は本来類的存在である。すべて自由な行為――従って実践的にも理論的にも、すべて現実的な生命活動というものは、ひとつの類的行為であり、もろもろの諸個人の協同である。ところが、これまでの人間の歴史、現実の人間社会をながめると、人間は相互に疎遠なものとして非共同体的な個別的存在となっている。それだけではなく、個人の利害がそこでの人間生活の中心を占め、目的となる人間の本質としての共同的なものは、この個人生活の利益のための手段とされている。しかし本来顛倒した人間社会といえども、人間は本質的に孤立して生活できないから「個別化していくなかで交易していくという矛盾」が生じて、それは「生産物の商品化」として現れる。本来顛倒した形で、人間本来の姿である類的生活を求める矛盾から、フォイエルバッハが分析した宗教的自己疎外と同様に、この商品生産と交換の近代社会では、貨幣が彼らの経済的な神として、すなわち彼らとなんら内的な結びつきをもたない疎遠な、しかも事物化された類的存在として生み出される(11)。

マルクスは、ヘスの影響を受け入れたが、マルクスが「ユダヤ人問題によせて」を書いたのは、ヘスが「貨幣体」を書く一年前の一八四三年であったから、マルクスも貨幣認識は類的存在と関連して同じ認識だった、と言える。貨幣は、その前にはほかのどんな神の存在を許さないような嫉妬深い神である。貨幣は人間のいっさいの神々をひきずりおろし、それを商品にかえる。ヘス、マルクスは共に貨幣という物的素材や、道具性、性格が問題ではなく、類的存在としての人間の共同生活が、人間と人間との関係が物と物との関係となって、顛倒しながら市民生活を送っている仕組みが問題だ、という認識だった。ヘスはまだこの段階では資本主義社会を意識していないで、「小商品生産社会」としての市民社会という認識であったが、人間の孤立という状態、人間の自己疎外の状態では、人間自体は非人間であり、人間同士結合していない結合帯は自己の外に求めなければならない。これが貨幣で「この非人間的媒介手段なくしては、彼らは交流することができない。この非人間的な交流手段(貨幣)は必然的に廃止されねばならない——相互に疎外された人間の産物(12)」としての貨幣の物神性を問題とするヘスの貨幣認識は、このようなものであった。

「商業は利己主義のしるしを、一切を完全に隷属せしめている権力の印を／光輝く金属に印し／それを貨幣とよんだ。／この貨幣のすがたにたいし／空虚な富やおちぶれた誇りといった、ありきたりのもの／賤民も農民も市民も貴族も王様も屈服する。／彼らはみんな眩惑され／

その権力をあがめるが／それは彼らを貧困のどん底に突き落とす。／
そして彼らの卑屈な心の殿堂には／黄金が生き神として玉座に座している／」(13)
これは、ヘスが論文の冒頭に掲げたイギリスの、革命詩人シェリーの詩の一部である。

マルクスは『経済学・哲学草稿』の序文で、「ドイツの社会主義的諸労作を利用したことは言うまでもない。しかし、この科学についての内容豊かな独創的なドイツの労作といえば、……ヘスの諸論文と、『独仏年誌』のなかのエンゲルスの『国民的経済学批判大綱』とに集約される」(14)と書いているので、ヘスの思想をかなり評価していることがわかる。オーギュスト・コルニュ Auguste Cornu は、ヘス『貨幣体』は「あらたに獲得した共産主義理論を経済的にも基礎づける手がかりをマルクスに提供した」(15)と評価し、同時にヘスの「経済的疎外」が貨幣の物神性の頂点と考えているが、では労働力の商品化がなぜ起こるのかが問題となる。ヘスは私的所有一般の生産関係によって関連づけているのに対して、マルクスは資本制的私的所有の生産関係として根拠づけていく。マルクスはヘスから影響されているが、ヘスの「空想的社会主義」には断固として批判する立場をとっている、というのがコルニュの見解である。

マルクスは『経済学・哲学草稿』で、「貨幣は、すべてのものを買うという属性をもち、すべての対象を我がものにするという属性をもっているから、したがって貨幣は優れた意味における対象である。だから貨幣は全能な存在として通用する……貨幣は人間の欲求と対象との間の、人間の生活と生活手段とのあいだの取りもち役である。しかし、私に私の生活を媒介してくれるものは、また私に対する他の人間の現存をも私に媒介してくれる」(16)と述べる。そして、シェイクスピア『アテネのタイモン』から、

「黄金か。貴い、キラキラ光る黄色い黄金か。いや神さま！／
私はだてにお祈りしているんじゃないよ。／

こいつがこのくらいあれば黒も白に、醜も美に、悪も善に、老も若に、臆病も勇敢に。卑賤も高貴にかえる。――」[17]を引用し、「シェクスピアは貨幣の本質をみごとに画き出している。貨幣は目に見える神であり、一切の人間的なまた自然的な諸属性をその反対のものへと変ずるものである。神的な力は、人間の疎外された類的本質、外化されつつあり自己を譲渡しつつある類的本質としての、貨幣の本質のなかに存している。貨幣は人類の外化された能力である」[18]と述べた。

マルクスのこの貨幣観は、「ユダヤ人問題によせて」からなんの前進もない。『経済学・哲学草稿』では「疎外された労働」を訴え、この前提は「私有財産」で、これは外化された労働の産物から生まれる。労働が労働者にとって外的で労働者の本質に属さず、労働は自発的でなく、欲求を満足させるための手段となっている。「疎外された労働」として類生活を送る。「労働者は、彼が富をより多く生産すればするほど、彼の生産の力と範囲とがより増大すればするほどそれだけ益々貧しくなる。労働者は商品をより多くつくれば作るほど、それだけ益々彼はより安価な商品となる」[19]。マルクスの前進は、「疎外された労働」の認識と、この前提となるのは貨幣も含めた「私有財産」であり、これを増大させているのは、欲望充足のために働く労働者である、という発見だった。しかし、まだマルクスが自問するように、「どのようにして人間は自分の労働を外化し、疎外するようになるのか、と。どのようにしてこの疎外は人間的発展の本質のうちに基礎づけられるのか」[20]という問題を解決せずに、「貨幣は人類の外化された能力」と述べても、マルクス自身まだ理解できていない。だから貨幣を廃棄すべしというへスや、廃棄しないまでも「労働貨幣」に改変を試みる「空想的社会主義」とそんなに変わらない。

マルクスは、『経済学・哲学草稿』の執筆を中断する。[21]私有財産が外化された労働者の「疎外された労働」の結果生まれ、さらに私有財産が拡大される。何でも買える貨幣で労働者を雇い、労働力（この時期はまだ「労働」の認識）

という商品を買ったことである。しかし、先に提示した疑問「人間は自分の労働を外化し、疎外するようになるのはなぜか」の問題を解きえていない。

そして、疎外をヘーゲルから学び、市民社会のありようをイギリス古典派経済学の研究から学ぶのである。

マルクスは、労働の外化（Entäußerung）、疎外（Entfremdung）の概念をヘーゲルから学び、市民社会を解剖するうえで、第一草稿では、類的存在が手段化していることは発見したものの、「飲み且つ食らいする」欲望を充たすためには、類的存在を手段化している他人に依存しなければ果たしえず依存するには貨幣が必要な手段だというアポリアを抱えたままであった。

ヘーゲルは言う。譲渡＝交換とは、私の内なるもの所有権を手渡すことでの社会的な承認である。外的なもの、例えばパンは譲渡できる。しかし、内的なもの、すなわち、「私の最も固有な人格――意志の自由、人倫性、宗教は譲渡不可能である」(22)。パンは初めから外化されているが、使用人のランペ爺さんとの使用契約はどうなるか。人が人を所有するとしたら、雇用契約の本質は奴隷契約と同じではないか。譲渡の前提になるのは疎外化である。これによって外化ができる。良心、信念、貞操など内的なものは譲渡できない。しかし、外的なものに疎外化すれば譲渡ができる。マルクスがパリ草稿を執筆していた当時（一八四四年）に問題していたのは、雇用で何を譲渡するのかということであった。ヘーゲルは時間を限定することで雇用を正当化しようとする。マルクスは、類的本質を取り戻す人間解放の問題を内包させる。これはマルクスの生涯をかけて譲れない課題である。そして、のちの『資本論』で抽象的人間労働の問題に発展した。筆者の最大関心はこの点にある。外化して労働者が労働力として資本家に労働力を販売してしまうと抽象的人間になってしまう。思想信条も人生観も一旦放棄して、労働力の購入者である資本家の指示に従うことになる。ヘーゲルは時間を限定してというが、労働契約が解除されるまでは、貞操を売り渡した娼婦と同じである。抽象的人間であって具体的人間ではないのである。[23]

マルクスが、経済学研究に当りまず影響を受けたのは、エンゲルス『国民経済学批判大綱』であり、アダム・スミス『国富論』であり、ジェームズ・ミルであった。これらについては、『経済学ノート』として丹念に記録している。アダム・スミスは、市民社会は孤立無援な個人が、社会的分業によって依存しながら生活している、という。スミスには、類的存在として人間が共同しながらお互い助け合うような思想は全くない。むしろ逆である。人間は生まれながらにして自愛心をもっていて、他人への配慮は不要で自愛心に訴えていれば、「見えざる手」によって市場がうまく調整される。この世界では、貨幣が必要欠くべからざる手段となっている。しかし、貨幣が私有財産を形成し貨幣の増殖となる。分業は、社会的な分業が顛倒しながらも類的存在を発揮する側面をもっている。しかし、他方で人間を「機械的な労働に……精神的にも肉体的にも機械にまで下落させられ、ひとりの人間から一個の抽象的活動」にしてしまう疎外する側面も有している。マルクスは『経済学・哲学草稿』では、私的所有がまず前提としてあって、利己的な欲望を充足させるために分業と交換があると考えてきた。しかし、それは逆である。人間の類的活動を充用しようとして分業と交換があり、必然の所産として私的所有があるのだ。

イギリス経済学研究のあとに書いた『経済学・哲学草稿』第三草稿には次のように書かれている。「分業と交換とが私有財の形態化であるということ、まさにこのなかに、つぎのような二重の証明が存している。すなわち一方では、人間的な生活がその実現のために私有財産を必要としたこと、他方ではそれがいまや私有財産の止揚を必要としているということの証明が存している」[24]。

マルクスは続いてジェームズ・ミルの研究に移る。これがマルクス思想の決定的な理論的跳躍台になると、望月清司は評価している。[25]『経済学・哲学草稿』では「貨幣は人類の外化された能力」と表現してきたマルクスが、『ミル評注』では「ミルは貨幣の本質をのべて交換の媒介者といっているが、まことに適切であり、また事柄の本質を概念にまで高めている。貨幣の本質は、さしあたり、それにおいて所有が外化されていることにあるのではなくて、人間の諸生産物がそれを通して相互に補完されあうところの媒介的な活動ないし運動、つまり、人間的・ゲゼルシャフト的な行為が、疎外されて、人間の外にあるひとつの質量的なものつまり貨幣の属性になっている、という点にある(26)」と書いた。このマルクスの貨幣観の跳躍をみよ！「ユダヤ人問題によせて」では、「貨幣は人間の手を離れた人間の労働と存在の本質であって、この手を離れた本質が人間を支配し、人間はこれを礼拝するのである」と言っていた。ここではまだ実体論として「きたない商売」「利己主義の化身」交換、流通の手段というより、蓄蔵手段、私利私欲の手段であり、廃棄すべき対象物だった。

しかし、イギリス古典派経済学の研究は、「生産そのものの内部での人間的活動の相互交換も、人間的諸生産物の相互交換も、等しく類的活動であり、類的享受である。そしてそれの現実的な意識的で真なる定在は、社会的活動であり社会的享受である(27)」とマルクスに言わしめるに至った。

マルクスは市民社会の、現実の批判的解剖のなかで、スミス、ミル等から人間が相互に手段としてみなしあう利己的な交換、社会的分業を形成して、そのために有益な貨幣が類的存在としてのシステムを形成していることを学んだ。確かにひっくり返ってはいる。労働者に支払う貨幣、生産手段に投資する貨幣、これらが私有財産を築き、労働者は富まない。それは貨幣の属性なのだろうか。労働者は抽象的人間になってしまう。これも貨幣の属性だろうか。

3　マルクスの「依存関係」論と貨幣(2)

マルクスのパリ時代（1844-1845）のヘーゲル研究とイギリス古典派経済学の研究は、『経済学・哲学草稿』でのアポリアを克服し、人間が類的存在として人間と人間とが依存して生きている、この市民社会での「飲み食い」する現実の生活を実感して貨幣認識に革命的な変化が出現したのである。

余談であるが、この頃フランスに生まれた作曲家マスネ（Jules Massenet）の作品に、「タイス」（Thaïs）というオペラがある。これは、頽廃と逸楽にふけった遊女が信仰の道に入り、やがて聖女として生涯を閉じるストーリーだが、その転換点となるのが、有名な「瞑想曲」（Meditation）というヴァイオリンの独奏による素晴らしい宗教的瞑想曲である。遊女はこの曲を聴くことで聖女に転換していく。マルクスにとって、この「瞑想曲」にあたるのが、スミス『国富論』、ミルを研究した『ミル評注』であったのではないか。それほど、この時代を経たマルクスの商品、貨幣観は劇的な変換をなし遂げたのである。若きマルクスにとって、貨幣の君臨する社会は、普遍的な売淫制度での下劣の極みとして廃棄すべきものであった。貨幣は、人間が類的存在として、「貨幣が依然としてひとつの本質的な生産関係(28)」であるから、「ブルジョワ的（市民的）交換制度そのものがひとつの特有な交換用具を必要とするのではないか？ その制度がすべての価値にたいする一つの特殊な等価物を必然的につくりだすのではないか？(29)」。市民的交換制度とは生産物が商品として交換される制度であり、この商品が必然的に「一般的商品」として価値尺度、交換手段としての貨幣を産む。その前提は分業、社会的分業である。貨幣とは同時に社会的分業を基礎にした交換制度＝生産関係なのだ。したがって「交換価値が依然として生産物の社会的形態として存続するかぎり、貨幣そのものを廃棄することは不可能である(30)」。

パリ時代を経たマルクスは、貨幣も商品も類的存在としての貴重な存在の面があるとの認識に転換したのである。

マルクスは、『経済学批判要綱』貨幣章で、「世界史の三段階把握、第一形態＝段階は「人格的依存関係」、第二形態＝段階は「物象的依存性の上での人格的非依存関係」、第三形態＝段階は、諸個人の社会的力能としての彼等の共同体的・社会的な生産性を従属させせることの上にきづかれた自由な個性、……第二段階が第三段階の条件をつくりていることを指摘している。「交換価値、貨幣によって媒介されるものとしての交換は、勿論生産者の全面的な相互依存性を前提とするが、しかし同時に生産者の私的・利益の完全な孤立と社会的分業とを前提とする」[32]。そして、諸個人間の社会的な連関が商品の姿をとって、その交換価値として、一個人のポケットに排他的に帰属している。これが私的・所有である。

平田清明は、近代的市民社会は、物象的依存の上に立脚する人格的非依存の世界であるが「ここに人格的非依存性として現れる物象的依存とは、裏返して言うならば、物象的依存に媒介された抽象的に人格的な依存関係ではないだろうか。――抽象的に人格的な依存関係の普遍化に他ならないのではないだろうか」と自問している[33]。マルクスも言う。「個人は以前には互いに依存しあっていたが、今や抽象によって支配されているというように、だが抽象または理念は、個人の上に立つ主人である[34]」。市民社会で依存関係にあって交換しているのは、AやBという具体的人間ではなく、誰が生産したものかわからないが、使用価値と交換価値を納得して貨幣に媒介されて入手しておりその依存相手は不特定の抽象的人間である。「たがいに無関心な諸個人の相互的かつ全面的な依存性が、彼らの社会的連関を形成する。この社会的連関は交換価値において現れる。――貨幣を生産しなければならない。他方、各個人が他人の活動または社会的富に及ぼす力は、交換価値の所有者、貨幣の所有者として彼のうちに存在する。彼の社会的力は、彼の社会との関係と同じく、彼のポケットのなかにある[35]」。近代化とは具体からの抽象化であって、この抽象化の普遍でしかない。これが市民社会の特徴であり、物象的依存によって特質される。平田の自問。抽象の支配、物象化の見えない真実、主人化と言うとき、実は社会の底面、社会的生産過程においては、抽象的普遍性によって人格的依存関係を、人格の抽象化そのものを成立させていたのである。

平田の論理に従って論を進める。「外的な交換関係において、ひとは物象的に依存している。そして、人格的自立性と理念の支配をもって、おのが実存的意識を形成する。しかし、この交換関係は、おのれを物的対象において、物象の社会関係として外化している市民的生産関係そのものなのであり、その可視的形態に他ならない。そして、その不可視の生産関係は、物象的依存に媒介された抽象的に人格的な依存関係にほかならない」[36]。

マルクスも述べるように、市民社会においての物象的依存関係とは、抽象的に人格的な依存関係の普遍的形態であった。交換関係において、幻想としての人格的非依存関係であった。であれば、生産関係において、一切の幻想を脱ぎ去った人格的依存関係をとりもどすべきである。「あらゆる幻想を脱ぎ去った一定の人格的な依存関係にふたたび転変する」[37]。人格的依存にふたたび転変する物象的依存の交換関係。ここがロードス島だ！　と、平田は叫ぶ。

本当にここで跳んでよいのだろうか。

もう一度マルクスの人格的依存関係の意味をさらってみる。マルクスの考える人格的依存（Persönlich Abhängig-keitsverhältnis）での人格とは、マルクスが『資本論』「第一版への序言」で書いているように「私はけっして、資本家や土地所有者の姿態の光明面を描いていない。しかし、ここで諸人格が問題となるのは、ただ彼等が経済的諸範疇の人格化であり、一定の階級諸関係および利害関係の担い手であるかぎりにおいてである」[38]。誤解を避けるために人格の意味するところは「担い手、役割」であって、通常的につかう人品骨柄を意味しているのでない。第二段階の物象的依存を、真に人間と人間との人格的な関係に戻すという意味ではなく、第一段階では狭隘な、自然に規定された、性格そのものであり、それゆえ、物象的な関係が人格的な役割としての関係に現象すると表現している[39]。つまり「純粋に人格的な関係、人間と人間との人格的な関係」を持っているわけではなく、歴史的な社会的分業の広がりの視点が一つ。そして、もう一つは階級闘争の視点であろう。第一の時代、例えばギリシャ・ローマの時代でも手工業でいえば、この日用品は誰がつくったのかには無頓着で、その意味では手工業者の役割として考えていただろう。第二段階では、社会的分業が広がり過ぎて世界的になり、人格的役割は抽象的になって、無頓着、無関心になる。もう一つの視点の階級闘争でいえば、第一段階では領主と農奴、土地所有者と小作人の関係での人格的役割が、封建制から資本制生産様式になって、農奴、小作人は人格的に自由となり、資本家と労働者という人格関係に変化する。その場合に貨幣が媒介し、資本家は貨幣を資本として労働者の労働力を買い、生産手段を買って剰余価値を産むという人格的関係となる。ここでは物象たる貨幣が君臨する。マルクスは、第二段階でのすべての経過、体験が第三段階に入ると考えている。では、マルクスのいう第三段階は、貨幣によらない人格的に透明な関係であることを目指していたのか。

マルクスは、第二段階「物象的依存性の上での人格的非依存関係」は、第三段階「諸個人の社会的力能としての彼等の共同体的・社会的な生産性を従属させることの上にきづかれた自由な個性」の諸条件をつくり出すという。第三段階＝未来社会へのあしがかりは、資本主義のなかでの生産、交通関係のなかで伏在しながら、着々とその反対物に転化しようとしている。その第一の前提準備は社会的分業であり、工場内での分業であり協業である。

マルクスは、「分業が密集、結合、協同、私的利害の対立、階級利益、競争、資本の集積、独占、株式会社――対立そのものをよびおこす純粋に対立的な統一の諸形態――を生み出すように、私的・交換は世界商業を、私的独立性はいわゆる世界市場への完全な依存性を、そして、分散した交換行為は銀行制度と信用制度を生み出す。この銀行制度、信用制度による簿記は、少なくとも私的・交換の調整を確認している。為替相場……において、国民商業は実在しているとの仮象をうけとる[40]」という。

マルクスは、以上のような諸契機が、いずれもそれ自体が対立物を呼び起こしその対立物が過渡的統一を果たすという。その代表的な事例が株式会社である。株式会社はそれ自体としては私的所有の枠組みにあるが、未来社会においてアソシアシオンを形成する核となる[41]。マルクスがここで述べようとしているのは、表面では人格的非依存性のものが、抽象的な形で人格的依存性に転変している。平田が、ここがロードス島だ！と叫ぶ意味はここにある。もういつの間にか資本主義という風土のなかで人格的非依存から人格的依存に変わろうとしている。未来社会への入り口に差し掛かっている。通過点を通過している最中である。マルクスが先に示した第二段階での、人類が築いてきた道具、制度の数々、銀行制度、簿記、為替相場、世界商業。これらは貨幣、資本、市場、そして擬制資本まで必要とする世界である。物象の世界であるが、これが裏面で人格的依存に転変しようとしている。しかし決定的に必要なものは生産関係の転変である。マルクスが世界史の三段階把握論で述べようとしていたのはこのことである。

4　マルクスのいう生産関係の転変とはなにか――『経済学批判要綱』資本章の検討――

マルクスは、「最後の完成した規定における貨幣は、すべての面からして自己自身を解体する矛盾として、つまり貨幣自身の解体をせまる矛盾として現われる。富の一般的な形態としての貨幣には、現実的な富の全世界が対立している。貨幣は現実的富の純粋な抽象である……それだから、富の一般的形態の規定に固執することは、単なる空想である。富が全く物質的な、手で掴むことのできる形態そのものの形で存在するように見えるところでは、貨幣の存在はたんに私の頭のなかだけにあり、純粋な幻想である。ミーダス(Midas)(42)」という。マルクスは、貨幣とは生産関係であるといい続けてきた。「貨幣が依然として本質的な生産関係である限りで、貨幣の関係に固有の矛盾を止揚できるわけではない(43)」。問題は生産関係である。市民的な交換制度が、それに特有な交換手段を必要とする。それは生産物が商品として交換される制度である。「交換価値が依然として生産物の社会的形態として存続する限り、貨幣そのものを廃棄することは不可能である(44)」。なぜ不可能か。それは人間が生活していく上で、人格的依存を必要とするからであり、生産しそれを全く見ず知らずの他人と交換するためには貨幣を所有していなければならないからである。生産関係とは交換関係でもあり、それは人間同士が社会的に分業しているからにほかならない。そのためには、交換手段として貨幣発生の必然性がある。

しかしこの身もしらない他人との交換が、W－G－Wとして、自ら保有せざる商品を貨幣と交換して別の商品を求める交換であれば、なんの問題もないのであるが、G－W－G'として、つまり貨幣を商品に変えて、より大きい貨幣を得ようとする、「販売するための購買というこの運動、商業資本としての資本は、経済発展のもっとも初期の状態にみいだされる」[45]。大昔からあった、商人が考えた利益を産む貨幣の使い方が、封建社会が崩壊して、新しく貨幣で生産手段を買い求めるようになり、封建時代の束縛をのがれて自由となった人間、あるいは土地から追い出されて自分の労働力を売る以外には食っていけないプロレタリアートを安い賃金で、時間決めで買い求める資本家が現れるようになる。これが資本家対労働者の資本制生産様式での生産関係である。W－G－WもG－W－G'も、貨幣または商品の両点からの反復行為はそれ自体で自ら新たに起こらず、「流通は、それ自体のうちに自己更新の原理を含んでいない。更新の諸契機は流通にとって前提されているのであって、流通自体によって措定されているのではない、商品が絶えず新たにしかも外部から流通に投じられなければならないのは、ちょうど燃料が絶えず火に投じられなければならないのと似ている。そうでないと、流通は無為のなかに消え去る。それは、無為なる結果としての貨幣において消えうせ、この貨幣は、もはや商品、価格、流通との関連を持たなくなるばかりで貨幣ではなくなり、生産関係を表現しなくなるであろう。もはやその金属的定在だけがのこり、その経済的定在は消滅してしまうであろう」[46]。生産関係を打ち砕き革新すれば、貨幣は貨幣でなくなり、去勢された猛牛のようになる。貨幣そのものを廃棄するのでなく、生産関係を革新すれば、貨幣は貨幣として人類が開発した制度として類的存在としての貨幣、依存関係を継続するための道具としての貨幣であればよい。基本的にマルクスの貨幣観がよく現れている。

W－G－WにおいてもG－W－G'においても、貨幣は、広がり続ける社会的分業を維持していくためにはなくてはならないものである。G－W－G'も商人が利益を得るためにはなくてはならないものである。人類が生産活動で利益

＝剰余労働を求めて活動しなければ人類の発展はない。世界の歴史はこの剰余価値を求めて発展してきた。問題はこの剰余の取り分にある。

奴隷社会では人間は道具として扱われ、剰余価値の取り分は全部奴隷主がとり、封建時代には土地所有者が、農奴の生産した剰余の大部分をとってきた。では、資本制生産様式が開始される生産関係においては何が問題なのか。

資本主義以前の生産関係、すなわち手工業の小経営といわれた親方のもとでの労働者が賃金を貰って雇われていた時代の生産関係と資本制生産関係とはどこが違うのか。資本家は労働者から労働力を購入する。この場合に労働力を商品として購入している。資本家は他の商品と同じようにその商品の使用価値を使う。その過程が労働過程である。購入した労働力をどのように使うかは資本家の自由であり、それならば雇用関係を止めにすることも労働者の自由である。この商品は他の商品と同じように価値と使用価値がある。価値は労働者が生活していく上での生活費で決まる。資本家が支払った賃金よりも多くの貨幣を生むのが労働力商品の使用価値である。人間は歴史上単独で、また協同して生産手段を用いて労働してきたが、そこでは労働した以上の剰余が生まれてきた。封建時代には、その剰余は土地の所有者である地主が独占してきた。資本制生産様式では封建制とは異なって、その束縛から解放されて自由ではあるが、今度は労働者が生活していく上で労働力を販売し、資本家は労働者を雇って生産手段を労働者に使わせて、支払い賃金以上の剰余を生まなければならない。そのような関係が資本主義での生産関係である。

本来モノでない商品、労働力を商品にすることによって資本家は不等価交換ではなく合法的に労働者との契約によって利潤＝剰余価値を手にすることができる。ここでの貨幣の運動はＧ－Ｗ－Ｇ'となる。資本家は貨幣Ｇを生産手段と労働力という商品Ｗに変えてさらに、生産された生産物商品を販売して、投下した貨幣を、利益を含んだ貨幣Ｇ'にすることができる。ここで初めて貨幣は資本となる。ところが、一見平和的、合法的に見えるこの生産関係には「盗み」があると、プルードンは著書『所有とはなにか』で問題にする。マルクスは、このプルードンの訴えを評価した上で、『哲学の貧困』を著し批判した。

なにが問題か。労働者は一度資本家に労働力を売ってしまうと、そこから発生する剰余価値が、資本が一回転したあと、再び生産手段に投下されて、さらに自分が労働した結果生まれた機械など生産手段がさらに剰余価値を生んでしまう。マルクスが述べる資本家による領有権法転回論が生じてしまう。

これは奴隷制度と何ら変わらない。人格的には自由があるが、解雇されることを恐れ、資本家の意のままに一生涯働く賃金奴隷となってしまう。これが資本制的生産様式での生産関係である。労働者は貞操を時間決めで売る売春婦と同じである。精神も教養もなげすててただひたすら抽象的人間としての人生を送ってしまう。労働者には、生をうけて初めて経験する具体的人間としての豊かな人生、世の中の人々に役に立つような類的存在としての人生ではなく、剰余価値を求める資本家の奴隷としての人生が待っている。それが資本制的生産様式での生産関係である。

マルクスの叫びは貨幣の解体ではない。人間が商品化されていることを解体することなのだ。貨幣の解体とは、具体的に目に見えるモノとしての貨幣そのものの解体ではない、頭の中にある生産関係としての形態の解体なのだ。これを勘違いして、貨幣そのものを解体し放擲しようとしてきた。これこそがマルクスが述べたかった物象化、「取り違え」（quidpro quo）であり空想的であったのである。

おわりに

二一世紀に入っても、未だにマルクスに立ち返らねばならない状態にある。マルクスの述べる透明な人格的依存の状態を人類は希求すべきである。物象化されていない世界を想定して、そこへ回帰するという考え方をする前に、マルクスの提言のなかでの「物的依存性のうえにきづかれた人格的独立性は、第二の大きな形態であり、……第二段階

（現代社会）は第三段階（未来社会）の諸条件をつくりだす。……諸個人の普遍的な発展のうえに、また諸個人の社会的力能としての彼らの共同体的、社会的な生産性を従属させることの上にきづかれた自由な個性は第三の段階である。第二段階は第三段階の諸条件をつくりだす[47]」という、この第二段階である現在の資本主義のなかに着々と未来社会が準備されているという見解を重視すべきである。本章は、マルクスの貨幣観の変遷を追いながら、マルクスは本当に貨幣を、商品生産を、資本を廃棄しようと考えたのだろうか、というテーマについて追いかけてきた。

マルクスは未来社会の具体的なプランを語っていない。しかし、未来社会への通過点については具体的に語っている。通過点としての株式会社論では、貨幣、商品生産、資本、擬制資本までも必要とする世界である[48]。二〇世紀でわれわれは社会主義の崩壊という歴史的事実を直視した。この教訓の上に、マルクスの研究を継続して研究していくべきである。商品生産、貨幣、資本という物象を利用せず、物象化されない世界を想定し、そこへ回帰しようとしていては学問の発展はない。物象化された世界を完全には拭うことはできないだろう。

二〇世紀を体験して、現代の資本主義は経済的範疇としての資本家階級が労働者階級と対峙しているという様相を呈していないように目に映る。しかし一方、わが国では年間三万人以上の自殺者がいて、何万人に及ぶ野宿せざるを得ない失業者がいる反面、巨額の報酬を得る資本家がいて、貧富の格差が拡大していることも事実である。

具体的にどのようにして生産関係を変革するのか。幸いながらマルクスは素晴らしいヒントを残してくれた。株式会社が未来社会への通過点である、というヒントである。このヒントについては、次章以下で具体的に検討する。

注

（1）　飯田繁『マルクス貨幣理論の研究』新評論、一九八二年、一五頁。

（2）　中野嘉彦『マルクスの株式会社論と未来社会』（ナカニシヤ出版、二〇〇九年）を参照されたい。

(3) マルクス『経済学批判要綱Ⅰ』高木幸二郎訳、大月書店、一九五八年、六一頁。
(4) 同前、四四頁。
(5) 望月清司『マルクス歴史理論の研究』岩波書店、一九七三年、三四〇頁。
(6) マルクス『経済学批判要綱Ⅰ』一四一頁。
(7) 前掲『マルクスの株式会社論と未来社会』三二一～三四頁を参照されたい。
(8) マルクス『経済学・哲学草稿』城塚登・田中吉六訳、岩波文庫、一九六四年、九三頁。
(9) マルクス『経済学批判要綱Ⅰ』四八頁。
(10) マルクス「ユダヤ人問題によせて」『マルクス・エンゲルス選集1』新潮社、一九五七年、七八頁。
(11) ヘス『貨幣体』の内容については、コルニュ『モーゼス・ヘスと初期マルクス』（武井勇四郎訳、未来社、一九七二年）から概略を纏めたものである。出所は山中隆次『経済理論』62号、一九六一年、四二頁。文中の引用文は山中がヘス『社会主義論文集』（Moses Hess, *Sozialistische Austin 1841-1847*, Berl. 1921. S. 160）から引用。
(12) 山中隆次「ヘスとマルクス――経済的疎外観を中心として」『経済理論』62号、一九六一年、四二頁より引用。
(13) 同前、五〇頁。
(14) マルクス『経済学・哲学草稿』一二頁。
(15) Cornu. *Marx und Engels*, S. 523. 山中前掲論文、三六頁。
(16) マルクス『経済学・哲学草稿』一七九頁。
(17) 同前、一八〇頁。『アテネのタイモン』（*Timon of Athens*）第三景からの引用である。
(18) マルクス『経済学・哲学草稿』一八三～一八四頁。
(19) 同前、八六頁。
(20) 同前、一〇五頁。
(21) マルクスが『経済学・哲学草稿』を書いたのは一八四四年であった。望月清司はラーピン論文（Lapin, N, I）を参考にして「第一草稿」で一旦停止したと書いている。望月『マルクス歴史理論の研究』一一五頁。
(22) ヘーゲル『「法」哲学』五十三節ノート。加藤尚武『ヘーゲルの「法」哲学』青土社、一九九九年、八〇～八五頁。

(23) これについては前掲『マルクスの株式会社論と未来社会』「第一章抽象的人間労働とはなにか」を参照いただきたい。
(24) マルクス『経済学・哲学草稿』一七六頁。
(25) 望月清司『マルクス歴史理論の研究』第二章第二節「社会的交通の理論と歴史認識」一一三～一五四頁。
(26) マルクス『経済学ノート』杉原四郎・重田晃一訳、未来社、一九六二年、八六頁。
(27) マルクス『ミル評注』「ジェームズ・ミル著『政治経済学要綱』(J・T・パリゾ訳、パリ、一八二三年)から抜粋」『マルクス＝エンゲルス全集40』三六九頁。
(28) マルクス『経済学批判要綱I』四四頁。
(29) 同前、四八頁。
(30) 同前、六七頁。
(31) 同前、七九頁。
(32) 同前、七九頁。
(33) 平田清明『経済学と歴史認識』岩波書店、一九七一年、一四四～一四五頁。
(34) マルクス『経済学批判要綱I』八五頁。
(35) 同前、七八頁。
(36) 前掲『経済学と歴史認識』一五一頁。
(37) マルクス『経済学批判要綱I』八五頁。
(38) マルクス『資本論』「第一版への序言」長谷部文雄訳、青木書店、一九五二年、七二頁。
(39) 同前、八五頁。
(40) マルクス『経済学批判要綱I』八〇頁。
(41) これについては、前掲『マルクスの株式会社論と未来社会』を参照願いたい。
(42) マルクス『経済学批判要綱』一五二頁。ミーダスとはギリシャ神話に出てくる、触れるものすべてを黄金にする願いを叶えてもらったという王。
(43) 同前、四四頁。

(44) 同前、六七頁。
(45) 『経済学批判要綱Ⅱ』一七三頁。
(46) 同前、一七五頁。
(47) マルクス『経済学批判要綱Ⅰ』七九頁。（　）内は引用者。
(48) この点については、中野嘉彦『マルクスの株式会社論と未来社会』を参照願いたい。

第7章　社会主義への通過点論としての河上肇の株式会社論

はじめに

河上肇の社会主義観は、基本的にたがいに利他的な関係である「家族」のような社会と思考している。他方「株式会社」も「家族」に近い存在であって株式会社が未来社会への通過点となるという見解を、我が国に『資本論』を広めた初期段階で早くももっていたことに注目したいのである。

本章は河上肇が大正一二年に『社会問題研究』に掲載した論文「生産手段に関する所有権の睡眠」にみられる株式会社制度を利用して社会主義を構想する、言わば社会主義への通過点論が含まれていることに注目する。マルクス主義への道を進もうとしていた河上が、この論文の執筆にあたって『資本論』に着想を得ていることは言うまでもないが、同時期の上田貞次郎の株式会社論にも刺激を受けているとも言える。以下では、まず河上の論点を点描したうえで問題を提起し論を進めたい。

1　河上肇の論文「生産手段に関する所有権の睡眠」の論点

本論文には「資本主義の自壊作用の一つとして見たる資本家的企業の内部に含まれる社会主義制への発展」という副題が付されている。その論旨は資本主義の成長発展につれて資本家の所有していた所有権が睡眠しはじめ株式会社制になると完全に嗜眠状態になってしまい「生産手段に関する彼（資本家）の所有権は、次第に嗜眠の状態に陥るに従って、同時にまた次第に擬制的性質を帯びて来る。それは永遠の眠りに入らんとする前兆に外ならない(1)」というものである。

河上は『社会問題研究』第四二冊の「個人主義（資本主義）及び社会主義」という表題を掲げる論文で「個人主義（資本主義）」「社会主義」という二つの主義は実際には互いに交錯して行われていると述べる。「今日の社会では、その組織単位たる家族が、……主として……物の消費の方面に関し、……その内部においてほぼ社会主義制をとっているばかりでなく、事業経営の単位たる企業もまた、……主として物の生産の方面に関し、……その内部においてはほぼ社会主義制を採っているように思われる」。「社会主義制というのは、この社会主義の原則を、血縁によって結ばれている家族以上の、より大きな団体（組合または国家）の上に及ぼす主義である」。「資本主義的社会組織は、個人主義制が特殊の発展をとげた一つの歴史的形態である。しかしその組織の下における事業経営の単位である資本家的企業が、個人主義制と正に相対立する社会主義制に傾きつつあることは、或いは奇妙に聞こえるかも知れない。少なくともそれは平生われわれの十分に意識していないところである(2)」。つまり、この論文の主眼は資本家的企業の内部に含まれる社会主義的精神の指摘である。

以下、まず河上の論点を紹介する。

論点1　資本家的企業の成立に伴うところの生産手段の所有からの労働者の隔離

河上は、工業を眼中にして論を進め資本は商品として労働力を買って初めて資本家となり、資本家は労働力と生産手段を買い入れてこれを組み合わすことで物的生産をすると論じる。河上が問題にするのは労働者が全く生産手段の所有から隔離されていることである。

個人主義（資本主義）と社会主義の差異の一つは私有と公有の差異である。しかし、資本家企業の内部では労働者からみると私有制が禁止されている点で、「正に社会主義制になっている」資本家企業の成立は生産手段に関する私有制廃止の第一過程である。「資本主義成立の第一歩にそれ自身を否認すべき制度が内に含まれている(3)」。

「単なる商品生産」では、生産者が原料生産手段を所有し、生産物も所有していた。この生産物も生産手段も「幾分の社会的性質」を有しているのに、依然として個人の私有権に属している。ということは、「物の経済の性質とその法律的制度との背反を意味するほかならぬ」。経済において社会的性質を有する以上、そのものはやがて社会有に帰さねばならない。しかるに、商品生産が次第に社会的性質を帯びるに従って、個々の生産者が生産手段を私有することは不可能となってきた。そこで労働者生産組合か資本家企業かになる。労働者生産組合の場合には、上田貞次郎が「労働者生産組合(4)」に述べるとおり、その障害は従業者間の規律の問題である。自治工場の場合は、解雇の危険はなく逆に支配人を解雇できる。自治制による労働者の結合では十分な成功が果たしえない。歴史は暫く躊躇したのち、資本家的企業の道を通ることに決意したのである。問題の中心は、労働者が生産手段の所有から離れるという点にある。

「私（河上――引用者）はこれらの物の所有者が暫く資本家の手に委ねられることをもってこれらの物が社会有に帰属せんために通過することを余儀なくされるところの一つの過程であると見る」。「人間の歴史は利己心が次第に個人的から社会的に発展する傾向をもつ(5)」。弱点は労働者が労賃を得ることに利害があり、なるべく多くの労働を費やしてできるだけ多くの生産物をつくり出すということには労働者は熱心ではなかったことだ。この訓練の仕事は暫く資本家に委ねられた。資本家は指揮監督に腐心する。

論点2　資本家的企業の内部における、利子を伴わない信用および利潤を伴わざる取引

同一の企業内においては生産手段の貸付並びに原料および製品の取引が全く非営利的原則によって行われる。

一、工場制のもとに於いては信用の授受が利子を課すことなしに行われる。

二、また生産材料の授受が売買によらず代価の支払いなくして行われる。

これらは第一に、従事する労働者が事業の経営に必要な生産手段の所有から隔離され資本家から無利子で貸し付けている。河上は、資本家的企業以前のマニュファクチュアに遡ってその事例で説明する。当時は親方制度のもとで原料を前貸しして独立の多品種を独立の手工業者が作業していた。しかし、これを一つの企業に集中して一つの工場で生産すると原料製品の取引に売買を伴わなくなった。河上は、当時（一九二三年）のアメリカの巨大なトラスト（United Steel Corporation）の事例をあげて説明している。ここでは製造販売に企業内の利潤の獲得は非営利的で、所有権の移転も伴わない。そこには、これを支配する中央的管理部があって、一定の計画に基づき意識的に決定している。それらは資本家またはその使用人が行っている。

河上によれば、これらは「要するに社会主義精神の発展に他ならない」。個人主義（資本主義）では生産が無政府的で、社会主義では一定の意識的機関が全体にわたる貨物の生産分配を、消費につれて計画的に管理する。個人主義（資本主義）は営利生産で、社会主義は自足的生産である。「資本家的企業の内部組織で資本制によらずして却って社会主義制によっている。資本主義はそれ自身の発展の内にそれ自身の否認を懐胎するのである(6)」。

論点3　株式会社および株式取引所の発達に伴うところの生産手段に関する資本家の所有権の睡眠

重要なことは株式会社の発展であり、「株式会社が将来の社会を準備しつつある」ということは、上田貞次郎が大正一〇年（一九二一年）『国民経済雑誌』に発表した論文「社会主義と企業者の職分」[7]において指摘していた。河上も全く同じ立場に立つ、として以下のように述べる。

社会主義生産手段に関する所有権の否認の第一過程は、資本家的企業の成立で社会的生産手段に関する否認である。第二過程では、これら資本家的企業が株式会社の組織をとり生産手段に対する所有権が資本家の手から離れる。資本家的企業の発展に伴って、資本家の中央管理部の仕事が使用人に委ねられる。株主自身はこの仕事を担当しない。上田は前掲の論文で、「株式会社制度は企業者の職分を出資と経営とに分割」[8]すると言う。資本家は産業企業者から解放される。経済学的にいえば、資本家の資本は産業資本の働きをなしているが、資本家のためには利子生み資本とほとんど同じ働きをなしている。もちろん株主と利子生み資本とは差異がある。後者は利子率が一定だが、前者は配当で事業成績によって変動する。前者の資本は機械建物など貨幣資本から生産資本に転形されて貨幣の状態で株主に戻らない。利子生み資本は返済される。

河上が問題にするのは、「これら株式の売買が些かも株式会社の支配に属する生産資本の所有権に触れることなく行われる点である」。株主は建物生産手段に対する所有権をもたない。株主が売買するのは利潤の分け前である配当に対する権利である。生産資本と擬制資本との二重に存在する擬制的性質を帯びることが永遠の眠りに入る前兆である。株主＝資本家的企業の資本家は生産手段に対する所有権はなく、企業経営の実権は使用人に握られる。「かれらは民吏である。……この民吏を養成するに到ったことはその貢献の最も大なることである。……現代の資本家は歴史の要求するところをすでに成し遂げたるに近い。生産手段の活用をその所有権の束縛から解放すること、それらの生産手段を実際の活用者に対し無利子で貸与すること。これらは資本主義が己自身を発展せんために採用することを余儀なくされた、社会主義的制度である。資本主義は自殺しつつある。自らは永世に生きんと努力しつつ、期せずして永遠の眠りに入らんとしつつある[9]」。

以上が河上論文の論点である。

2　河上の問題提起に対する検討

論文「生産手段に関する所有権の睡眠」では、マルクス経済学者になった河上肇が、資本主義下での株式会社制度が意図せず社会主義を準備していると論じている。社会主義社会を築くことを理想の未来社会と考えている河上が注目しているのは、①家族は「社会主義」、また企業も「その内部で社会主義制」をとっている[10]、②人間の歴史は利己心が次第に個人的から社会的に発展する傾向を持つ[11]、ということである。この場合河上にとって個人的とは資本主義的で、社会的とは社会主義的と考えられている。

(1)　「家族」と「資本家的企業」が社会主義制をとっているという観点

河上はその論文「個人主義（資本主義）及び社会主義」の中で、個人主義（資本主義）および社会主義の概念を、以下のように述べている。「この二つの主義は社会がその成員の物質的生活に対して有する責任の有無によって分かれる。すなわち社会主義的の組織といえば社会が意識的にその成員の物質的生活につき責任を負担している組織のことでありこれに反し個人主義的の組織といえば……所謂資本家的の組織なるものはこの個人主義的の組織が一定の発展を遂げた特殊の歴史的形態である。……社会がかかる責任を負わず、その成員の物質的生活については各成員をして自ら責に任ぜしめる組織のことである[12]」。そして、社会組織の単位としての家族は大体において社会主義的組織である。河上は、家族内で扶養の義務および相続法上の遺留分の制度を認め密接な血縁関係を有する者の間では相互に深い愛情を持つがために、相手を奴隷視し手段化することを避けられていると論じる。人類平等の観念こそが社会主義思想の基調であるからである。「だから家族成員の需要を充たすために行われる家族内の生産例えば食べ物の調理衣服の裁縫等は非営利性を有する……夫婦親子の間には彼らの生産したものを営利の目的のために交換することはない。生産物は非商品性を有し従って生産に伴う損失の危険は家族の全体に及ぶ[13]」。これらが、河上が家族は社会主義制をとっているという根拠である。

さらに資本家的企業もまた、その内部で資本主義を自壊して社会主義制度の発展に向かわんとしていると述べる。河上は前掲「個人主義（資本主義）と社会主義」のなかで、「個人主義（資本主義）は生産手段の私有制で社会主義では公有制である」と述べていた。その観点から資本家的企業をみれば、労働者の立場からすればすべての生産手段は私有制が禁止されている。彼が商品として他人に売りつけるものは肉体に潜在する労働力のみである。労働力を、生産手段を保有する資本家に販売する。労働者は生産手段を持たない。資本家的企業の成立は生産手段の私有制廃止であり、「資本主義成立の第一歩に、それ自身を否認すべき制度が、それ自身のうちに含まれているのである[14]」。資本家的企業が労働者に生産手段の私有を認めず、これを禁止して公有にしていることが社会主義制をとる第一歩であるという考えは一見奇妙に思われる。公有にするというが、資本家的企業は経営する資本家の所有である。ふつうの社会主義が考える社会的な所有ではない。これによって、企業も家族のような社会主義的組織になるわけでもない。

河上は、この説明を資本家的企業以前の「単なる商品生産」と比較している。ここでは、生産者自身が原料道具等の生産手段を所有していた。また生産した生産物も資本家の所有であった。しかし、それらは商品生産である以上、他人の需要を充たすためのものでありすでに社会的性質を有している。それが個人の所有物であることは、「物の経済的性質とその法律的性質との背反を意味するに外ならぬからである。経済上において既に社会的性質を有する以上その物はやがて社会有に帰しなければならぬ[15]」。商品生産が次第に増大して機械制工業に発展すると生産手段は巨大化し、とても資本家個人の資本では賄いきれず株式会社組織を採るようになる。そうなると、「企業経営のために使用される諸々の生産手段に対する所有権が企業経営の権利とともに漸く資本家の手を離れさらんとすることを意味する」[16]。ここで河上は、上田が「株式会社制度は企業者の職分を出資と経営とに分割する」と述べていることに言及する。株式会社制度になると出資者としての株主は産業資本家であるが、その仕事は株式会社の中央管理部たる重役に一任し、株主自身は法学的には会社に対して債権者たる地位で、経済学的には利子生み資本とほとんど同じ働きをする。株主と利子生み資本家との差異は、株主の得る配当率は利子生み資本家が得る利子と異なり予め約定されておらず変動があることである。しかし、資本主義の発展は株式の売買のために市場を提供することによって、この差異を益々軽微にしている。河上が重視するのは、「これら株式の（即ち株主たる権利の）売買が些かも当該株式会社の支配に属することなくしておこなわれる点である」[17]。そして、貨幣資本が生産資本として建物機械生産手段に固定されている資本と、株式会社の配当に対する権利を売買する擬制資本とが二重に存在する。生産手段に関する彼の所有権は次第に嗜眠していくと述べる。

資本主義は、「労働者に生産手段の私有を認めずこれを禁止して公有にしていることで社会主義制をとる第一歩になっている」と河上が考える理由、また擬制資本化していくことが何故資本主義の嗜眠につながるのかは、のちほどマルクスの株式会社論と比較しつつ検討する。

(2)「経済政策上の放任と管理」問題

河上は前掲「個人主義（資本主義）と社会主義」のなかで、個人主義（資本主義）と社会主義たることの差異要件として六項目の課題を挙げている。「無意識的法則と意識的法則」「利己主義と利他主義」「経済政策上の放任と管理」「生存権の否認と是認」「生産手段の私有制と公有制」「営利的生産と自足的生産」である。この六項目のうちで、「利己主義と利他主義」「生存権の否認と是認」問題は次項で検討することにして、それ以外の四項目をここでは検討する。

資本主義的企業も企業間では利己主義による熾烈な競争が行われているのに、河上の述べるように資本主義的企業の内部では社会主義制に向かっていると考えてよいのであろうか。この問題を検討する。河上は前掲「個人主義（資本主義）と社会主義」のなかで、個人主義（資本主義）と社会主義との差異として個人主義（資本主義）では「営利的生産」「無意識的法則で、且つ経済政策上放任」であり、社会主義制は「自足的生産」「意識的で経済政策上放任ではなく管理」するところに差異があると述べる。では資本主義的企業が特に株式会社制をとると、なぜ社会主義制のように「自足的生産」「意識的法則」と「経済政策上では管理」の方式を順次採ることになるのか。

河上は「自足的生産」が行われている事例として米国製鋼会社を挙げて説明している。この企業の内部では、製鋼に必要な石炭鉄鉱石およびこれらを材料にして銑鉄を加工する作業は全部企業の内部分担で行われている。それだけではなく石炭、鉄鉱石を輸送する企業も内部で計画に基づいて生産している。企業の内部では無政府的でない計画的自足生産である。しかもこの物財の企業内でのやりとりはすべて非営利的で、例えば石炭を輸送する費用を無償にして金銭のやりとりをしていないし、仮にこのやりとりの間に一定期間かかるとしても金利をやりとりせず信用を供与している。つまり企業内ではすでに社会主義制度のように自足的意識的管理的に行動している。なぜそうなるのか。

その理由はそのほうが遥かに合理的であり、他の企業に依頼するよりも内部で負担したほうが外部に利益を流出しないからである。しかし、この生産手段原料を所有するには巨額な資本を要する。起業時の当初は、銀行金融機関などの貨幣資本家からの借入れから調達する。しかし、貨幣資本家からの借入れでは、返済を求められたならば資本の運動を中断して生産手段を処分して返済に充てざるを得ない。借入れ資本はすでに生産手段商品として運動を開始している。そこで株式会社制度が採用される。自己増殖する資本の運動体を証券化して株主を募り所有してもらう。

現実の資本はすでに商品生産手段として運動している。他方現実の資本とは独立に株主が払い込みと引き換えに入手した証券は剰余価値の請求所有名義としてそれ自身客体化された所有権の客体となるのである。「事実上会社の事業に放下されてある生産資本と、株の売買により代表させられる擬制資本とが二重に存在することになる。そうして株主が自由に処分するのは前者でなくて後者である」。そうなるとこの株式会社企業を経営しているのは誰なのか。経営者は生産手段の所有者ではなく、複数の株主による社会的所有者である。そして経営するのは経営という複雑労働をする経営労働者である。河上は「民吏」という言葉で表現する。資本家はいずこかへ消滅している。「これ等は、資本主義が己れ自身を発展せんために採用することを余儀なくされたる社会主義制度である。資本主義は自殺しつつある。自らは永世に生きんと努力しつつ期せずして永遠の眠りに入らんとしつつある(18)」と結んでいる。

だがこれはあくまでも個別企業としての株式会社内部の話である。株式会社の内部では社会主義的に意識的計画的合理性に基づいて自足生産を行っている。しかし、資本主義全体の企業間は熾烈な競争のもとに弱肉強食の世界である。企業内部では社会主義制度的に問題を解決する。河上は「資本家的企業の内部に含まれる社会主義制の発展」に興味を示し考察している。これが社会全体国家全体あるいは世界全体にどのように広げていくのかには触れていない。

(3) 河上肇の「生存権の否認と是認」「利己心利他心調和問題と企業」

河上が前掲「個人主義（資本主義）と社会主義」のなかで挙げた個人主義（資本主義）と社会主義との差異要件として「生存権の否認と是認」「利己主義と利他主義」の項目を検討する。両項目ともに社会主義を採っていると河上が考える「家族」との比較に論を進めているのが興味深い。河上は「生存権の否認と是認」では個人主義（資本主義）ではこれを否認し社会主義では是認すると論じ、個人主義（資本主義）ではその成員の経済的生存について各自に全責任があるのだから社会に向かって生存権を主張しうるはずはない、とする。「自ら生存を維持する能力なき者をもって公民である資格に欠くと看做した」[19]。ところが社会主義制のもとにあっては、経済的基本権の一つとして各成員にその生存権が認められる、として家族を引き合いにして述べている。個人主義的近代国家でも家族内の関係については扶養の義務を認め、或いは相続法の上に遺留分の制度を認めるなど家族の成員が家族という団体に対してある程度の生存権を認めることを法規上許している。これは「家族という団体が大体において社会主義制に拠っているからである」として、社会主義制としての家族のモデルと比較考慮している。

次に「利己主義と利他主義」では、道徳原理の差異として個人主義（資本主義）では利己主義、社会主義では利他主義が経済道徳の原理として挙げられている。個人主義（資本主義）では社会のすべての成員は自己の経済的生存につき各自責任を負うのだから、当然に各個人の利己主義が是認せられ、社会全体の経済的繁栄はその成員が自己の利益を計るという前提のもとに初めて成し遂げられる。したがって各個人が自己の経済的利益を追求することが道徳的に是認され、逆に自己の利益を保全するだけの能力と思慮をもたざる者は道徳的に排斥せられることになる。しかし、社会主義制の社会では個人の利己主義は是認されえない。そして家族との比較論に入る。「家族という小団体は、依然社会主義的組織を採用しつつあるが故にこの家族の範囲内においては経済的利己主義が排斥されるのみならず現に国家は法律の規定によって家族相互の間に一定の扶養義務を強制しているのである」[20]。

河上は「だから広く社会に対して利他的に活動しようとする者は、必ず家庭内と家庭外とに相反する二個の道徳原理がならび行われている」として家庭の関係で苦しむと自戒している。「如何にして父母を養うか如何にして妻子を養うかという問題が社会に奉仕しようと決意した人々の心を多少の程度で必ず苦しめると云うことは家庭の内外に行われている道徳上の原理がこの如く根本的に矛盾しているからである」[21]と社会主義者としての苦悩の一片を語っている。

八木は河上が「利己心と利他心とが調和できるか」という課題に葛藤していたことを取り上げて論評している[22]。河上の「利己心と利他心」論文が『社会問題研究』第６巻四四冊（一九二四年）に掲載されたもので、いまとりあげている株式会社論はその第6巻四二冊（一九二三年）でかなり近接した時期である。八木によると河上は問題を自らの「未決」問題として利己心と利他心の対立という次元で内奥に秘めていた。この懊悩から引き出した「信仰」は「徹底的の利他主義は即ち完全に利己主義と一致調和する」。利他心に徹すれば利己に執着する自分はこの世に生きていけない。しかし、利己心とみえる行為も神への奉仕で「自分の才能を磨」くことも「正しい利己」なのだ、と考えたことをのちの『自叙伝』で「宗教的経験」として表現している。この頃はまだマルクス主義への歩みの途上であったが、「経済学者の河上個人が「絶対利他主義」に立って神（労働者階級）からの預物として利己的活動を貫徹すればいい(23)」とする。河上自身も「労働者階級が自己の階級の利益のために闘うのは人類全体の利益のために闘うのである……という思想が起こるべきであり、また現に起こりつつある。階級社会においては公益の実現は必ず私益の実現を媒介とするのである(24)」と述べていて、八木は、河上は最終的には大学の講壇を捨て非合法の党活動に一兵卒として挺身したが、これを書いた当時の河上は為政者にもつかず民衆にも属さない「宙ぶらりんの中二階」からの視点であったと論評している。

筆者の興味は、河上が「利己心と利他心とが調和できるか」と思考したこと自体と「家族」「企業」のなかに「利己心と利他心とが調和」しているのを嗅ぎ付けていることにある。家族は一心同体として当然であろう。しかし、企業のなかに社会主義への移行問題を取り上げていることに興味がある。

確かに家族とは計算を拒否する利他心の世界である。河上は企業のことには触れていないが、社会主義への準備段階と見る河上には企業もまた「利己心と利他心とが調和できるか」を意識している。

例えば先に述べた米国の製鋼会社が、なぜ一見非営利的行為にみえる企業内利益信用供与のような社会主義的利他行動を行うのか。それは利他行動ではなく、その方法をとることによって利益の社外流出を防ぐという利己的行動なのである。確かに河上が嗅ぎ付けたように利己心の追求が社会的に利他心として調和していく「斯かる資本主義的組織そのものの中にやがて其のものが必然的に社会主義的組織に発展すべき条件を具えつつあることを看取する」[25]。筆者の実体験から見ても、企業においても仲間意識の強い利他心が働く世界である。そこにはアソシアシオン精神が涵養される世界が確かにある。競争企業に対抗するための熾烈な計算の世界だが、内なる仲間の職場は家族のような世界だ。そして、「人間の歴史は利己心が次第に個人的から社会的に発展する傾向を持つ」[26]と述べる経済学者としての河上肇は、マンデヴィル、アダム・スミスに至る「私悪即公益」としての経済思想は、利己心の拡大が利他的要素を包摂していくことを充分理解しているはずである。家族、仕事仲間でのコミュニティである労働組合、これらの相互信頼でできる利己主義者の協調は成立可能かもしれない。しかし、問題はこれらの組織の累積の上に位置づけられた国家が個人のすべてを吸収する組織ではないことである。確かにここに最大の問題点がある。

河上は株式会社制度というシステムが解決の糸口にならないだろうかと考えている。同じ切り口で株式会社をとりあげたのがマルクスである。もちろんマルクスも国家が家族、仕事仲間企業など利他的なコミュニティの組織の累積を吸収するものでないという究極の難問を百も承知のうえで、株式会社が未来社会の通過点となると『資本論』に書いたのである。

このマルクスの株式会社論との比較をしてみよう。

(4)　マルクスの株式会社論との比較

マルクスが未来社会の通過点として株式会社を挙げていた論理と比較検討してみる[27]。まずマルクスの所有概念を復習する。市民社会になると個々が私的に所有するのだが、社会的分業と社会的交通のもとでの市民社会の人間は、表向き私的排他的に見えても内面では共同体の一員として、個体的個人である。社会の中の一員として個体的存在であるのに私的としてしか体現できない、それは所有が関係行為を持っている。「所有とはある共同体に帰属すること」[28]で、そのなかで人間は社会的分業や協業を通じて相互に関係行為を行う。所有を活動の制御、意思決定の視点でみている。法学的な固定した考えで所有を見ていない。歴史的な過程で所有をみてみると、人間が自分の行為と生産を制御することによって資源処理に関して主体的に情報を処理し意思決定できる立場にあるかどうか。これは制御能が任されているかどうかの視点である。制御能とは所有を活動との関係で見る視点で意思決定が任されているのかどうかという考え方である[29]。

小経営の時代には、生産手段をもつ市民社会の一員としてその生産手段は社会的存在であった。この状態を個体的所有と表現する。しかし、資本主義のシステム下では河上が述べるとおり、労働者は生産手段から隔離されている。資本家に労働力を販売して剰余価値の領有権の転回も譲ってしまっている。しかし、生産手段そのものは占有して使用している。資本家と共通占有[30]している。所有の観点からする制御能はややある。河上はこの点を資本主義の胎内で社会主義を準備していると見る。しかし、河上には公有が社会主義への基準と考えている。この時代に起きたロシア革命での土地生産手段の国有化などの時代的背景を考えると止むなしとも考えるが、所有概念の認識の差異が先に述べたような奇妙な論理を読者に与えるのである。もう一度述べる。マルクスの述べる所有には法学的な意味合いはない。所有することによって所有者が満足するのは権利ではなくそれに対する制御能である。

これを「所有と労働の同一性」の観点からみると、小経営の時代には労働者（小経営主）が生産手段を私的に所有し、社会的生産手段として使用する個体的所有であった。この場合、自己の労働を制御し自由に生産物を処分していた。「所有と労働の同一性」は保たれていた。資本家制になると労働者は生産手段から分離され、「所有と労働の同一性」は解体されてしまう。その成果は生産手段を所有する資本家の私的な所有として、社会的に承認される。

しかし資本家は、一旦切り離した生産手段と労働者との関係を再度結合してしまう。この労働は真実の共同労働でない。しかし、これは社会化された共同労働として結実する芽を資本の胎内に胚胎してしまう。

そして、株式会社制になると「資本の所有と機能が分離する」。この場合の資本家の機能とは、河上の述べるとおり労働者の指揮監督労働である。この機能が資本家の複雑労働の対価として資本家に支払われ、この労働をもまた使用人＝労働者に委任して資本家は株主の一人になる。株式は資本家が持つ以外に一般の株主に配布される。この時点で資本家の機能はもはや経営労働という複雑労働になり「資本の所有と機能が分離する」が「所有と労働に分離する」ことになる。マルクスは、「株式会社では機能と資本所有とが従ってまた労働と生産手段および剰余労働の所有とが全く分離されている。資本制生産の最高の発展のこうした成果は資本が生産者達の所有――といってももはや個々別々の生産者達の私的所有としてのでなく、結合せる生産者としての彼らの所有としての直接的な社会的所有としての――に再転化するための必然的な通過点である(31)」と述べている。

この株式会社の状態では、所有形態が多数の「直接に結合した諸個人の資本」株主の共同の社会的所有になり、機能は労働者が委譲されて労働するようになった。資本家も労働者も株主にならなければ剰余価値の分け前を受けることができない。つまり、私的所有が破綻してしまっている。そして、「所有と労働の同一性」を形態上回復している。ここにマルクスが株式会社を未来社会への通過点と結論づけた。

もう一点河上の見解の問題は、擬制資本化することが資本主義の滅亡、社会主義への第一歩と述べていることに関してである。マルクスは擬制資本そのものを悪とみているわけではない。資本の集中は株式会社制度に媒介されて進展する。擬制資本というマジックスキームをもつ株式会社制度がなければ、「蓄積によって若干の個別資本が大きくなって鉄道を敷設しうるまで待たなければならなかったとすればまだ世界に鉄道はないであろう。しかるに株式会社に媒介されて忽ち鉄道の敷設を成し遂げた(32)」。だがマルクスは株式会社を「詐欺師と預言者だというかれらの愉快な混合性格(33)」とし、詐欺師を形成するものもまた擬制資本であることを認識していたのである。昨今のサブプライム恐慌はまさに擬制資本による詐欺である。「株式発行及び株式取引に関する詐欺瞞着の全制度を再生産する。これは私的所有の統制なしの私的生産である[34]」。株式会社になると私的所有が止揚されて社会的所有となる。しかし、これは形式上にすぎない。形態は確かに社会主義へ向かっているように見える。しかし、実体としては擬制資本によるサブプライム問題が示しているように詐欺であり、株式取引は私的所有のコントロールが効かなくなることを語っている。これがマルクスの述べる株式会社論のエッセンスであり結論である。

おわりに

マルクスも河上肇も株式会社が未来社会への通過点となることを示した。上田貞次郎も「株式会社が将来の社会を準備しつつあると思う[35]」と述べ、生活協同組合よりも株式会社が適していると企業家の存在意義から主張した。詐欺師のほうは現実資本と擬制資本との二重化された資本のうち、擬制資本が投機の対象となってアダム・スミスの時代からバブルを引き起こし金融恐慌に至ったことを指している。二一世紀になって巨大な世界的金融恐慌が勃発した今日擬制資本による架空の投機の資本主義は終焉させなければならない。問題は社会制御のあり方である。しかし、具体的に株式会社制度で未来社会をどのように築きあげるのか、擬制資本の制御はエネルギー、医療に絶大な力を発揮しながら常に兵器として大量殺人を引き起こす核利用の制御に良く似ている。擬制資本のシステムなしには巨大な資本形成はできない。しかしこれが今後の人類の課題である。

注

（1）　河上肇「生産手段に関する所有権の睡眠」『社会問題研究』第6巻（第四四冊）、弘文堂、一九二三年、二頁。以下河上の引用文献は現代口語体に書き換えている。

(2) 同前、二頁。
(3) 同前、五頁。
(4) 上田貞次郎『社会改造と企業』下出書店、一九二一年、六一〜六二頁。
(5) 河上「生産手段に関する所有権の睡眠」一一頁。
(6) 同前、二八頁。
(7) 上田貞次郎「社会主義と企業者の職分」『国民経済雑誌』第30巻、神戸高等商業学校、一九二一年。
(8) 同前、二四頁。バーリ＝ミーンズが『近代株式会社と私有財産』（文雅堂銀行研究社、一九五八年）で「所有と経営の分離」論を提示したのは一九三二年であり、早くも上田が一九二一年、一九二三年に河上が『資本論』に基づいて「所有と経営の分離」を述べている。バーリ＝ミーンズよりも一〇年も早かったことは認識を新たにさせられる。
(9) 河上「生産手段に関する所有権の睡眠」三四頁。
(10) 同前、二頁。
(11) 同前、一一頁。
(12) 河上肇「個人主義（資本主義）と社会主義」『社会問題研究』第四二冊、弘文堂、一九二三年、一頁。
(13) 同前、三一頁。
(14) 河上「生産手段に関する所有権の睡眠」五頁。
(15) 同前、六〜七頁。
(16) 同前、二九頁。
(17) 同前、三二〜三三頁。
(18) 同前、三四頁。
(19) 河上「個人主義（資本主義）と社会主義」三四頁。
(20) 同前、一三頁。
(21) 同前。

(22) 八木紀一郎『近代日本の社会経済学』筑摩書房、一九九九年、八三〜九二頁。
(23) 同前、八六頁。
(24) 同前。
(25) 河上「個人主義（資本主義）と社会主義」三三頁。
(26) 河上「生産手段に関する所有権の睡眠」二頁。
(27) マルクスの株式会社論については、小著『マルクスの株式会社論と未来社会』（ナカニシヤ出版、二〇〇九年）を参照されたい。
(28) マルクス『経済学批判要綱Ⅲ』高木幸二郎訳、大月書店、一九五八年、四二五頁。
(29) マルクス『資本論』第Ⅰ巻、長谷部文雄訳、青木書店、一九五四年、一一六〇頁。
(30) 八木紀一郎「所有問題と経済理論」青木昌彦編『経済的基礎』〈経済体制論第1巻〉東洋経済新報社、一九七七年、二七七〜二九一頁。なお「制御能」は吉田民人が、著書『主体性と所有構造の理論』東京大学出版会、一九九一年、三二八〜三五八頁で提示した概念である。八木はこの概念を採用し独自の所有問題として理論づけた。
(31) マルクス『資本論』第三部Ⅳ、六二一頁。
(32) マルクス『資本論』第一部Ⅰ、九七四頁。
(33) マルクス『資本論』第三部Ⅳ、六二八頁。
(34) 同前、六二三〜六二四頁。
(35) 上田「社会主義と企業者の職分」一五頁。

第8章　マルクスの未来社会論

はじめに

マルクスは未来社会の青写真を残さなかった。そして、安易に青写真を描いた人たちを空想的社会主義者だと非難してきた。マルクス＝エンゲルスは『ドイツ・イデオロギー』で、「共産主義というのは、僕等にとって創出される一つの状態、それに則って現実が正される一つの理想ではない。僕等が共産主義と呼ぶのは、実践的な現実の状態を止揚する現実的な運動だ。この運動の諸条件は、今日現存する前提から生じる[1]」と述べている。これはどのような意味か。理想を追い求めていく、その過程の運動であるということである。したがって資本主義という生産様式のなかで、現存している諸制度、諸道具が人類を苦しめ、矛盾に満ち溢れているのであれは、人類がそれらを制御していく、その過程が、その運動こそが共産主義なのだと語っている。これが筆者の理解である。

『資本論』は、「資本制的生産様式が支配的に行われる諸社会の富は一つの「厖大な商品集聚」として現象し、個々の商品はかかる富の原基形態として現象する。だから、われわれの研究は商品の分析をもって始まる[2]」。そして、貨幣の分析となり、資本の分析、剰余価値の分析と続く。読者は、この後に続く恐慌の発生も、すべてもとを正せば富の原基的形態である商品生産にあると述べていると理解する。したがって未来社会は、商品生産を意識的計画生産にし、商品生産から発生する貨幣も資本も廃棄してしまう社会だと理解する。意識的計画生産か、それとも市場的無政府的生産か。この前者の意識的計画生産目標に向かって社会主義革命を行ったのがソビエトであり、中国だった。しかし、意識的計画生産なるものは見事に失敗し、七〇年余の壮大な社会主義の実験は空しく終わってしまった。今やソビエト・中国は社会主義ではなく、資本主義の初期に通過する国家資本主義として再出発した。国家資本主義、それは日本の資本主義も官営の製鉄所の建設から始まったように国家が主導して行った資本主義だったという仮説が支配的である。(3) 筆者の見解は、取りあえず社会主義への通過点では商品生産、貨幣、資本も必要とする社会で、マルクスはこの過渡期は長期にわたると見ていたというものである。その長い過渡期を経たのちにどんな未来社会が到来するのか。マルクスは具体的には語っていないがイメージは残している。以下、本章では過渡期とその後の未来社会に分けて分析してみたい。

1 マルクスのアソシアシオン論としての未来社会

人間は猿から分化して以来、何十万年も共同生活をしてきた。ごく狭い範囲で人間は互いに助け合いながら利他的に生きざるを得なかった。このような類的に共存する人間を、マルクスは類的存在としての人間と規定した。しかし歴史は、それ以後共同体時代とは全く異なった形態で社会的分業を形成し、狭隘性を脱却して分業的共同社会を形成する。これは人類の進化でもあった。そのような市民社会では、個別の具体的人間は、私的労働の生み出す価値としてしか共同体で存在できなくなる。抽象的な共同人としての存在でしかなくなる。そのような人間を抽象的人間と呼ぶ。そこでは、類的存在を手段として資本主義という生産様式をとるに至ると、人間は自らの労働力を商品として資本家に販売するしか生きていけなくなる。その労働力商品には商品なのだから、価値がなければならないが、それを実現するためには現実に労働市場で貨幣と交換してもらわなければならない。その点では果物、野菜、織物などの商品と全く同じである。ここではすべての商品が自分を映す鏡となる。「商品Aの身体が商品Bの価値鏡（Wertspiegel）となる」(4)。マルクスは『資本論』のなかで、このように書いた箇所で脚注を読むように読者に求めている。「人間も商品と同じことである。人間は鏡をもって生まれてくるものでなく、……人間はまず、他人という鏡に自分を映してみる。人間たるペーテルは、自分と同等なものとしての人間たるパウルに連関することによって初めて、人間としての自分自身に連関する」(5)。他人を自分の力能の確証にし、自分もまた他人の自己確認の手段にしてしまう、相互に利己的な人間にならざるを得ない。それが抽象的人間である。このようにして、競争社会を生き抜く労働力商品の販売者は、取りあえず販売活動が終了するまで抽象的人間で過ごさなければならない(6)。一回かぎりの貴重な人生をこのようにして送る。これが大変みすぼらしいとマルクスは述べる。資本主義社会という社会システムでは、労働力を販売して人生を送る人はほとんどといってよいほど、抽象的人間として貴重な人生を送ってしまう。

抽象的人間に対する言葉は、具体的人間である。血も涙もある自由な人間。類的存在として共同体に結びついて貢献しながら生きる人間。実は資本主義という社会システムのなかでは、大部分の人間は抽象的人間であると同時に具体的人間である二重性を帯びた人間を市民社会以後続けていることになる。

そして、資本主義という社会システムで、この矛盾が爆発しそうになっている。人間同士が競争して敗者は犠牲になる社会。資本主義という社会システムはなるほど、よくできたシステムであることは認める。次から次へとイノベーションを続発して生活を豊かにしてくれる。生産性も飛躍的に伸びその成果である利潤も従来の社会システムに比べて格段の差異がある。しかし、大きな欠点がある。それは第一に、自然を破壊してしまって自然との共生ができず、遂にあと五〇年から二〇〇年の間に人類が滅亡する危険に侵されているという点である。一番大事にしなければならない人間が、資本の暴走の下敷きになって、「人間それ自体は極めてみすぼらしい役割を演じている」(7)。人間が資本を制御しなければならないのに逆転している。それは人間の頭脳から生まれた神が人間を支配しているのと大変よく似ている。貨幣、資本が主人公で、その下に人間がその支配の隷属下におかれる。資本の運動の結果、成果は利潤をあげることである。利潤を上げなければ企業ごと敗退してしまい、資本家も労働者もルンペンになってしまう。世界中でこの競争をする。遂にはエネルギー資源を獲得するために二度も世界大戦を勃発させてしまった、その結果、人間が大量殺戮の被害を受けて死滅していく。二一世紀に入ってもまだ続いている。これについても人類はほとんどなぜこのようになるのかを気付いていていない。

マルクスは、資本主義という社会システムは必然的に終焉を迎えると分析した。しかし、貨幣、資本が主人公でその下に人間がその支配のままになっているからといって、貨幣、資本を廃絶してしまえば新しい社会システムができ上がると考えてよいのだろうか。筆者はそうではなく、貨幣、資本も同時に必要であり、廃棄するのではなく、人間がこれらを利用しながら制御する主人公にならなければならないと考えている。取りあえず未来社会への通過点の段階での人間のありようである。そして最終段階では、マルクスのいう「自由人の連合アソシアシオン」の世界を迎える。マルクスはそのイメージらしきものは、『資本論』でも他の論文でも示しているが、これは後段に譲ろう。

(1) 未来社会への通過点の社会システム

マルクスは、未来社会の通過点として株式会社や協同組合の制度システムを利用することを考えていた(8)。通過点の段階で完成しておきたいのは、「労働力の商品化」を廃止して賃労働者がこの世の中からなくなることである。前段で述べたように、労働者が労働力を資本家に売って自らは自由人でなく賃金奴隷として、一番大切にしなければならない人間の人生を抽象的人間として過ごしてしまうことである。

マルクスは社会と人間、自然のなかで個という人間のあり方が歴史の発展の所産であるとみる。このような共同体と結びついた個人を社会的個体とマルクスは表現する。(9) この社会的個体が自然を客体として関係行為をし、わがものとして獲得する労働を行う。この反復再生産行為の成果を相互に承認しあい、それが所有となって、社会的な分業、協業の体系にくみこまれるのである。こうして社会的個体としての人間がいずれかの類体に帰属する。ここで個と類の人類史的矛盾が発生するのである。いつから特に顕著に発生するか、それは近代市民社会以後である。ところが市民社会は、個はエゴイズムの固まりで、人間が他の人間を手段としかみないバラバラの社会なのである。ここで個と類の分裂が決定的になった。

マルクスが若き日に、「ユダヤ人問題によせて」で論述した記述。「現実の個体的な人間が、抽象的な公民を自分のなかに取り戻し、個体的な人間としてのその経験的な生活において、その個体的労働において、その個体的な関係において、類的存在となったときはじめて、つまり人間が「固有の力」を社会的な力として認識し組織し、そのために社会的な力をもはや政治的な力のかたちで自分から切りはなされなくなるときはじめて、ようやく人間的解放は完成されるのである(10)」。

類的存在となったとき初めて人間的解放は完成される。類的存在とはどういうことなのか。それは、人間が他人と共存して自然を対象に自然と共存しながら、他人を手段とせず、利己的にバラバラに生きることのない存在であることである。人間が類的存在でなく抽象的なかたちで、歪んだ、また転倒した形でしか人間労働を発現できない状態から、いかにして抽象的人間でない人間として解放するか、がマルクスのアソシアシオン構想の原点であった。『資本論』でいわれる「共同の生産手段をもって労働し、その多くの個体的な諸労働力を自覚的に一つの社会的労働力として支出するような、自由人の一連合」という類個統合態を、マルクスはどのように「固有の力」にしようとしたのであろうか。このキーを解く一つの解は、前出の「社会的個体」(Gesellschaftlichen Individuums) なるものをどのように考えていたかの検討において見いだされると思われる。

この「社会的個体」なる概念は、『経済学批判要綱』に出てくる概念である。大工業が発展すると、労働者の直接的な労働での労働時間に依存せず、技術、科学の生産の応用に依存するようになる。「このような交換(生きた労働と対象化された労働との)においては生産過程の主要因は、人間自身が遂行する直接的労働でもなければ、彼が労働する時間でもなくて、彼自身の一般的生産力の領有、自然に対する彼の理解、そして社会体としての彼の定在を通じての自然の支配……一言でいえば「社会的個体の発展」であってこれが生産と富との支柱として現れるのである(11)」。単純な労働――これは生きた労働である――が科学的な過程での労働に転化したときに、無力化してしまう。そして、「この転化は固定資本の属性として生きた労働に対立して現れる(12)」。個体的な人間労働は生きた姿で表現できず、逆に科学的過程は自然の威力を服従させ労働の社会化＝共同労働となり、この共同的労働の姿でのみ生産的であるように見える。このような社会的共同的労働が大工業での科学的労働の直接の担い手なのである。ここでは直接的労働が社会的労働になった。人間的な直接の労働が、その労働時間が、生産力を領有して自然の支配するわけではない。このような発展を社会的個体の発展と考え、これが生産と富の支柱となると考えた。つまり、資本の制約下で協業が成立し、共同的な労働になる。参加する個々の労働者の労働は、社会的共同的労働では成果を特定できない。その意味で「止揚された個体的労働」なのである。この社会的個体は自己目的として己を止揚して、自ら実現しようと運動をはじめる。「直接的形態での労働が富の偉大な源泉であることをやめてしまえば、労働時間は富の尺度であることを止め、また止めざるを得ないのであって、したがってまた交換価値は使用価値の尺度であることを止め、また止めざるを得ないのである(13)」。資本としての運動が自己限界に衝突するとき、支配原理であった価値法則が崩壊する。このときに直接的物質生産過程を特殊歴史的な疎外形態から開放して、これを透明な姿で「多くの個体的な諸労働力を自覚的に一つの社会的労働力として支出するような、自由人の一連合」「自由に連合化した諸個人」とする、社会的個体は人類史を画する歴史社会的な概念なのである[14]。

つまり社会的個体は、個体的労働がたとえ資本の包摂のもとにおかれても、分業と協業のうちに個体的労働の結合が、社会的な力を生んで巨大な力に変化すること、また科学的な発明、能率向上のノウハウが生まれ、個体的労働が社会化されていくことを示すのである。「個々人の労働はその直接的定在において、止揚された個別的労働として、すなわち社会的労働として措定されている[15]」。マルクスが労働の社会化の側面を重視していたことは重大な側面を含んでいる。

大工業のもとでは、個々の労働者が、これは自分のつくったもの、それは君のつくったものとして区別できない。個人の生産物というより、集団的社会的労働が編成されてその総労働が価値を形成していく。個々人の個別的労働が社会的労働に転化しているから、個別的労働の成果を交換する価値法則が段々作用しなくなる、個別的労働が社会的労働に止揚されて、ここに科学と技術の進歩が生産への応用に依存されることによって、人間が直接行う直接労働や労働時間が主要因でなくなるのである。個々人の労働でなく、社会的な個人としての労働という傾向が強くなったときに、価値法則が次第に作用しなくなり生産諸力の増大が、個々人の労働による価値区分を意味のないものにしてしまう。そのときに、資本の生産様式は次第に崩壊する。なぜ崩壊するのか。「資本はそれ自体過程的矛盾である。［というのは］資本は労働時間を最低限に縮減するのを妨げるとともに、他方では資本は労働時間を富の唯一の尺度と源泉として措定するからである[16]」。生産に要する労働がゼロになると、労働時間は価値尺度機能を果たせず資本主義の原理が崩壊する。これは理論上のことである。労働時間の削減は資本家の成果として剰余労働時間として、これを獲得しようとする。他方、機械の採用による生産性の向上は必要労働時間を削減する。これは賃金の下落と失業者を増大する。生産された商品価値は実現されなくなる。このようにして、実際上も資本主義は転覆するに至る、とマルクスは観ていた。

この傾向を、資本家は「全く意図しないで」「その意に反して」推進してしまうのである。科学技術の応用と、労働者の集合力、協業、止揚された結果の社会的労働は膨大な富を形成するが、ただこの成果は生産手段の所有者の所有となる。効率上昇による時間の短縮は剰余価値をもたらし、機械等、固定資本の発展は富の発展をあらわす。生産力は増大するが労働者の労働時間は短縮されないで長期化する。労働者は富まない。個別的労働から社会的労働に止揚された結果は共同労働になる。科学技術的労働の直接の担い手はこうした止揚された社会的共同的労働なのだが、これが進めば進むほど、労働の個体的自立的性格が無力化し萎縮してくる、とマルクスは述べる。

「生産過程の単純な労働過程から科学的過程への転化。この科学過程は、諸種の自然威力を服従させ自己に奉仕させ、それらの威力を人間の諸種の欲望に奉仕するようにさせるのであるが、この転化は固定資本の属性として、生きた労働に対立して現れる。つまり、そのものとしての個別的労働が一般に生産的なものとして現れなくなるのであり、それはむしろ、諸自然威力を自己に服従させる共同労働の姿でのみ生産的であるようになる。

この直接的労働の社会的労働への高揚は、資本によって代表され集積される共同性にたいする、個別的労働の無力性への萎縮として現れる(17)」。

社会的労働のもつ生産力がつくりだす成果は労働者のものでなく、資本のものである。資本家は個々の労働者と契約を交わしたのであって、社会的労働者と契約したのではない。このことで生み出された成功は、過剰生産に苦しみ逆に矛盾が増大する。

ここにマルクスは生産諸力と生産関係との矛盾を見る。そして社会的個体の発展が未来社会への〝固有の力〟にならなければならないと考えた。

そして、大工業になるには大きな資本を必要とする。巨大な機械など生産手段と多くの労働者群とが必要になってくる。

(2)　株式会社、協同組合がなぜ未来社会への通過点となるのか

では株式会社や協同組合の制度システムは、なぜ「自由人の連合アソシアシオン」をつくる素地を持っているのか。株式会社や協同組合は一つの社会的な制度、道具である。資本主義的生産様式に入ると資本家はいかにして生産性を上げ効率よく資本を回転させるかを考える。

資本は、本来的にモノとして捉えるべきでなく社会的な関係である。抽象的人間労働が対象化されて、貨幣がG→W→G'として運動するものとして資本に転化されるのである。さらに二重の意味で自由な労働者と生産手段とを結合させなければ資本は運動できない。労働者と生産手段が社会的に分離されているもとでは、それらを支配して結合させるものは社会的関係たらざるを得ない。その意味でも社会的な宿命を帯びたものであるにもかかわらず、資本は反社会的な関係にある。だから擬制化することによって社会化する。これが株式会社である。個別資本が競争の果てに、必要資本を金融資本に求め、また株式資本に求める。ところが、この株式会社制度は、資本主義が発達した結果必然的に発展したものではなかった。株式会社は一五世紀以前から前期的資本として、冒険商人による航海から発生した。冒険商人は出資者を募った。出資金の預け証が転売されて株式となった。発生の動機からして単発的なゲゼルシャフトであった。資本制生産様式は、この株式会社を主役の座につけた。株式会社の形成によって、個別資本では不可能な膨大な企業規模の拡大を可能にする。

本来資本は社会的であるにもかかわらず個体的で、共同所有の根源的本質を持ちながら、私的所有の形態を取らざ

るを得なかった。しかし、株式会社は資本主義の限界内で、この私的所有としての資本を止揚する。止揚するのは形態だけで矛盾を内包している。したがって、最高に完成された物象化であり疎外体である。株式会社では、機能が資本所有から分離されて、資本所有者が単なる貨幣資本家に転化し、現実に機能する資本家、機能資本家が他人の資本の管理人となり、その機能も労働者に委譲するに至るのである。委譲を受けた労働者は機能資本家として指揮管理労働を行う。しかし、資本の社会化の進展は、疎外を内包したままの社会化であり、競争→資本の吸収→独占→金融支配→国家と癒着→帝国主義へと疎外の拡大へと進展してしまう。マルクスは資本独占を見通しながらも、資本制の胎内で未来社会の形態を株式会社にみるのである。

資本とは、所有する貨幣が、姿態変換して商品、生産手段となって、価値を増殖させる運動または機能のことであり、「資本を所有する」ということ、資本を排他的に支配すること、物理的に所有することは、本来ありえないことである。ところが、自己増殖する運動体そのものを、独立の証券に化体して所有することは可能である。これが株式所有である。これには当然一つのパラドックスがある。現実の資本はそれぞれ商品や、生産手段として運動している。他方、この現実資本とは独立に株主が払い込みと引き換えに入手した証券は、剰余価値の請求所有名義としてG→A(Aktie)→Gとしてそれ自身客体化された所有権の客体となる。

貨幣資本家からの、借入れのように、返済を求められず現実資本から引き上げる必要もない。

株式所有は現実資本の一部分を直接所有するのでなく、配当を平均利子率で資本還元した擬制資本としての商品所有なのである。「資本を所有」することがこのような形態で行われる。責任は引受け価額を限度とする「有限責任で、転売可能であり」、投機的利益がえられ、同時に、投下された資本は現実の循環運動を継続し剰余価値の請求権として配当をうける。その配当は利子化していく。その意味では利子生み資本の形態であるが、現実資本の支配性をもち株主としての株数に応じた按分比例をうけた支配権を持つ。このように特異な性格をもつものは何からうまれたか、それは資本の所有と機能が株式会社において分離しているからである。まさにこの擬制資本のマジックスキームが資本主義の巨大な発展に力を貸す結果になる。

(3)　マルクスの所有と機能の分離論

マルクスは、株式会社の形成で「所有と機能が分離する」ことが必然的に起こると述べる。そして、このような資本主義的生産の最高の発展が未来社会への通過点となる。このポイントになるのが「所有と機能が分離する」ことだと述べる。「株式会社においては、機能が資本所有から分離され、したがって労働も、生産手段および剰余労働の所有からすっかり分離されている。資本制生産の最高の発展のこうした成果は、資本が生産者達の所有——といっても、もはや、個々別々の生産者達の私的所有としてのではなく、結合（連合）せる生産者としての彼らの所有としての、と直接的な社会的所有としての——に再転化するための必然的な通過点である(18)」。マルクスは、この「所有と機能が分離する」ことを利潤の利子と企業者利得への分裂から解き明かす。

マルクスは、この議論をはじめる前にその根拠を、利子生み資本での利子と企業者利得との利潤の分割が量から質的分割に転化することに求める。「純利潤と利子とへの……量的な分割が質的分割に転変するということはどうして生ずるか？　換言すれば、自己資本だけを充用して借り受資本を充用しない資本家も自分の総利潤の一部分を利子という特殊範疇に入れ、またかかるものとして特殊的に計算するということが、どうして生ずるのか？(19)」「同一資本によって生み出される利潤に対する……あい異なる権利名義をもつ二人のあい異なる人物間での総利潤の単に量的な分割が、質的な分割に転変する。一方の利潤部分は、対立的な一規定における資本に絶対的に帰属する果実として・利子として・現象し、他方の部分は、対立的な一規定における資本の独自的果実として・つまり企業者利得として・現象する(20)」。この場合、「能動的資本家によって充用される資本が借り受け資本であるか否か、または、貨幣資本家に属する資本か彼自身によって充用されるか否か、を問わない」ばかりか、「資本の充用者は、自己資本をもつて作業しても、二つの人格に単なる資本所有者と資本充用者とに……分裂する。彼の資本そのものは、そのもたらす利潤範疇にかんして、即自的に利子をもたらす資本所有、生産過程外の資本と、過程的資本として企業者利得をもたらす生産過程内の資本とに分裂する」(21)。つまり、「資本の所有と機能の分離」は同一人物のうち資本の所有者としての人格と、資本の充用者としての人格を二重に持つということであり、このことで同一人物が人格化された「所有としての資本」=貨幣資本家と、人格化された「機能としての資本」=機能資本家という二つの人格を担うことになる。それでは、人格化とはなにか。これは一般的にもちいられる「人柄」ではなく、事物と対比した経済関係の担い手であり社会的な役割を意味する。こうして「所有と機能が分離する」状態では、資本家の頭のなかでは、指揮監督労働という複雑労働の対価としての企業者利得は賃金として現象する。もはや「この指揮指導という労働が資本家によって行われることは無用となった。……生産の機能者としての資本家は余計なものとなった」(22)。かくして「資本の機能の担当者」であるが故に、「経営者」としての人格が確立された。これがどのような錯覚、「取り違え」を生むかは次項で詳論するのでここでは割愛して、「資本の所有と機能の分離」した結果、株式会社になると、どのように所有関係が変化するか。その結果、生産関係としての視点からみてどうか。制御能の観点からみて、意思決定も自由か疎外されているか。そして、類的存在が発揮されていると確認できるか。「資本の機能の担当者」が「経営者」の範疇に変わったあとにどのように変化するのか。そして、何よりもまずマルクスが、株式会社が未来社会への通過点になるポイントとは、「資本の所有と機能の分離」している点であると述べるのなら、最終的に資本充用者が消えてしまって、資本機能者、「経営者」が支配するとどのようになるのかを見てみたい。

マルクスは資本家の無用を唱え、そして、この指揮監督労働を経営者、経営労働者に委ねる。「この監督労働はたいしたことでもないので、主人は、充分な資力ができれば、この骨おりの「名誉」を管理人に委ねるのである」(23)。この指揮監督の労働は二重性をもつ。「あらゆる結合された社会的労働の本性から生ずる特殊的機能」、つまり未来社会を含めて超歴史的存在としての一般的機能と、他方「生産手段の所有者と単なる労働力の所有者との対立から生ずる特殊的機能(24)」、つまり支配抑圧機能としての歴史的な性格である。マルクスの監督労働の評価は、時代的な制約もあるのか非常に低い。機械がうまく作動するか監督し、奴隷管理の要領で労働者を監督すれば、機械が剰余価値を生んでくれるとでも思っている。しかし、マルクスが『経済学批判要綱』で述べたように、資本制で起こる労働と所有の結合、ひらたく言えば労働者に生産手段を結合させて、労働者と労働者とのコミュニケーション、労働者と経営担当労働者＝経営者とのコミュニケーションとが始まり機械制大工業になると、資本家が意図せざることが起こる。社会的個体が発達して、ここに労働者も経営者も自ら意欲的に労働そのものの自己増殖を起こしてしまう。労働者による発明、発見、そして、かのトヨタシステムなる労働過程の改善が労働者の手で、経営者と労働者とのアソシアシオンができた結果生まれてしまうのである。

株式会社になると、所有の支配↓生産関係視点では資本制の中で私的資本を止揚している。所有そのものは株主の社会的所有となっている。労働者はこの生産手段と生産諸条件を経営労働者としても占有している。その意味で共通占有である。資本家の私的所有が止揚されて、実質的に社会的所有となる。なるほどこの場合この「社会的」は資本の都合ではある。機械制大工業になると労働者は機械の管理労働、科学技術の発明、発見を担う労働の自己増殖となり労働者の能力は発揮される。それはなぜか。現象形態としてはこういうことになる。所有の活動面での制御能が発揮できて、自発的に意思決定ができて、疎外感よりもむしろ、支配抑圧機能をもって労働者を搾取したことになる。しかし、搾取をされているとは感覚的に感じない。誰にされているのかといえば、機能資本家としての経営者であって同じ仲間である。支配される労働者もやがて経営者の仲間に入る。そして、顧客にも満足してもらい、養っている家族も満足し、類的存在としの確証を十分持てる。

資本と経営の分離で貨幣資本家と機能資本家に別れ、労働者が機能資本家の代位となる。所有としての資本家は、株式会社においては貨幣資本が擬制資本化されて、企業の単なる所有名義の所有者として株式所有者となり、現実資本から完全に遊離した人格に成ってしまう。かくして資本家は不要となり、私的所有は複数の株主による社会的所有となり、生産手段は労働者と共通占有となり、経営者は労働者に委ねられる。委ねられた労働者、そのなかで経営者となった労働者は、搾取感も被搾取感もない。自由な制御能を能力いっぱい発揮できる世界である。これは事実としての現象形態である。

マルクスは株式会社の形態で、初めて所有という形態を脱ぎすてると考えた。私的所有の破綻を述べるのである。いわゆる「私的所有としての資本の止揚である」[25]。株式会社においては、所有は社会的所有の形態を取っている。私的な資本でなく、「直接に結合した諸個人の資本」の形態をとっている。しかしまだ「自由人の連合」ではなく、のちに述べるとおり、資本の循環で生じる遊休資本が銀行に集中され一つの社会的機能に転化され、いわば資本家階級全体に潜勢的に属するものとしての「結合した諸個人の資本」なのである。かかるものとして「私的所有としての資本の止揚」であり、矛盾が本質的に止揚されているわけではないので、種々の現象形態と本質との問題を孕んでいる。

例えば先の配当がそうである。株式会社になる前の貨幣資本家は、機能資本家とのあいだで利子として源泉を問わずうけとっていたものが、配当は剰余価値の一部の請求権として、本質は「他人の剰余価値の単なる取得」であるにもかかわらず、利子の形態で資本所有の報酬としてうけとる。機能資本家＝経営者にあっては指揮労働の報酬だ、労働者としての賃金だとの物象は、もはや物象ではなくあらわになる。「株式企業が発展するにつれて、企業者利得を管理費と混同するための最後の口実も足元から奪いさられて、利潤は実際にも、理論的に否定できなかったものとして、単なる剰余価値、それに対して何らの等価も支払われていない価値、実現された不払い労働、として現象した」[26]。つまり、もはや経営者の俸給は「特定種類の熟練労働の単なる労賃として」支払われ、この利潤の分け前ではなくなるからである。したがって配当の対象は、経営者を含めて、「経営者から最下級の賃労働者に至るまでのすべての現実の生産者（＝労働者）」の「他人の剰余労働のむき出しの取得」として現れるのである。

マルクスが『資本論』第二十三章で否定的に意義づけしてきた「監督賃金と企業者利得の混同」。この物象化問題は、株式会社に至って所有と機能の完全分離によって、今度は積極的な意義づけに転化するのである。

株式会社は、信用という「上部構造」が前提として創造される。その前に資本が資本家的生産＝蓄積過程において信用という上部構造をつくる。この信用の媒介的役割を前提として株式会社は、資本の要請する資本集中を成就する。ここに社会的資本概念ができ上がる。他方では銀行には社会的総貨幣資本が集中される。このことで銀行による資本家的共同世界ができ上がるのである。株式会社はこのような全資本家的金融システムの総体の上で、これを前提としてでき上がる。つまり、私的所有であるのに、括弧付きの「社会的」所有、真に直接的でない非直接的な社会的所有を基礎にしているのである。確かに矛盾している。矛盾を持ったものであるが故に、括弧つきの社会的であるが故に、また「社会の所有であって自己の所有でない」が故に、例えば「投機的卸売業者が儲け」「膨大極まる規模での収奪」(27)をもたらすのである。がしかし、この未来社会への形態が潜在的につくられているということ。剰余価値の秘密が株式会社の形成による所有と機能の分離で物象が「形態上」透明になって、資本のシステムを自ら否定していること。否定された結果、所有と労働は再び同一性をもつに至る準備の形態を秘めているということ。前回の「否定の否定」の結果の「再建」と同類項で結ばれること。さらに私的資本が社会的資本に転化する形態を備えているということ。そこでは労働者は疎外形態においても、「社会的労働者」として従事し、資本が結合する真のアソシアシオンではないが、自由な真に直接的な社会的所有のアソシアシオンへ転化できる形態をとっていると、マルクスは見ていた。

このように物象化が顕在化されて、資本制生産様式そのものの内部での資本制生産様式の止揚が「自己自身を止揚する矛盾であり、この矛盾は、一見あきらかに新たな一生産様式への単なる通過点」とマルクスは考えたのである。いわば所有と労働の弁証法的矛盾をもつ資本を形態上、止揚できると考えたに相違ない。ここに通過点論の本質的意義があるのである。

所有を支配だけで見ないで、活動視点でみると、労働者はすでに、一部ではあるが制御能を発揮し、経営まで担当している。資本が束ねたアソシアシオンであるが、すでに協業の形で築きあげられている。労働者たちは社会的個体として、労働が自己増殖するように自ら意欲的に労働する。所有そのものは連合した社会的個体による所有であると同時に、共同体の個人としての個体的所有である。社会的所有であり且つ個体的所有であって、双方に対立項のない透明な関係行為である。小経営の場合には、私的で且つ個体的であった「私的所有を再建する」ような回帰ではなく、弁証法的に止揚した再建である。そうしてみるとすでに資本制のなかで潜在的にできあがっていたものが顕在化することなのである。所有の活動視点のうち疎外の状況でみると制御能は自立化している。被搾取視点では疎外感はぬぐえないが、労働者が機能資本家となる。補充された労働者による資本家が労働者の味方になるわけではないが、搾取関係が変容していく傾向にある。類的存在としての疎外感も歪んだままそれなりに緩和される。これら所有の活動視点は観念的にならざるを得ないが、株式会社の形態そのものが、アソシアシオンでの生産関係への可能性をもつ、未来社会への通過点とマルクスは見たのである。資本制的所有から社会的生産経営への転化は短く、さほど困難ではない。「とんぼがえり」可能とマルクスは考えた。株式会社が未来社会への通過点としたのはかかる経緯によるものであったと考える。前に見たように、資本制の胎内で資本、労働の両面で社会化が進展し未来社会への準備が形成されていく、その鍵としての役割を株式会社が果たすと考えた。

2　協同組合も通過点の重要な制度となる

マルクスは次のように述べている。「労働者たち自身の協同組合工場は、旧来の形態の内部では、旧来の形態の最初の突破である。といってもそれはもちろん、つねに、その現実的組織においては、既存制度のあらゆる欠陥を再生産し、また再生産せざるをえないのであるが。だが資本と労働との対立はその工場の内部では止揚されている。……たとえ最初には、組合としての労働者たちは彼等自身の資本家だという、すなわち、生産手段を彼等自身の労働の価値増殖に使用するという形態でに過ぎないとはいえ。かかる工場は、物質的生産諸力・およびこれに照応する社会的生産諸形態・の特定の発展段階では、如何にして自然的に、一生産様式から新たな一生産様式が発展してでき上がるかを示す。また当該生産様式から発生する信用制度がなくても発展しえなかったであろう。信用制度は、資本制的個人企業が資本制的株式会社に暫時的に転形するための主要基礎をなすのと同様に、多かれ少なかれ国民的な規模での株式企業の暫時的拡張の手段を提供する。資本制的株式企業は協同組合工場と同様に、資本制的生産様式から組合的生産様式への過渡形態と看做されるべきであって、ただ対立が前者では消極的に止揚され、後者では積極的に止揚されているだけである(28)」。

マルクスは、株式会社は消極的に生産関係が止揚され、協同組合は積極的に止揚されていると述べている。株式会社は労働者も株を保有することによって、生産手段の共同保有ができるし、剰余価値の分配を受けることができる。機能資本家の地位に労働者がつくことができるが、あくまでも形態上のことであって、実態としては、株主は金融機関など出資者が握っている。労働者の持分では株主総会での議決権がほとんどない。ただ未来社会でこれらの消極面が革命的に改善できれば可能性があるということである。

他方、協同組合は出資者の地位はほとんど平等であり、生産手段の保有、剰余価値の配分も平等であるが、運営資金としての調達資本は少数の株主からの調達では賄いきれず、金融機関からの借入れによるしか方法はない。株式会社のように擬制資本のマジックスキームすなわち、現実資本たる機械、商品在庫、労働者の雇用資本は生産手段として運営されていくが、株主の出資分は他の株主を求めて証券会社が売却を仲介して、この資本は返済しなくてもよい資本となる。これが擬制資本のマジックスキームである。この資本の調達は協同組合とは格段の差となる。未来社会でもこの差は出てくる。ここが株式会社と協同組合との差となる。

以上が、マルクスが画いた株式会社制度による未来社会の論理的構想だった。この構想のもとに、現実に実験した事例が、二一世紀の今日、中国で行われている。この実験について述べる。

3 中国における自主連合アソシアシオンの実験

中国では、一九四九年に毛沢東が社会主義革命を成功させ、中華人民共和国の成立を宣言して、マルクス主義による社会主義国家を樹立して、毛沢東による共産党独裁の政治社会体制が確立した。革命直後の土地改革、農業の集団化と農工の人民公社化、毛沢東グループの四人組による文化大革命期の個人経営へのゆり戻し、鄧小平による個人企業と資本主義化への逆転を経て、現在は国家資本主義として、資本主義発生期には日本でも明治期に見られたように、国家が資本を企業に注入する原始的蓄積期を経て中国の建て直しに成功し、今や中国は世界の工場として世界市場の基軸国の存在になりつつある。われわれは国家資本主義から資本主義国に離陸しつつある国として評価する。しかし、中国の国家紙幣には毛沢東の肖像が今も描かれ、国家の設立者として尊厳されている。共産党は独裁政権を担当し、国家主席は国民による選挙によって選出されずに決定されるという政治システムを維持している、異質の社会主義国である。

では国民はそれで満足しているのか、確かに資本主義の初期段階では、国家による上からの資本注入による資本主義が成功した。しかし、真の社会主義国に転換するにはまだまだ民主主義を植えつけることによる思想転換が必要である。しかし、中国における資本主義の成功はアメリカを脅かしつつある。アメリカと中国との関係でみると、中国がアメリカの国債を購入することによってアメリカ経済が成り立つ関係に変化して、貿易関係においても、アメリカは中国から入超を続けている。

資本主義におけるリーダーシップを持ちながら、自らは社会主義国の体裁を取り続けて、未来社会では真の社会主義国たらんとする珍妙な国。これが今の中国である。

これから紹介するのは、中国のマルクス経済学者である李炳炎の「中国における自主連合労働経済制度の実験」と称する論文である。これには続けて「南海発動機部品会社」での実験記録があり、これが興味深い[29]。巻頭に「人間を中心とする、人間の全面発達というマルクスの理論はマルクス主義の基本原理において重要な部分である[30]」と李炳炎の基本方針が記され、資本主義を超えるシステムとしての自主連合労働経済制度を、「我々の経済改革は、伝統的な計画経済体制を現代の市場経済体制に変えるばかりではなく、本当の社会主義公有制の経済制度……「自主連合労働の経済制度」を建設し、伝統的な国家資本による労働雇用の経済制度を労働が資本を雇用する経済制度に変える改革である[31]」といい、そしてマルクスの『剰余価値学説史』から以下を引用している。「労働者は、もし彼等が支配しているとすれば、……もしも、彼らが自分自身のために生産することが許されているとすれば、たいした苦労もなしに、資本を、彼らの欲求の水準まで増大させるであろう。……これらの生産手段が彼らを働かせるのか、それとも彼らが主体として自分自身の富を生産するために生産手段を能動的に使用するのか、どちらであるのかということ、このことは非常に大きな相違である[32]」。このことは自主連合労働の経済制度の生産関係においては、国家が事実上の所有者であり生産手段公有だが、労働者は労働能力の所有者であるから自分の意思で労働力を支配し、自主連合労働企業の全体所有権は企業の労働者全体にあることを示している。企業は平均利潤率を支払い、必要な国家資本の使用権を獲得する。企業の労働者は平等で、企業の主人公となり協力して生産する。労働者は企業の意思決定に参加できる。生産物の分配は労働者を中心として行い、所得分配の原則は、①政府に税金を納める。②国有資産の使用利率に基づいて利子を納める。③借入金の利子を納める。④市場信用資本と従業員から集めた信用資本に配当金を支払う。⑤以上の費用を全部差し引いたのち、企業所得剰余は企業労働所得となり、政府に労働所得税をと企業福祉基金を納め、個々の労働量に応じて労働者に労働所得を分配する、の五つである。これが自主連合労働の経済制度システムである。最も強調しているのは、労働が資本を雇用するという前述のマルクスの規定に従っていることである。労働者の退出、他企業への移動は自由である。「労働者が連合して企業になる」。ここには、アソシアシオンの思想が体現されている。しかし、同氏は問題点も指摘している。現在中国では国有資産が低価格で売却されていて、コネと贈賄が横行しつつある腐敗体質があり、少数の成金階層と労働者は貧困に喘いでいるという現実があることを吐露している。これには自由に発表できる民主主義が形成されつつあるとも思えるが、真の社会主義へはまだまだ遠い道であることも伺える。

続いて、「南洋発動機部品会社」での実験記録が興味を引く。李炳炎は、一九九九年以後南京市にある中型国有企業「南海発動機部品会社」の改革実践を調査・研究してきた。この企業では、「労働者が自治し期限付きの株式を買いきる」という改革モデルで、国有企業の改革方式の実験がなされた。同氏は、中国の国有資産が低価格で売却されていることを社会主義への巻き返しに対する危機と認識していて、これを食い止めたいと考えている。もう一つの重要な点は、企業改革において労働者が主人公として民主主義を発揮して、彼らの創造性や積極性をどれだけ発揮できるかの実験である。これが理想的な自主連合労働経済制度として、将来中国で株式会社制度が全面的に豊かなシステムになりうるかという実験でもある。

この株式会社システムの根本思想は、マルクスの言う個人所有制を再建し、社会主義での剰余価値の労働者による取得、自主的労働という理論に合致させようと考え、同氏は「この改革形態の本質は労働者が株式をもつ従業員個人所有制の再建であると考えている」[33]。

そのために、①西側の所有理論は受け入れず中国特有のマルクス理論を採用したこと、中国の最近の風潮である私有化に反対し公有制に基づく新しい実現形態をもつこと。②企業改革として古い基準を突破して新しい道を目指すことである。同氏の一九九九年からの改革研究によれば、この「南海発動機部品会社」はマーケットの拡大を見込んで三つの工場を選んで「南京金嘉オートバイ空気弁株式会社」「南京馳野内燃機関部品株式会社」「南京埃頓内燃機関部品株式会社」の三社に分離して、特長を以下の五点に示している。①現実から出発して中国の国情や会社や人々の状況に適応する。②人間を中心として労働者の自治を充分に貫き労働者の属する工場は労働者の自治で改革するので従業員全体が参加するし困難も全員で克服する習慣ができたこと。③労働の連合アソシアシオンが資本の連合と結合したので、労働は資本を支配し制御できる新しい経済制度が生まれ、連合労働を基礎とした従業員個人所有制の目標を実現させたこと。④国有資産を有効に保護でき、企業改革による公有資産の流出をうまく阻止できたモデルとなったこと。⑤国有企業改革のなかで、従来中国で問題となっている国有企業買収によって元の企業の生産要素を破壊されてしまう問題を解決できたこと、と論述している。この内容で理解できるのは、中国の資本主義化はなりふり構わず強引になされていて、李炳炎のように社会主義を目指すマルクス主義の方向には向かっていないということである。同氏のようなマルクス経済学者のウエイトも低いものだろうが、この氏のような思考が広がり、真の社会主義の方向に向かうと、今中国で起こっている成金、政治腐敗、共産党独裁による非民主主義的腐敗、コネが効く世界、貧困層の拡大によるデモなどの危機といった資本主義特有の堕落が起こる可能性を阻止できないだろうか。仮に中国がさらに発展して資本主義の悪い面を改革して、毛沢東が初期に想起した社会主義の精神に復帰したときには、中国の世界的地位が高いだけにいっきに世界は社会主義へと進化していく可能性を秘めているというのが筆者の感想である。今EUも南米もアフリカも中国の影響力をもっているヴェトナム・中央アジアも中国のリーダーシップを期待しているだけに、新しい思想をもった社会主義化への可能性を持っている。現代中国の研究家大西広は、中国の資本主義は抜け目のない企業家群に支えられて高成長に対応した市場経済を遂行していると指摘し、例えば、中国での現代農業は日本のように青森は常にリンゴをつくる農家ではなく、売れ筋が市場でどのように変化しいくかを検討して、例えばリンゴはやめて他の農作物に向かうというように、企業家精神で売れ筋を見つけて転換する。このようなことが現代中国で起こっている成長の源と述べている。また政治制度では巷間言われている共産党独占の腐敗体質も確かにあるが、共産党はいまだに国家運営に欠くべからざる存在で、党員が身銭を切って人民に奉仕するという毛思想が生き残っているなどと評価している(34)。中国の資本主義の成功とこれからの社会主義への離陸の準備の成功に期待したい。

4　マルクスの考える通過点後の未来社会

先に未来社会論を通過点の段階と、通過点後の段階に分けて論述すると述べた。たしかにマルクスは『資本論』でも「共同の生産手段をもって労働してその多くの個人的労働力を自覚的に一つの社会的労働力として支出するような、自由人たちの一団体を考えてみよう。……それは個人的にではなく社会的に、である。……この団体の総生産物は一つの社会的な生産物である。この生産物一部はふたたび生産手段として役立つ。その部分は依然として社会的なものである。……ところが他の一部分は、団体成員たちにより生活手段として消耗される。だからそれは彼らの間で分配されねばならぬ。この分配の様式は、社会的な生産有機体そのものの特殊的種類、およびこれに照応する生産者たちの歴史的発展度につれて、変動するであろう。……各生産者の生活手段の分け前は彼の労働時間によって規定されているものと前提しよう。そうすると労働時間は、一つの二重的役割を演ずることとなる。それの社会的に計画的な配分は、相異なる諸欲望に対する相異なる労働諸機能の正しい比率を規制する。他方において、労働時間は同時に、共同労働についての生産者の個人的分担の、したがってまた総生産物のうち個人的に消耗される部分についての生産者の個人的分け前の尺度として役立つ。人々の、彼らの諸労働および彼らの労働諸生産物にたいする社会的諸連関は、この場合では、生産においても分配においても、依然としてすき透るように簡単である[35]」、と述べている。

ここではマルクスは通過点後の未来社会を想定しているようにも思えるが、分配の分け前は貨幣を通じてか、商品生産が市場はあるのかなどが判然としていない。しかし、剰余価値があり剰余労働があるが社会的に透明になっている。

マルクスの未来社会論の中核は「人間的発達の問題」で、『資本論』では本論で述べたように「照応する生産者たちの歴史的発展度」によって変動すると考えている。機械制大工業になると労働者の労働は社会的になって「社会的個体」を産んでしまう。資本家の意図に反して労働者は自ら意欲的に発明・発見を行い自己増殖してしまう。資本主義の胎内で労働者は人間的発達を遂げる。そして未来社会に入ると労働が自己増殖してしまう。アントニオ・ネグリが述べるように「社会的個人（筆者は社会的個体で統一している）の出現は、こうした富――様々なオルタナティブ、提案、機能とする富――を生み出す。つまり自由という富である[36]」。資本主義時代に胎生した人間発達は未来社会でさらに開花するのである。そして『資本論』での未来社会論は「自由の国と必然の国」で締めくくっている。

「自由の領域は、事実上、窮迫と外的合目的性とによって規定される労働がなくなる所ではじめて始まる。だからそれは、事態の本性上、本来的な物質的生産の部面の彼岸に横たわる。未開人が自分の欲望を充たすため、自分の生活を維持し再生産するために自然と戦わねばならぬように、文明人もかかる戦いをせねばならず、しかもどんな社会形態、ありうべきどんな生産様式のもとでも、かかる戦いをせねばならぬ。人間の発達につれて、欲望が拡大するがゆえに、この自然的必然の領域が拡大する。だが同時に、この欲望を充たす生産諸力も拡大する。この領域内での自由は、ただ、社会化された人間・結合した生産者たちが、自然との彼等の質量変換により盲目的力によっての如く支配される代わりに、この質量変換を合理的に規制し、彼等の共同的統制のもとに置くという点――最小の力を充用して、彼らの人間性に最もふさわしく最も適当な諸条件のもとで、この質量変換を行うという点――にのみありうる。だが人間の力の発展が、真の自由の領域が――といっても、かの必然の領域を基礎としてのみ開花しうる自由の領域が――はじまる。労働日の短縮は根本条件である[37]」。マルクスはここで「物質的生産の領域」と「自由な人間活動の領域」に区分している。そして、「物質的生産の領域」を「必然性の国」としてここでは人間が自身の生活と社会を維持していくために避けがたい活動であるとする。これは文明の社会の進歩によって内容は変化するが、外的な目的に規定され要請されるという性格をもっている。しかし、この労働は単に欲求を充たすためだけではなく、それを通じて人間自身が自然と闘いながら能力を高め、創造を発揮し人間の発達になるものであって、これまでの生産様式の労働、強制、奴隷的な労働、抽象的人間の労働ではない、具体的人間としての労働である[38]。未来社会では労働が本来、人間がもつ人間的性格を取り戻す。しかしまだそれでも依然としてまだ「必然の国」と考えている。ではその先に「自由の国」が来るのだろうか。それは「物質的領域の彼岸にある」。自由とは、人間および社会の生活の維持が目的である間は自由とは言えずまだ外的な目的に縛られている。そうではなく「自由の国」ではその目的は人間としての力が全面的に開花して何にも縛られず、物質的生産に拘束されない。しかし「必然の国」を卒業したら「自由の国」が訪れるという感覚でもない。むしろ「必然の国」のなかで夢中になって趣味の世界を楽しんでいる感覚でさらに自己の人間能力を磨き上げ、それが世の中の家族、隣人、社会のコミュニティのなかで喜ばれるこのような世界をイメージしていたのではないだろうか。それには「労働日の短縮が根本条件」という意味はどう解釈すればよいか。

労働することそのものが楽しいのだから根本条件でもないような気もしてくるが、マルクスは労働時間が富の価値尺度であることは未来社会でも適応すると考えている。『経済学批判要綱』のなかで、「現代の富の基礎となっている他人の労働時間の窃盗（相対的剰余価値のことを指す——引用者）は、この新たに発展した大工業それ自身の創造した基礎に比べればあわれな基礎に見える。直接的形態での労働が富の偉大な源泉であることをやめてしまえば、労働時間は富の尺度であることをやめ、またやめざるを得ないのである。……一二時間の労働のかわりに六時間の労働がなされるとき、一国民は真実に富むのである、富とは剰余労働時間の支配ではなくて、すべての個人と社会全体のための直接的生産に使用された時間以外の、自由に処分できる時間である[39]」と述べている。このことを研究した不破哲三は「マルクスは「自由」という言葉を個人と社会の生活を維持し発展させるための労働という意味で使っている[40]」と述べている。

5　地球温暖化と未来社会

マルクスは資本主義の社会システムでは、自然との調和はできず、人間と自然とのあいだの物質代謝を攪乱すると思考していた。

資本主義ではなぜ自然との調和ができないのか。

コンビニ弁当の事例で考える。安くて美味しい弁当だが、中身の野菜は遥かに遠くのインドネシアの島から運んだもの。二酸化炭素CO^{2}を吸収し酸素を出してくれる森林を伐採して作った畑で取れたもの。そして彼らの島の人たちは森林が伐採されることで自然環境が破壊されて大変困っているが、島の収入のためには大量に買い込んでくれるコンビニの商社と契約せざるを得ない。魚は地球の裏側ブラジルから獲れたものを、大量の二酸化炭素CO^{2}を使って船で輸送されてきたもの。レタスは北米から飛行機便で送られてきたし、鮭は北欧からだ。食べるお箸は中国の森林を伐採したものだ。こうして世界の貧しい人たちの労働を低賃金で雇用して大量生産することで、三八〇円で購入できる。市場競争の結果安く買える。これが市場主義を貫く資本主義のシステムである。しかしその結果自然が破壊されて人類は死滅する運命にある。

われわれ人類だけではなく地球上の動植物がこれだけは意思的計画的に達成しなければならないことがある。それは地球温暖化よって人類も動食物も死滅してしまう事態を阻止することである。

やがてこの結果人類も動植物も生きていけないことになるのに、誰もコントロールしない仕組み。これが資本主義的市場主義である。市場主義での競争は確かに良い商品が生まれ価格は安価になっていく、しかし各々が self love で自己の利益を追求するから資源の獲得による自然の破壊など考えない。競争は弱者を生んでしまう。敗れたほうは貧しくなり勝者は富んでいく、この格差は資本主義が成長すれば拡大していく、弱者は貧しくてできあがった大量の商品を購入できない。購入してくれる顧客を世界中に求めて世界的な競争になる。資源の確保と購入してくれる販路の確保が二つの世界大戦の原因となる。その結果罪のない非戦闘員を巻き込む大量殺戮が行われる。人類の歴史はこんな馬鹿げたことを繰り返してきた。資本主義というシステムはさらに加速して二一世紀になっても誰もどうすることもできない。

地球はすでに、糖尿病など成人病に罹っていて、自由奔放に暴飲暴食を重ねれば、近い将来には確実に盲人になり人体全域に神経系統が麻痺し末梢神経、腎臓病ついには死にいたる危険がある。この場合には、直ちに医師の管理の下に、自由に食物を摂取することを取りやめて、毎食カロリー計算をした上で、計画管理していかなければならない。今ならば数年後に網膜まで侵されることはまのがれる。という診断をスーパーコンピュターという最新の機器をもとにＩＰＣＣの科学者群が判定したのである。これは従来からある、体制選択のイデオロギー上の問題ではなく、迫りくる人類破滅を回避するための、緊急避難的選択なのだ、という議論をした。

同時に自由な「市場主義」では、エネルギーを利用して二酸化炭素CO_2を発生している主体の企業、民間の生産者が、危機感を理解していても、当面の、利益確保、家計を守ることに精一杯であり、二酸化炭素CO_2排出を防止するモメントにならない。地球温暖化阻止、総論賛成、各論は、反対とまではいかなくとも誰かがやってくれる、という消極状態になるであろう。吾々に残された時間はわずか五〇〜二〇〇年程度しかない。この間に全世界が共通の危機感をもって地球温暖化阻止に邁進しなければならない。排出権取引や、炭素税も実施しなければならないが、どのようにして従来型の生活習慣、暴飲暴食を止めて自らの強い意志で病気を克服するのかの問題である。そのためには、自由奔放の資本主義システムではなくて、人類は自然破壊の「自由放任主義の終焉」を実施しなければならないのではないか。取りあえずは、まだ資本主義のシステムのままでよいから、エネルギーの需給とエネルギー革命を行うことについて、この際、政府が管理主体としてリーダーシップを発揮して、医師役を務め、企業と民間がその指導に従い、政府は地球規模で国家間の連携を図って世界同時地球温暖化阻止行動を起こすことになるのである。

いま静かに、冷静に、宇宙的視野と長い歴史的スパンで地球と、そこに住む人間と自然を考えてみる。この広い宇宙で地球だけが動植物が生存できる星である。ここに至るまでには、四六億年かかっている。二酸化炭素CO_2は地球大気の〇・〇三五％占めるがこれは植物の光合成によって生物圏に蓄積され、動植物の呼吸、微生物の分解で大気を形成し、人類はここに出現した。この間五五〇〇万年前に、突発的に地球温暖化事件が起こっている。その一〇〇〇万年前に恐竜絶滅が起こって以来、地球の気候は寒冷化の一途が続いていた。突然地表温度が七℃も上昇し、大気中に二酸化炭素CO_2とメタンガスが放出されさらに地球温暖化は加速された。こんなことが繰り返し起こっている。原因は諸説があってよくわからない。しかしここ一万年ほどはずっと安定してきた。それが、急速に温暖化ガスが増加したのは、産業革命以後の資本主義（もちろんソ連等の社会主義国も含めて）のせいだというのである。人類の長い歴史からするとわずか一五〇年ほど、一瞬の瞬きの間に人類はパンドラの函を明けてしまった。資本主義という函を、これは誠にすばらしい利便性と科学的技術の発達をもたらした。今回の地球温暖化の将来も一〇〇年先まで見通せるスーパーコンピューターをつくりだした程である。しかしこの資本主義は大地から資源を掘り出して、この資源を取り合うことで人間同士殺しあう戦争もするし、二一世紀になっても戦争している。もとはと言えば実はエネルギー問題であった。もちろん資本主義以前にも戦争はあったのだが、おなじ動物種で殺しあう動物は人間以外には見当たらない。自然は、動物も植物も全部人間のものだと思って勘違いしている。三五億年もかかって溜め込んだ太陽エネルギーの塊、石油、石炭これは誰の所有物か、たまたまその地表にいる人間、民族の所有なのか、そうではないだろう。これは未来の人間にも残しておかなければならない自然ではないか。この自然との共生ができないシステムを人間がつくりだしてしまった。

ＩＰＣＣ第四次報告書は産業革命以後の資本主義が地球温暖化を起こしてしまったと結論づけたのである。自然との共生ができず、人間よりも利益↓資本の増殖を優先してしまう社会システム。人間だけではなくすべての自然が破滅してしまう社会システムは、人間の手によって退散してもらわなければならない。そしてポスト資本主義の社会システムは、取りあえず、二酸化炭素排出の制御を自由奔放の市場主義から計画主義による制御に変えなければならない。そのうちに、水も食糧も自由奔放の市場主義ではすべての人間に行き渡らなくなりこれも計画主義に変える必要がくるかもしれない。このようにして現状の市場主義を必要に応じて、地球の住人の賛同を得て変革していけばよい。差し迫る危機は地球の住人の共通事項だから賛同を得るのは当然だろう。加藤尚武は「環境問題というのは、現在の世代が加害者になる犯罪です(41)」と述べている。われわれは犯罪行為をしてしまった。そしてこの資本主義のシステムでは人間が存在していけないギリギリのところまで追い詰められてしまった。これから先、私どもの孫のまたさらに孫の世代も、恐らく長期間二酸化炭素を増加させない努力を続けなければ人類は生きてはいけないだろう。そしてこの危機感が地球規模にまで及んでいない。過日アル・ゴア元アメリカ副大統領が地球温暖化の危機を警告する映画『不都合な真実（A Global Warning）』を鑑賞した。印象的だったのは、蛙は熱い湯につけると、慌てて飛び出すが、ぬるま湯につけてどんどん温度を上昇させていくと飛び出さず、ついには死んでしまう、という話である。地球温暖化はすぐには死の危険を感じさせない。この情報は知っていて何らの危機感がない。今現在これが最も怖いことなのである。糖尿病患者が一歩一歩盲目に近づいているのに、日々なんの変化も感じないことをよいことに暴飲暴食を続けているようなものである。

大気中の二酸化炭素は、従来氷河期―間氷期のサイクルの中で一八〇〜三〇〇ｐｐｍの間で周期的に変化してきたが、人間活動が原因で三八〇ｐｐｍに達し、今や八〇ｐｐｍもオーバーしてしまった。温暖化効果ガスの濃度が五五〇ｐｐｍ（二酸化炭素CO_2濃度が四五〇ｐｐｍ）に達したとき、すなわち、工業化（産業革命以後、資本主義以後）前と比較して地球の平均気温の上昇が二℃に達したときに危険Point of Noreturnな気候変動が激発する。その前の＋一℃でも、珊瑚礁が共生している藻を追い出して白化してしまい、白化が長引くと珊瑚礁は死滅する。それによって珊瑚に共生しているプランクトンなど生物が生存できなくなり、これらを栄養源とする魚類に影響を与える。しかし、逆に海水が冷却してもとの温度に戻ると、珊瑚は再生できることも観察されている。＋一℃から＋二・〇℃の間に、異常気象現象が増加する。平均気温の上昇で、地球気候の「ゆらぎ」が起こり、大型台風、竜巻、山火事、旱魃、洪水、熱波が続発する。水温上昇による水質の悪化、旱魃の増加のために水不足に直面する。乾燥地帯は雨が少なくなり、穀物生産は打撃をうけ食糧問題に直結する大問題になる。グリーンランドの氷床も解け始め、＋三・〇℃で全面的に解けるが、このときには海面は七ｍも上昇する。但し完全に解けるには数百年はかかると言われている。＋

二・〇℃になると、西南極氷床が解け始め、海水の量が増える。また、海が暖められ海水そのものが膨張すると、海面の上昇によって、世界中の標高の低い地域で二六〇〇万人が被害を受ける。＋二・〇℃から＋三・〇℃でマラリア原虫、ハマダラ蚊が生息地帯を移動しはじめマラリアが発生しなかった地帯に生息するようになり、数億人がマラリアに感染する。マラリアによって、現在毎年一二〇万人死亡しているが、この現象がアフリカ以外の地域世界に蔓延するのである。マラリアだけでなく、西ナイル熱、デング熱患者も増加する。＋三・〇℃で気候帯も移動するので、植物や草なども移動する。森林は二酸化炭素を吸って酸素を排出し、同時に二酸化炭素を数百年貯蔵する能力をもっている。ところが、森林が「木の移動不可」の状態になり森林の消滅現象が起こると、二酸化炭素の吸収が不能になるだけでなく、大量の蓄えられた二酸化炭素を大気中に放出してしまう。ツンドラ地帯でも凍土が解けると、根がぐらついて倒木現象が起こり森林破壊が起こると同時に、閉じ込められた二酸化炭素とメタンガスが大気中に放出される。メタンガスは、温暖化に対して二酸化炭素の四四倍の効果をもつので温暖化を急加速させてしまう。[42]植物に依存する動物、昆虫も、変化に対応できず絶滅する可能性がある。また海洋の大循環が停止する。二〇〇〇年かけて海流が地球を一周するこのメカニズムは、気候の安定に重要な役割を果たしている。気温上昇で海水温度があがり、グリーンランドの氷床の溶解で海水塩分の濃度が薄くなると本来は深海に沈むはずの海水が沈まなくなり海洋の大循環が停止してしまうのである。地域によっては、急速に寒冷化し気候は不安定になる。動物、魚、穀物など植物がなくなることは人間にとって食糧がなくなることである。＋五・〇℃では、メタンガスと水の化合物であるメタンハイトレードと呼ばれるシャーベット状の「燃える氷」が、南極大陸や永久凍土地帯に閉じ込められていたのが、氷が解けるとともに崩壊してくる。これは二酸化炭素濃度が現在値〇・〇三八％＝三八〇ｐｐｍの一〇〇倍ぐらいになると起こり、この濃度が四％になると、生理学者の見解では人間は窒息死する。このまま地球温暖化が進むと「人類は二〇〇年後には窒息死する」のである。人間は一〇％の濃度の二酸化炭素を吸うと耳鳴りが起こり、一分間で意識を失い、三〇％の濃度では即座に意識不明状態に陥る(43)。次第に二酸化炭素濃度が高まると長く苦しみ死に至る。

西岡秀三（国立環境研究所理事）をチーフとし、六〇名の研究者が参加した脱温暖化プロジェクトによって、二酸化炭素を削減するプランが二〇〇七年に発表された。その前提は一定の経済成長を維持し活力ある社会や、水素自動車などの革新的な技術を想定し、原子力など既存の国の長期計画との整合性をもつもので、削減ポテンシャルの実証であり、その具現化のために必要になる炭素排出コストの市場への内部化などの政策措置については言及していない。IPCC（Intergovermental Panel on Climate Change）第四次報告書は、産業革命以後の人類による工業化が二酸化炭素をはじめとする地球温室効果ガスの増加をもたらしたことをはっきりと断言した。この結論をスーパーコンピューターでシミュレーションしてみると、工業化年を基準として、＋二℃の世界平均気温上昇が、人類のみならず動植物の生存を脅かし、その危険水域に達する時間は、二〇二八年から二〇五〇年であり、GDP年率成長率二％でも相当な全世界的努力をしなければ達成不可能であることがわかってきた。二〇〇四年に西沢潤一が、このままいくと、人類はあと二〇〇年で二酸化炭素により窒息死してしまい人類の歴史は終わると述べたことの正しさが科学者たちの研究ではっきりしてきた。これは大変なことである。

早速発表された「二酸化炭素七〇％削減達成のための成長シナリオ」が果たして実現可能であるのかを、社会システムを研究するグループとして検討する必要がある。示されたシナリオを「どのようにして社会に受容させ」、それを「産業の転換や技術開発、利用は個々の企業の選択である」という従来どおりの市場主義に任せてよいものかどうか。またこれは日本だけでなく地球レベルで実現されなければ達成不可能であることである。国家間の危機感のレベルは、EU圏のようにすでに一〇年以上も前から、地球温暖化に取り組み市民レベルで実施している地域から、京都議定書が「経済成長からみて国益に反する」という認識をするアメリカ、経済成長によって貧しさから離脱したのだからまず先進国からお先に、という中国やインドなどのエゴイズムが支配する地域までさまざまであり、漸く地球温暖化の認識が高まりつつあっても危機感の隔たりが大きすぎる。このように、経済成長率は各国での隔たりがあり地球規模で危機感を共有するところまでには至っていない。

この地球温暖化こそ、未来社会の前に現在進行形の問題として最重要な問題である。人間も含めて地球上の生物・植物がこのままではあと五〇年から二〇〇年で死滅してしまうと、科学者は警告している。これは未来社会を考える上で最重要視しなければならないことである。

6　未来社会の設計ポイント

近未来社会の設計にあたって当面ポイントになるのはどんなことだろうかを考える。

本書では、歴史上の賢人達が未来社会を考える上で学ぶべき視点を思考してきた。取り上げたのは、例えばアダム・スミスが問題にし、思考したように、富とは貴金属ではなく、安価で豊富な生活必需品であると、重商主義を批判した。以下賢人達は各人各様に、それぞれの時代に即して人間がいかに貧困から脱して豊かな未来社会を築いていくかを画いてきた。

しかし近年日本において起こった、東北大震災、津波、そして原発事故、これによる放射能被害や地球温暖化によって迫り来る危機を考えると今日の世界の政治家やリーダーたちの思考回路が狭いように見えてくる。重要性の回路は、金融など経済、社会、地球の順ではなく、逆で地球、社会、金融など経済の順序となるべきであろう。地球温暖化の危機や地震など大災害、原子力発電に依存するのかどうなのかという地球規模の危機からの脱却がまず先行して、人類だけではなく動植物の絶滅から救う規模の大きな発想が、翻って、貧困、自殺、教育、いじめといった社会の問題を考え、当面世界的な経済、金融問題を解決していくことにならなければならない。それが、未来社会の設計ポイントを思考する鍵である。

その順序を考えた上で世界的に起こっている問題を思考していくと、やはりまず地球温暖化からの危機をどう救い、自然災害発生に対してどのように備え、そして原発問題を考え、同時に現在の経済危機をどのように回避するか。すなわちアメリカ、ヨーロッパ、日本などの先進資本主義国の財政破綻問題であり、国債に依存する体質からの脱出であり、税収が上がらないことでの経済の低成長であるが、これを一気に解決する手段は、ひと昔前には、戦争の勃発だったかもしれない。その結果起こるハイパーインフレーションかもしれない。しかしこの手は弱者である大多数の国民を犠牲にして、一部の独占資本を利するだけになる。

だが当面は金融問題、財政問題を解決しておかなければならない。

まず金融問題から、いま実体経済に投資されている資金と、金融部門（カジノ部門）に投資されている資金の比率は全世界で、二〇％対八〇％。[44] 要するに一般の設備投資などの約四倍がカジノ部門に投入されている。したがってアメリカではグラス＝スティーガル法を復活させ商業銀行と投資銀行とを分離しなおして、損失を隠しリスクをバランスシートから除去するなどと狂気の沙汰が生じないシステム作りをする。問題は投資銀行の方である。投資銀行は証券を発行して資本市場で売却して企業や政府に資金を調達する。ハゲタカ的M＆Aを引き受ける。アメリカでは政府を巻き込んで投資機関たるゴールドマンサックスの会長であったロバート・ルービンがクリントン政権の財務長官に任命され、危機が起こっても「大きくて潰せない」状態にしてしまったのである。これが投資銀行の正体である。再度金融部門のカジノ部分を縮小させなければならない。さらにレバレッジ[45]といわれる外部負債の枠をさらに縮小して危険度合いを監理する必要がある。外国為替と派生商品取引で日々どれくらいの取引が行われているか。わずかな税率でも金融取引に課税すれば、環境保護と飢餓・貧困撲滅に当てる充分な財源となるであろう。富者はケイマンなどタックス・ヘブンに本部を移転して課税を逃れようとする。これを防ぐ方法は法律一つでできるはずである。一国だけでは難しいG20で協議できないものだろうか。

財政問題、世界全体でみると実質経済成長率では、低成長になってしまった国、イギリス〇・六六、フランス一・七二、オランダ一・二七、アメリカ一・七四、日本マイナス〇・七五、高成長の国、シンガポール四・八九、台湾四・〇四、インド七・二四、中国九・二四、ブラジル二・七三のように経済成長率が二極分解している。[46] 資本主義の先進国が低く、後進国ほど高い。なぜそうなっているか。レーニンが『帝国主義論』で分析したとおり、先進資本主義国は、国外の後進国に資本を輸出する。これら後進国は資本が少なく、地価が安く、労働賃金が安く、原料が安い。このような不均等な発展が不可避的に起こる。[47] レーニンはここで帝国主義間の戦争が起こることを立証したが、現在のこの不均等発展は、日米の経済摩擦戦争が示すように、家電製品、自動車の日本の対米輸出が伸びる。アメリカはこの競争には対抗できないから、日本に為替でのドル安、円高を求める。安保条約での国防防衛上これを受けざるを得ない、日米間はこの戦争が続いている。日本の財政問題の基本はここにある。日本企業は安い労働力を求めて海外に移転する。空洞化が起こる、税収は伸びず、人口構造は高齢化してしまって医療介護維持コストが高くなる。金利はゼロであっても投資先が国内にはない。金融機関は国債に投資する。あるいはサブプライムローンのようなアメリカのカジノ的金融の罠にはまってしまう。この局面をどのようにして打開すればよいか。国会の議論は、国債依存から抜け出して、税収によるバランスを求めようとする。先進国の代表であるアメリカは資本蓄積による生産は限界に達していて、自動車、家電製品の生産から離脱して、ソフト商品、金融商品に逃げ道を求めているが、この原資は国債の発行である。もはや財政政策は破綻状況にある。もはや基軸通貨としての信任を維持していくしかない。後進国の代表格は中国である。中国はまだ資本蓄積による生産拡大の限界点には達していないから当分の間成長は続くとみられるが、アメリカの国債を引き続き買い続けるかは大いに疑問であり、ＥＵグループもＥＵ圏内の安定に必死である、というのが現状である。

ここで、過去の歴史では解決は、戦争の意図的勃発で解決してきた。空前のアメリカの大恐慌はケインズ的政策で糊塗をつないだが、解決したのは、第二次世界大戦という最高のケインズ政策だった。

しかし今日イラク・アフガニスタン戦争でも戦争がケインズ的特効薬にはならないし、世論も甘くはない。ここで最高のケインズ的解決策が求められる。

前節で述べた地球温暖化を防ぐことを、未来社会への設計目標にする。これが解決すべき最高のポイントであろう。最近イギリスをはじめ各国で「グリーン・ニューディール政策」を提言するグループが現れた(48)。資本主義下で環境と気候の危機を逆転するのは無理だろうか。軍事ケインズ主義に変わって環境ケインズ主義がアメリカだけでなくヨーロッパでも叫ばれはじめた。環境にやさしい産業、代替エネルギー、クリーンで効率の良い公共交通、自動車、航空機用の軽量新素材の製造、エコ設備の設置のほか、太陽光・風力発電などへの大規模な投資が始まっている。グリーン・ニューディール戦略が二一世紀の産業構造を変える。投資はカジノ的不生産的、破壊的投資ではなく、健康で地球に優しい部門に投資すべきである。政府も二酸化炭素ＣＯ２の排出には課税し、再生可能エネルギーには非課税にする。補助金をだす。これによって温室効果ガスの削減を行う。このスーザン・ジョージの戦略は有効的である。資本主義の枠内で、利益を得ながら地球温暖化を阻止できる。未来社会の設計ポイントになり得る。筆者も当面これしかないと思う。

そこで社会システムの方はこれでよいのだろうか。「資本主義の枠内」と述べたが、このまま資本主義を継続してよいのか、という問題が残る。資本主義という社会システムでは、利益を求めて各人が利己的な行動をとることによって、「見えざる手」に導かれて市場という場で予定調和の世界を求める。恐慌はしばしば起こる。貧富の格差が起こる。これが今まで述べてきた結論である。

マルクスは株式会社が解決のポイントになると述べて『資本論』を閉じた。貨幣、商品、市場を廃棄する社会主義ではない。廃棄するのでなく人類がこれらを制御する。そして、こんな便利な貨幣、商品、市場を人間世界の配下におくことである。擬制資本のシステムまで利用する、株式会社のシステムが未来社会のシステムとなる。筆者はそのように考えている。具体的にどうすればよいか。

マルクスが残してくれたヒントを活かすしかないだろう。それは資本家と労働者との生産関係を清算してしまうことである。この清算は革命という、人民が政権を引きずり下ろす方法を模索してきた。レーニンや毛沢東は革命によって成し遂げようと考え実行したのだが七〇年の歴史的実験は、この方法で失敗に終わった。ロシアと中国は資本主義国となって振り出しに戻った。

生産関係の清算を平和的に民主主義のルールに基づいて行う。マルクス自身は、「平和的に民主主義のルールに基づいて行う」などとは考えなかった。しかしそのマルクスが、ハンナ・アーレントによると「彼は（マルクス）は資本主義の運命ときたるべきプロレタリア革命に対する自分の予言が、アメリカの社会的発展には妥当しないと信じていたように思われる[49]」。

資本主義のシステムを新しい生産関係のもとでどのように革命的に変革するか。筆者も株式会社制度の利用がポイントと思っている。筆者が初期アメリカの「会社的社会」を研究してみた経験からの直感である。「会社的社会」とは社会を株式会社の形態で運営することである。株主総会の議決パターンで民主主義のルールで決めることが決定的に重要なファクターであると思う[50]。確かに株式会社というシステムのなかでは、株主による民主主義が働く。それからまた、マルクスも『経済学批判要綱』のなかで指摘したように、「社会的個体[51]」が発生する。資本家の意図とは別に労働者が意欲的に仕事を改善し、発明や発見を行う、労働者仲間でアソシアシオンをつくってしまう。シュンペーターの述べる「創造的破壊」的な発想による「新結合」もここで創設されるし、ケインズ的政策も誕生する。

マルクスは社会と人間、自然の中での個という人間のあり方が、社会的な分業、協業のなかで変化していく、まさに株式会社のような協業せざるを得ない環境で個体が類体に組み込まれて一つのアソシアシオンが生まれる。労働そのものが社会化してしまう。これは「資本家の意図せざる結果」うまれるものであるが、資本家はこれを利用する。労働者は残業手当など要らないからもっと知恵をだして改良をしようと努力してしまう。これは筆者の四〇年間の実業経験での結論でもある。株式会社制度での労働者が株主となり剰余価値の分配を公平にして、労使という生産関係を解消してしまうことである。株式会社は誰のものか、株主のものであるが労働者が株主であり、上場会社であるばあいは、株主として投資をしなくとも内部資料は公開されている。そうなると「社会的所有物」になってしまってい る。生産手段の所有が社会化されている。経営者は経営という複雑労働を行う労働者であるから、いくぶん賃金は高いかもしれないが生まれでた剰余価値の取分は持株数に比例するのだから、すでにここは未来社会である。そこまでいくにはどんな手続きが必要か。それは民主主義のルールに基づいて法案を、審議し可否を問えばよい。

その一つの事例としてアメリカで現実に存在するシステムを挙げておく。ＥＳＯＰ（Employer's Stock Ownership Plan）従業員持株計画のことで、発案者はアメリカのルイス・ケルソ Louis O. Kelso（1913-1991）で彼は哲学、経済学者としてマルクス、スミス、ケインズを研究してＥＳＯＰの現代的意味をマルクスに求めたのである。ＥＳＯＰは正式に法的定義を受けたのは一九七四年で、従業員が自社株を買収することで富の、より平等な要求に答えられ、銀行借入れと企業利潤の分配をもちいて、自由な企業を作り出す。現在アメリカでは全勤労者の一三%、一一三〇万人がＥＳＯＰをもつ企業に勤めている[52]。日本では従業員持株会があるが、これは従業員の福利厚生目的でＥＳＯＰとは主旨が全く異なる。我が国では三洋電機で計画されたが、中断されている。政府も関心をもち研究している。資本と労働の生産関係の変革を、平和的に民主主義のルールによって変革するためには資本家がいくら収入を得ても九〇%も所得税を支払わねばならないといった、事前のシステム変更を世界的規模で行うことも必要になってくる。これも民主主義のルールに基づいて実施していけばよい。

未来社会と設計ポイントは多くの分野で存在すると確信する。マルクスの述べたとおり、もはや哲学することではなく実行することである。

おわりに

マルクスの未来社会について、それが通過点をどのように経て、通過点後の未来社会がどのようなものかを考察してきた。

未来を語るのは確かに難しい。マルクスが簡単に語らなかったのが良くわかる。筆者としては、現在の資本主義の中で未来社会の鍵が胎生していると考えている。マルクスが、株式会社が未来社会への通過点となると再三にわたって述べていたのも、株式会社制度そのものの発生がアソシアシオンそのものであるという点にあった。

富はますます少数の手に集中し、最も過酷な、社会的、経済的不平等を撒き散らしている。マルクス生存時代から「搾取される」ことがキーワードだった。その時代から経済成長率は格段と伸張したのに搾取はとまらず、日本では年に三万人も自殺している。その理由の大半は貧困ゆえ、である。どうして搾取を止めるのか。近年起こっている搾取は、サブプライムローンの悲劇のように、優良債権と不良債権とをミックスして輪切りにして、国家が採用している格付け会社が住宅価格は今後間違いなく上昇する、などと騙して、貧者を落とし込む「搾取」になっている。この悪のどこに根っこがあるのか。マルクスが『資本論』で述べたように、資本家と労働者との生産関係を変革することの基本パターンが複雑怪奇になっているのである。この回答は容易には見つからない。しかしマルクスの述べる、生産関係の消滅にむかって分析し、実現しなければならない。

そして、その前に人類が解決を急がなければならないこと、それは地球温暖化による危機的状況である。未来社会の設計ポイントとして解決しておかなければならない点をいくつか挙げておいた。地球温暖化の危機を、資本主義の枠内で解決する方法は決して夢ではない。逆にそれを社会システム変革の手段にすることである。

注

（1）マルクス＝エンゲルス『ドイツ・イデオロギー』廣松渉編訳、岩波文庫、二〇〇二年、七一頁。
（2）マルクス『資本論Ⅰ』第一部上、長谷部文雄訳、青木書店、一九五二年、一一三頁。
（3）大谷禎之介『マルクスのアソシエーション論』桜井書店、二〇一一年、二七七～三〇五頁。ほかに、大西広『資本主義以前の社会主義と資本主義後の社会主義』大月書店、一九九二年、二三～五七頁。
（4）マルクス『資本論Ⅰ』一四一頁。
（5）同前、一四一～一四二頁。
（6）抽象的人間の論理については、浅野敞『個別資本理論の研究』ミネルヴァ書房、一九七四年、一七六～一八〇頁を参照されたい。
（7）マルクス『資本論Ⅰ』一二七～一二八頁。
（8）株式会社については、中野嘉彦『マルクスの株式会社論と未来社会』ナカニシヤ出版、二〇〇九年、を参照されたい。
（9）マルクス『経済学批判要綱Ⅲ』高木幸二郎監訳、大月書店、一九五八年、六五四～六五五頁。

(10) マルクス「ユダヤ人問題によせて」『マルクス・エンゲルス選集1』新潮社、一九五七年、七三頁。
(11) 同前、六五四頁。
(12) マルクス『経済学批判要綱Ⅲ』六五四～六六〇頁。
(13) 同前、六五四～六六〇頁。
(14) 平田清明『経済学批判への方法序説』岩波書店、一九八二年、二〇七～三三三頁。
(15) マルクス『経済学批判要綱Ⅲ』六五八頁。
(16) 同前、六五四頁。
(17) 同前、六四八～六四九頁。
(18) マルクス『資本論Ⅲ』六二一頁。
(19) 同前、五二八頁。
(20) 同前、五三一～五三二頁。
(21) 同前、五三二～五三三頁。
(22) 同前、五四九頁。
(23) 同前、五四七頁。
(24) 同前、五四七頁。
(25) 同前、六二一頁。
(26) 同前、五五二～五五三頁。
(27) 同前、六二五頁。
(28) 同前、六二六頁。
(29) 基礎科学研究所編『未来社会を展望する——甦るマルクス』第7章、大月書店、二〇一〇年、一五一～一六六頁。
(30) 同前、一五一頁。
(31) 同前、一五二頁。
(32) 同前、一五四～一五五頁。引用元は、マルクス『剰余価値学説史』マルクス＝エンゲルス全集26－2、大月書店、一九七

○年、七八八〜七八九頁。
(33) 基礎科学研究所編『未来社会を展望する』一六一頁。
(34) 大西広「北京コンセンサスを擁護する」『季刊経済理論』48－3、二〇一一年、一八〜三一頁。
(35) マルクス『資本論Ⅰ』一八一〜一八二頁。
(36) アントニオ・ネグリ『マルクスを超えるマルクス――経済学批判要綱』の研究』清水和己ほか訳、作品社、二〇〇三年、二七八頁、（　）内は引用者。
(37) マルクス『資本論Ⅲ』一一五五〜一一五六頁。
(38) この「抽象的人間の労働」と「具体的人間の労働」についての論述は、中野嘉彦『マルクスの株式会社論と未来社会』の「第一章　抽象的人間労働とはなにか」を参照願いたい。同書、二一〜九四頁。
(39) マルクス『経済学批判要綱Ⅲ』六五四〜六五五頁。
(40) 不破哲三『マルクス未来社会論』新日本出版社、二〇〇四年、二一九頁。
(41) 加藤尚武編著『スーパーゼミナール環境』東洋経済新報社、二〇〇四年、二三三頁。
(42) この森林の消滅、凍土の溶解による森林破壊については、加藤尚武編著『スーパーゼミナール環境学』の中での西沢潤一の論文を参考にした（二二三〜二二四頁）。
(43) 加藤尚武前掲編著、二二三頁。
(44) スーザン・ジョージ『未来は誰のものか』荒井雅子訳、岩波書店、二〇一一年、二二一四頁。
(45) レバリッジとは本来、梃子の意味。投資家が自己資金をテコとして、数十倍の資金を調達して金融商品が取引できる。日本では金融庁の規制で二五倍まで取引可能。
(46) http://ecodb.net/ranking/imf_ngdp_rpch.html 世界成長率ランキング二〇一一年。
(47) 大西広は資本主義とは資本蓄積的社会システムで、このシステムでは未来永劫に資本蓄積による投資を継続しても限界生産性に達して、限界以上となると却って利益を生まないことを数学的に証明してレーニンの正しさを述べている。『経済理論』42－1、二〇〇五年四月、四〜一一頁。
(48) スーザン・ジョージ前掲書、二二一七〜二二二四頁。

(49) ハンナ・アーレント『革命について』志水速雄訳、筑摩書房、一九九五年、三三頁、( ) 内は引用者。

(50) この詳細については、中野嘉彦『マルクスの株式会社論と未来社会』第三章「初期アメリカのマサチューセッツ湾会社にみる「会社」の「社会」会社化の考察」を参照されたい。

(51) 「社会的個体」の発展とは、企業が大規模になると、社会的共同的労働が、科学的労働の直接の担い手となる。人間の直接的な労働時間が生産力を領有し自然を支配するのでなく協業共同的な労働となる。これが生産と富の支柱となる。マルクスはこのような「社会的個体」の発展が、資本家の意図せざる結果、労働者の科学的発明、改善、工夫を生み、能率向上のノウハウを生む。結果として目標とする「自由に連合化した諸個人」となると想定した。

(52) 本山美彦『金融権力』岩波新書、二〇〇八年、二〇五〜二一六頁、またルイス・ケルソについては http://en.wikipedia.org/wiki/Louis_O._Kelso を参照されたい。

付論　高橋財政の光と陰、国債の日銀引受け問題

未来社会論を語る前に、提起し解決しておかなければならない問題がある。それは当面、現在の日本の巨額に上る財政赤字問題である。これをどうして解決していくのか先が見えてこない。取りあえずは国債発行による積み上げで、後世の孫子に解決を委ねる問題として他人事のようにも思える。一部論者のなかには、先はハイパーインフレーションを起こして一挙に解決する以外ないだろうなどと危惧を述べる者もいる(1)。この道はいつか来た道である。戦前戦中に巨大な軍事費を国債により発行して調達し、戦後には巨大なハイパーインフレーションを起こして帳消しにしてしまった。犠牲者は戦争に負けないよう「お国のために」となけなしの貯金を下ろして国債を買い求めた国民だった。この轍を踏んではならない、と取り上げたのが本論である。近未来社会への危惧論として、番外編としてお許し願いたい。

はじめに

高橋是清の評価については、日本の金融恐慌を世界で一番早く脱却した、ケインズ知らずの高橋がこれを利用した先見の明ある人物としての光の部分が広く喧伝されている。しかし、他方その方法は「国債の日銀引受け」という現

在では禁じ手を政治的圧力によって強制したもので、第二次世界大戦後に起こったハイパーインフレーションの源流をなすものであったという陰の部分について語られることは少ない。

一九一七年金輸出禁止、一九三〇年金解禁、金本位制復帰、そして、高橋是清による一九三一年金輸出再禁止以後、日本の管理通貨制度は定着した。その時代的背景は、第一次世界大戦参戦（一九一四年）、大戦後景気の反動で景気が後退し、その直前に一九二九〜三一年の世界恐慌へ移行するのだが、日本も大戦での好況の反動として昭和恐慌を迎える。そして、この間に満州事変など関東軍の先走りによる巨大軍事費の出費、農村の疲弊、失業、貧困の問題を抱える。これらの大問題を経済的に解決したのが高橋是清による経済財政政策だった。多分ケインズ経済学も学んでいない高橋是清がスペンディング政策で難局を乗り越えた。これが一般的な理解である。昨今の経済恐慌に対して、高橋是清が昭和恐慌から脱出した教訓に学べ、とする風潮がある。高橋是清に対する評価はこれで良いのだろうか。本章は財政運営を支えた政策装置が「日銀による国債引受け」であったことについて、これを問題として「陰の部分」を取り上げ検証する。

1　高橋是清の経済財政政策

高橋是清は、激変する経済環境のなかで不換紙幣による管理通貨制度を日本で最初に定着させた。銀行券には兌換銀行券と不換銀行券とがある。金解禁、すなわち金本位制に復帰すると、兌換銀行券として金に代わって流通するから、貨幣流通の法則に従って流通必要量だけの金貨幣が流通する。物価が上昇すると流通必要量が増加するから兌換銀行券は増発される。

ところが金輸出を再禁止して金本位制をとらなくなると、銀行券は不換銀行券となって金との交換を停止されてしまう、国家が通貨を人為的に管理することになる。不換紙幣は国家によって強制通用力をもつ法定支払い手段となる。銀行券は国家が発行していない。日本銀行が発行している。国家が追認するのである。

さてこの状態で不換銀行券は金からの制約を絶たれて、どのように流通するのか。これは発券する日本銀行によって商品流通の必要に応じて発行される。やはり兌換銀行券と同じように流通必要金量を超えることなく期限がくると発券銀行に還流して、消滅しインフレーションが生じないようにする。これが原則であり建前である。

高橋是清は蔵相として兌換→不換→兌換の政策をとってきたのだが、日本国内に経済状況が混乱する大変な時期に遭遇した。

①一九一八年に第一次世界大戦が終了した。ヨーロッパは戦後復興の課題をもち、これらの解決策が一九二〇年代の方向を規定した。一九二二年ジェノア会議での専門家委員会の決議は、金本位制復帰を最終目的として、増税でなく支出抑制での財政均衡、紙幣や銀行信用の増による財政の不足を補填するのでなくインフレーションを停止し、通貨の金表示の価値を定めて金本位制に復帰すべし、その場合各国の事情により旧来の貨幣価値の切下げ→新平価解禁、金為替本位制（金と交換可能な為替手形をもって通貨発行）でもよい、との内容であった。要するにロンドン、ニューヨークなどに金を集中させ、金と交換可能な為替手形をもって通貨発行準備にあてることを期待したのである。

各国はアメリカを除いて金本位制に復帰した。日本も一九二九年に方針を決め、一九三〇年に旧平価で金本位制に復帰した。日本は、大戦後戦争景気で好況を迎えたが、米価高騰→米不足→米騒動など景気後退にみまわれ、生産の減少とインフレーションとが昂進していた。ここで旧平価での金本位制を進めるとデフレ圧力をかけることになる。日本は戦前（一九一三年）の物価水準に戻っていない。一九二四〜二五年当時三〇〜四〇％の物価切り下げをしなければ国内価格を国際価格にバランスさせることができなかった。このため、日本は金解禁、金本位制復帰に遅れることとなった。

②この時期、日本は、経済的な競争力は伴わなくとも、大国、戦勝国として、英、米とともに国際政治の采配を握ることができる立場にあった。中村隆英は、「金本位の採用は、日清戦争に勝った日本が背伸びをして〝脱亜入欧〟する一つの手段であり、経済の論理よりも政治に導かれたものであった(2)」、と述べている。日本の金解禁政策としては、一〇〇円＝四九・八五＄の旧平価解禁に固執した。一〇％の円高誘導を狙ったものである。その結果、日本の国際競争力はみじめに低下して、年々貿易は逆調、在外正貨は減少し、一九二八年の関東大震災以降為替相場も低落した。工業生産は伸びたが、農業生産は停滞し、企業の経営は困難となった。ここに至る経緯を述べる。

(1)第一次大戦のブームの反動で、不況↓価格暴落で企業が倒産していった。一九二〇年には茂木商店、七十七銀行が倒産。一九二七年には、鈴木商店、台湾銀行、川崎造船所、十五銀行の倒産があった。金融恐慌の勃発である。これらは氷山の一角で、多くの企業が倒産に巻き込まれ、銀行破綻を避けるために「震災手形(3)」法案などの政策がとられた。

(2)この時期、鉄鋼、化学工業、機械工業の利益率の低下は企業経営を悪化させ、政府は、早期に金解禁による金本位制の復帰を目指したものの、蔵相高橋是清は国際潮流に従って金解禁にふみきることには反対し、積極的な財政政策で成長は促進されたが、国内物価は国際水準に比して割高に維持された。

このことで日本が世界のデフレ潮流に立ち遅れたが、関東大震災の損害額はＧＤＰのほぼ三〇％の震災の影響で、原材料、製品、生産設備の壊滅のために生じた輸出の減退、復興需要による輸入の増加で国際収支は大きく赤字化して為替相場も三八ドルなかばまで低落した。多くの企業は経営内容を悪化させた。

一九二〇年代の積極政策が復興需要とあいまって景気の下支えをし、デフレの潮流から金解禁を目指す世界の潮流に気兼ねしつつも、国内経済の危機を見捨てることができなかった。彷徨の副産物であった。

国際収支逆調下での積極政策という辻褄合わせでは外債に依存せざるを得なかった。一九二三年には、東拓、東電、満鉄が英米市場で社債を発行し、その金額は一億円に達した。一九二四年には国辱外債三億円のほかに、二億四四〇〇万円発行。一九二五〜二八年まで同額程度発行。外国企業が日本で合弁、資本参加してくるようになった。貿易では生糸がアメリカを最大の輸出先とし、綿花はアメリカからの最大の輸入先になる。しかし、日米のバランスでは、日本は輸出入の三〇％以上がアメリカに依存し、アメリカにとっては日本のシェアは輸出で五％、輸入で一〇％に過ぎなかった。国際収支の赤字は外債に頼るほかなく、このジレンマの解消としては金解禁しかなかった。

2　高橋是清による「日銀による国債引受け」

①高橋による金解禁＝金本位制への復帰政策は日本の国際競争力が弱い時期に旧平価に戻す（当時一〇〇円＝四四ドルまたは一ドル＝二円三〇銭を旧平価一〇〇円＝四九・八七五ドルまたは一ドル＝二円五厘九毛）復帰政策であり、国内の状況が未調整のまま強行された。貿易収支は悪化、国内は緊縮政策を実施、軍事費も削減、物価は下落、世界恐慌の影響で輸出はさらに不振に陥る。国際的なデフレーションであるが卸売物価の下落水準はアメリカはじめ先進諸国に比べて下落水準はまだ割高であり、国内価格を国際価格にバランスさせる必要があった。日本が世界的なデフレーション的潮流に遅れているのに、この状態で金解禁＝金本位制に復帰したことは失敗だった。

②一九三一年に満州事変が勃発する。再び蔵相に復帰した高橋は、一九三一年一二月の就任と同時に金輸出を再禁止してわずか一年後に金本位制から管理通貨制に切り替える。為替相場は下落する。高橋は、今度は為替相場のなせるままに放任し日本の円は下げに転じた（一ドル＝二円→一ドル＝五円）、六割の下落である。高橋は円安誘導による輸出振興を狙ったのである。金利も引き下げた。（公定歩合五・一一％→四・三八％）激しい財政支出の圧縮と、国民にも消費節約を求めデフレーション政策をとらざるを得なかった。このため農村の危機を理由とする右翼テロ、大陸での軍事行動の引き金となり、日本経済をおりからの世界恐慌と重なって谷底に突き落とす状況となった。また労働者、中小企業、農民への配慮が欠如していた。中小企業は金融のパイプが細くなり、農業は世界的な過剰生産のなかで繭ほか農業生産物価格は低落し、農民の所得は窮乏化した。雇用は停滞し失業者に対する対策はなかった。経済的弱者には厳しすぎる政策となった。

反面、大銀行にとっては、国内よりも安定的且つ金利も高い海外で資金を運用できた金本位制は魅力的であった。外債の元利支払いも為替相場の上昇によって負担軽減される。金融機関が所属する財閥にとっても金解禁とその経済政策が、勢力圏を拡大する可能性を秘めていたのである。日本の財政金融当局はイギリス、アメリカに対する信頼をつなぎとめることに懸命で、金解禁は三井財閥、池田成彬らの強い意向でもあった。しかし、主役高橋是清は低為替、低金利、財政支出の拡大を主軸とし、金本位制を停止した。それは、満州事変が勃発する条件下での政策転換であった。

日本の対イギリス、アメリカ関係は、上海事変、満州国建国によって悪化する。しかし、日本は満州国への投資を積極的に拡大する必要に迫られる。日満円ブロックの形成は金本位制崩壊後の日本の国是となる。これらの投資が可能ならしめたのは、低為替、円安による輸出増加と輸入の削減で、一九三〇年代前半の経常収支に余裕が生じたからだが、この政策が成り立つのは、日本とイギリス、アメリカとの良好な関係によるものであった。

③一九三一年満州事変の勃発での軍事費調達、第一次大戦後の米価格暴騰、農業政策への経済政策、一九二三年関東大震災、復興公共投資など、経済危機を二つの手法で解決しようとした。

(1)一円＝四九ドルを一九三三年には一〇〇円＝三〇ドルへの為替相場を放置介入せず、自然に任せて円安導入をはかり輸出の増加に導いた。

(2)経済危機脱出の手段として、国債の日銀引受け発行による財源を確保してスペンディング政策＝ケインズ政策を実施した。

そのためには「兌換銀行券条例」を改正しておかなければならない。一九三二年に、その制定から三三年ぶりに、保証発行（正貨、金および確実に金に換えうる外貨準備ではなく、国債などの保証物件を準備として行う日銀券の発行）への改正である。

ここで金本位制から離脱して管理通貨制となり、金という重しから外れて流通必要量を超える限度がこれまでの一・二億円から一挙に一〇億円に拡大され、制限外発行の税率も三％に引き下げられたのである。『日本銀行百年史』には、「これによってわが国の通貨制度は、管理通貨制度への第一歩を記したとみるべきである」(4)と書かれている。

(3)一九三二年四月、日銀による国債担保貸出しの高率適用（従来は公定歩合に対して日歩一厘高）を廃止して規模に関わらず最低公定歩合とした。一九三六年日銀による国債低利借換え策により、五分利国債を三分利国債に二六億円もの借換えが行われ償還期限も一二年から一七年に次第に長期化された。市中金融機関が国債を保有しやすくした。

(4)国債の日銀引受け方式導入によって金融機関には国債保有しやすいように、国債だけは時価評価でなく簿価価格で可とする法案を作り（一九三二年七月「国債の価額計算に関する法律」）、国債価格が下落しても評価損を計上しなくともよいシステムを創った。このため金融機関が国債を大量に保持させた。(5)

(5)一九三六年一〇月、高橋是清が二・二六事件で倒れたあとも、後継者によって日銀は国債担保貸出しを容易化し国債の売り戻し条件付き買入れを始めている。(6)

これらによって一挙に国内マネーサプライは拡大し、低金利下で金融は一挙に緩和された。国債の日銀引受け方式でなく、国債をオペレーションによる方法もあったはずである。しかし高橋は「既発の公債の買上げとなると資金が少ないから満州事変、その他の新期国債発行がうまくいかない。それよりも新規公債を日銀が引き受ければ、それだけ金が市場に出て行く」と述べている。(7)軍事費の調達には向かないし、マネーサプライ効果も薄いと判断した。

3　高橋是清をどう評価するか

高橋以前の日本がとってきた金融通貨制度の経緯を復習する。

日本政府は、その揺籃期に、明治維新後の西南戦争の戦費調達から物価暴騰インフレーションを招いたことを経験している。大隈重信が大蔵卿として引き継いだとき、アメリカのナショナル・バンクの制度にならって、正貨兌換の銀行券を発行し、それまでに流通していた藩札、太政管札などの不換紙幣をこれと引き換えることを企図した。それは株式会社制度による国立銀行によってなされ、一八七二年制定の国立銀行条例に基づいて設立された民間資本による近代的発券銀行で、設立者は資本金の六〇%の金額の政府紙幣を政府に納入し、政府はこれと引き換えに六分利付公債証書を交付し、この公債を購入して政府へ抵当として預け、同額の正貨兌換の銀行券を発行する。こうして、旧幣を整理し通貨の安定と殖産を計画した。ところが第一国立銀行など四行は不換紙幣の発行が続き、抵当公債に金禄公債(8)などが付け加えられ華士族の出資があいついだ。公債の発行高は一億七三八五万円の巨額となり西南戦争での戦費調達には好都合となったが、巨額の国立銀行券による通貨増発と、軍備のための物資の需給が逼迫してインフレーションを招いてしまったのである。

日本は一八七一年新貨条例によって金本位制を採用したのだが、実態は貿易銀を鋳造する金銀本位制で、一八七三年国立銀行条例により金兌換を行ったが、金銀比価がすでに低落していて、金はたちまち流出し、国立銀行の経営は成りたたなくなった。そして国立銀行券の乱発紙幣価値の低下インフレーションとなったのでる。

一八七六～八五年まで国際的には銀本位制であったが、実態は管理通貨制であったことになる。このあと松方正義によって、一八九七年に金本位制が採用された。金二分（〇・七五g）＝一円とした。すでに紙幣と銀との交換比率は、銀一円に対して、一八七七年には一・〇三三円→一八八一年一・六九六円。政府は、財政赤字により支出を削減し収入の増加を計る松方デフレーションによって紙幣を償却する選択をする。一八八二年には、日本銀行が設立されている。しかし、松方による金本位制の採用は、清国からの賠償金のすべてを投入するものだが、現実には、軍備拡張、公債費負担の拡大、公共投資増で外貨準備はたちまちなくなり外債発行に迫られた。その経済的効果は、金本位制採用後、清国向け綿糸輸出もほとんど停止してしまうというものであった。松方は、銀本位制下での銀安による輸出価格減による輸出量増と輸入コスト高による物価騰貴の損得勘定では、むしろ銀本位制維持が得策であるにもかかわらず、反対意見を押し切って金本位制へと舵をきった。銀本位制下の経済発展要因を自ら放棄する金本位制政策をなぜ選択したのか。

小野一一郎は日本の金本位制の成立を、世界史的意義をもつ国際的な関連でみなければならないという。それは「東亜におけるメキシコドルの衰退期に現れ、東亜におけるメキシコ系銀貨（圏）の終焉＝植民地幣制改革＝金為替本位制の導入を確定する……日本が他の諸列強と世界市場に角逐しうる形態そのものを規定……このような側面をもつことによって、日本の金本位制成立はより豊富な含蓄＝世界史的意義を確保している」というのは、一八九〇年の国際収支上の入超の直接的原因は銀貨下落よりも、①一八八九年の米の減収による巨額の米の輸入超過と、②一八九〇年アメリカにおいてシャーマン購銀法が成立し、一時的に世界的な銀貨騰貴が生じ、そのことで日本の対金貨輸出に不利となり生糸輸出が激減したことであった。ところが翌一八九一年以後再び加速的な下降を開始し、一八九三年には金一に対して二六・七〇の銀価指数は一八七三年比四六・七%にもなる銀安となり、一八九二年のブリュッセル万国貨幣会議では銀価維持は失敗し、インド貨幣制度の銀価自由鋳造の停止とシャーマン購銀法の廃止となる。このうちインド問題は、日本にとって東亜における銀貨圏、銀市場の維持というイギリス本国自らの脱却を意味するものであった。このことで、日本が銀本位制から金本位制に移行するうえで一つの障害が除去された、と小野は述べている。[9]

日清・日露戦争後の日本が抱えた経済的な問題は、古典的な国際金本位制のもたらす論理、輸出入の黒字赤字に対応して為替相場により金保有量が増減し、それにつれて貨幣供給量が増減、物価水準が上下して、輸出入が増減して自動的に貿易収支が均衡していくという、銀本位制下で働いていたこの論理が、金本位制では機能しないことにあった。その選択は、中村隆英によれば経済の論理よりも政治の論理に導かれ、「金本位の採用は、日清戦争に勝った日本が背伸びをして〝脱亜入欧〟する一つの手段となった」[10]。唯一金本位制の移行によって外債発行が容易になった日露戦争の戦費は一七・二億円、その内公債、外債によって一四・二億円などで賄っていった。金本位制をとっていた唯一の利点は、外債が発行できたことである。高橋是清は日銀副総裁としてこの任にあたる。

ついで第一次世界大戦後の「戦後経営」の時代を迎える。戦争ブームは輸出増大と正貨の蓄積をもたらし大戦までの外貨危機は解消した。好況、税収の増加をもたらしたが、「戦後経営」という大戦好況の反動をもたらした。国際的な農産物価格の上昇→品不足に端を発する米騒動。一転して農業恐慌をもたらした。

そして、高橋是清による経済財政政策が始まったのである。高橋も同じ路線を歩む。しかし、今度は金本位制の利点を享受しないうちに、管理通貨制による、金という重石を外して政治的人為で通貨制度を運営していったのである。高橋是清は国債を日銀に引き受けさせることによって、満州事変にはじまる軍事費を調達するという現在では禁じ手を使ってしまった。

高橋蔵相は議会の財政演説で、「一九三二年度歳入は財界不況のため著しく減少するに拘わらず、国務の運行に必要なる経費の支出は已むべからざるものがありますから、――現行の公債法による事業公債並びに満州事件公債を発行するの外、新に歳入補填公債を発行するの已むを得ざるに至り――公債の発行方法は日本銀行並びに預金部その他政府部内の資金をもって、これを引受けしめ、一般市場における公募はこれを避ける方針」と述べた[11]。赤字国債、日銀引受けの始まりである。一九三二年一一月、四分半利国庫債券二億円がはじめて日銀引受けで発行され、以後新規発行の八〇～九〇％はこの方法で発行された。志村嘉一は、この狙いについて、「通貨の創出、財政資金の散布をまず行ない、民間経済を潤したのち、日銀は徐々に手持ちの公債を市中に売却して資金を吸収しようとする――こうすれば金利も引下げられるから、ひるがえって政府は低利債を発行しうることになり（一九三三～一九三五年は四分利債発行）産業は利子負担を軽減しうる。いわば市中公募の場合の一時的デフレ効果を避けつつ、結果においてはインフレにもしないで景気を浮揚させようというわけである[12]」、と述べる。すなわち流通必要量を人為的に実施する管理通貨制度の大胆な実施をしたのである。

こうしてその後、一九三七年には日中戦争（盧溝橋事件→支那事変）による軍事費の拡大で国債発行に占める軍事費の割合は七八％にまで拡大していった。その国債消化策として、国債担保貸出しの高率適応緩和、国債簿価公定制を採り、これにより金融機関は、市場に国債を売却するよりも、日銀から国債を借り入れるほうが有利となり、国債を手放さなかった。この推移と結果はインフレーションへの道となる。国債の日銀引受けは、日銀手持ち一九三七年五〇億円↓一九四四年九五億円。金融機関の国債保持は一九三七年一一億円（預金比保持率二五・五％）↓一九四四年は三三〇億円（預金比保持率四二・三％）。金本位制を離脱して管理通貨制となると流通必要量で収める金量ではなく、流通必要量を超え、これが限りなく広がるインフレーションをまねくのである。政府と日本銀行とは法人格は別であっても政府の政策に従うことになる。日銀に受け入れられる国庫金は政府預金として整理され、政府の歳入、歳入外収入はすべて日銀において政府預金の増加となる。人格はべつでも財布は同じである。

高橋是清によってはじまった国債の日銀引受けは軍部の便利な財布となり、戦争の拡大をもたらした。ただGDP比では、新規国債の発行は一九三二年をピークに三六年にかけて減少しているが、国債起債は顕著に増加し、この間発行された国債三九億円の八五％が日銀引受けとなっている、その九一％が市中に売却されてはいるが、郵便局での売り出しという新手を考え出している（一九三七年一二月より実施）。一九三八年四月より、公共団体、会社、商店等に拡大。同年六月以降個人に拡大された(13)。しかし、高橋是清が設置した国債の日銀引受けという路線は、その路線を引き継ぐ後継者によって、そのまま第二次世界大戦にまで続き、第二次世界大戦終了後も復員軍人への手当てに国債の日銀引受けが続けられ、一九四七年に赤字国債の発行禁止と国債の日銀引受け禁止を内容とする財政法が制定された。戦後のハイパーインフレーションを加速させたのは、敗戦による物資の異常な不足によるものではあったが、その始原は高橋是清による国債の日銀引受けであったといっても過言ではない。

大内兵衛監修の「満州事変以後の財政金融史」によると、高橋の財政運営スタンスを「昭和二〇年の敗戦までに連なる同系の財政のはじまりであった」とし、満州事変を契機に「累増の一途を辿る軍事費を出来るだけ無抵抗に調達するために膨大な赤字国債を発行しつつ、他方ではその公債の利払いにたるだけの増税もしないで、……略言すれば借金による赤字補填、もしくは大規模なインフ政策、これが高橋財政の内容であり秘密であった」と評価し、日本銀行は、政策金利の引き下げ、保証準備発行限度の拡大や制度外発行税の引き下げ等を行うとともに、公債の日銀および預金部引受け発行制度を開始して、公債消化の立役者となるに至った[14]、と厳しく評価している。

しかし、史実としてはその後、低迷していた景気は回復に向かう、例えば鉱工業生産は一九三一年に九・二％も落ち込んだのち、三二年七％→三三年一三％と大幅に増加するし、卸売物価は三二年五・三％→三三年四四％と急上昇して、実質経済成長率も三一年一％→三二年四・四％、三三年は一〇・一％と回復する。これらから高橋是清によるケインズ政策が成功したとする論者が多い。しかし中村隆英らは、金輸出再禁止と円安によって進展した金融緩和が物価の反騰をもたらし、景気回復をもたらしたのは、財政支出ではなく、金本位制離脱時の為替相場下落の意識的放置による円安誘導と低金利であったと述べる。ここでの高橋是清の政策が成功したことは認めても、赤字国債発行を日銀引受けによって行ったこと、これが日本の管理通貨制度の悪しき発端となったことは事実である[15]。

おわりに

本論は、アメリカのサブプライム問題に端を発する世界恐慌の影響下にある日本の景気後退からの脱却法を、昭和恐慌から脱出した高橋是清に学ぶという最近の一部論調を検証する目的もあって書かれたものである。もちろんこの当時高橋以前にも国債引受けが不調の際に日銀が引き受ける事例はあったが、市場発行を前提にせず全額を日銀が引き受ける制度は高橋の創案であり、しかも国債担保貸出しの高率適応緩和、国債簿価公定制の採用などという国債を保有する金融機関に、流動性不足時には日銀が公定歩合でいつでも流動性が供給され、金融機関、投資家は会計上の価格変動リスクを負わない制度を高橋是清は裏打ちしていたのである。財政状態は、不況による税収の落ち込みを、増税では賄えず国債に依存せざるを得ない危機的状況にある。現状国債の累計残高は七六八兆円、国内実質ＧＤＰが四七九兆円、二〇一〇年度予算では四四兆円を超えない範囲での赤字国債の発行予定となっている。

この状態を解消するための消費税増税は避けられないが、不況下で需給ギャップは三五兆円といわれており、この実施はギャップを拡大していく。不用意な一部論調では高橋是清に倣って、国債増発、日銀引受け論が出てくる。

これはかつて日本が一九四四〜五一年までの八年間に物価一四四倍、年率で八六%の物価上昇が続き、戦時債務と戦後復興資金を日銀信用によって賄うことで、その結果家一軒分の価値ある国債が、一枚の上着にしかならないハイパーインフレーションを招いたことを忘却した議論であることを決して忘れてはならない。犠牲は国民が払った。この遠因は高橋是清によるものである。一九三二年以降、高橋財政下で大規模な国債の日銀引受けを行った。

高橋是清による経済政策、すなわち、金本位制離脱と低金利政策、「時局匡救」事業、ケインズ的スペンディング政策で昭和恐慌を脱したという評価はできると思う。確かに高橋は国債の日銀引受けは「一時の便法」として、退任するまで国債漸減と軍事費の削減に懸命になり、「国力を超えた軍事費の膨張が真の国防でない」と力説し二・二六事件で倒れた。これらの点において、高橋是清を一面では評価できるとしても、その方法は、国債の日銀引受けという金本位制を離脱したのなら当然守らなければならない。軍事費など流通必要量以上のものを無制限に拡大して、はじまったばかりの日本の管理通貨制度を誤った方向に導き、それが戦後のハイパーインフレーションのもとになったことを考えれば、高橋是清による財政政策を諒とする見解には賛成することはできない。

注

（1）岩井克人『貨幣論』筑摩書房、一九九三年、一九一頁。

（2）中村隆英『明治大正期の経済』東京大学出版会、一九八五年、八四〜八五頁。

（3）関東大震災による企業倒産に対応して、「日銀震災手形割引損失補償令」が発動され、日銀が二年間再割引による補償を五億円実施した。四億円は償還されたが一億円は償還されず、これを一〇年間貸付として引き伸ばされた。この対象には鈴木商店、台湾銀行などがあり野党から問題として非難された。これが金融恐慌の引き金となった。
(4) 日本銀行百年史編纂委員会編纂『日本銀行百年史』第三巻、日本銀行、一九八三年。
(5) 富田俊基「1930年代における国債の日本銀行引受け」『知的資産創造』二〇〇五年七月号、九～一〇頁。
(6) 日本銀行「満州事変以後の財政金融史」『日本金融史資料・昭和編』第27巻、一九七〇年、一〇九頁。
(7) 富田「1930年代における国債の日本銀行引受け」一八頁。
(8) 金禄公債は明治維新で、禄制の廃止により還禄した華士族以下にその代償として交付された公債である。
(9) シャーマン購銀法とは、アメリカ合衆国大統領ベンジャミン・ハリソンが成立させた法律である。これによって、政府は毎月四五〇万オンスの銀の購入が義務付けられ、銀を金と並ぶ通貨本位とするのが狙いであった。アメリカの金は国外に流出し政府財政は破綻に追い込まれた。この法律は、西部銀採掘業者からの要請によるものであった。
(10) 中村『明治大正期の経済』八四頁。
(11) 富田「1930年代における国債の日本銀行引受け」一一頁。
(12) 志村嘉一『日本公社債史』東京大学出版会、一九八〇年、四六頁。
(13) 日本銀行「満州事変以後の財政金融史」一二六頁。
(14) 同前、八頁。
(15) 現行財政法第5条：「すべて、公債の発行については、日本銀行にこれを引き受けさせ、又、借入金の借入については、日本銀行からこれを借り入れてはならない。但し、特別の事由がある場合において、国会の議決を経た金額の範囲内では、この限りでない」、一九四七年制定。

結語

未来社会について、マルクスはじめ社会思想史上の賢人達がどのように構想してきたか、そして通過点期間をどのように通過し、通過点後の未来社会はどのようなものかを考察してきた。そして最後に、未来社会の前に現在世界のなかでどのようなことが起こっているのかを少し整理してみたい。

まず自然との共生の問題である。日本では、東日本での大地震、津波による災害に加えて、原子力発電所で起こった放射線漏洩による災害が起こった。このところ毎年夏の猛暑と冬の大雪などの異常気象、さらに昨今の山林で経験した大量の雨量による自然災害、海外でもアメリカのハリケーンやタイ・バンコク地方のチャオプラヤ川流域の大洪水による自然災害、これらは自然災害だけではなく、人災ともいえる。昨今の自然の猛威は年ごとに異常になってきた。これは、大量の森林伐採など人為的な地球温暖化現象の影響を受けていると思われる。

資本主義という社会システムはなるほど、よくできているシステムであることは認める。次から次へと利を求めて、イノベーションを続発させて生活を豊かにしてくれる。生産性も飛躍的に伸び、その成果である利潤も従来の社会システムに比べて格段の差異がある。しかし、大きな欠点がある。それは第一に自然を破壊してしまって自然との共生ができないことである。遂にあと五〇年から二〇〇年の間に人類が滅亡する危険に晒されていると多くの科学者が忠告している。

これは大問題であるのに誰もコントロールしない。一九九七年に各国の代表が京都に集まって、温暖化の原因となる二酸化炭素等の温室効果ガスを削減することを決めた京都議定書を取り交わしたのに、ついに守られないまま二〇一二年に期限切れになる。京都議定書ができたときから世界の情勢は変わってしまった。アメリカが産業界の反対から抜け出し、中国やインドの新興国は急速な経済成長で排出量が増え続け、先進国の責任と他人事でいる。自然の猛威というが、実は人災なのである。誰もコントロールできない資本主義のシステムを早く終了させねばならない。筆者が未来社会に希望を託するのはこの一点である。

欠点の第二は、資本主義が発達すると最後は貧富の格差が増大することである。二一世紀現在、世界人口の約八〇%は極めて貧しい。アメリカ人が一日約一〇〇ドルで生活しているのに対して、世界人口の約半数が一日二ドル未満で生き延びようと苦闘して生活している。最富裕二〇カ国の一人当たり所得は、最貧二〇カ国の三七倍に達している。日本では年に三万人も自殺をする。自殺の理由は、住宅ローンの清算など悲惨なものもある。病気になっても病院に掛かる費用もない人々がいる一方で、富者はとても使い切れない財を残す。これが資本主義の現実である。

資本主義の現状の問題点に目を向けよう。

まずなんと言っても先の地球温暖化の阻止である。日本にはこれに加えて原発による汚染問題がある。電力節電問題がある。原発は地球温暖化を短期的には阻止できても、今後数十年から数百年にわたって放射能汚染から孫子を保護しなければならない。原発の増発、原発輸出などとんでもない。政府がヒロシマ、ナガサキの「失敗は繰り返しません」という被災者への誓いを無視して、原発増大に力を貸し独占的原発企業に多額の援助を出してしまった。財源は税金と電力料金という国民の財布から出ていたのである。スミスが重商主義に猛反対したように原発主義に反対して、この増発は阻止せねばならない。原発のコストは設置区域への配慮費、事故後の処理費、被災者への補償費、そしてなによりも三〇年から一〇〇年以上にわたる人間への健康被害がある。これは何としても自然エネルギーへの転換を、日本が誇る科学技術で克服するだけでなく、この成果を輸出して災い転じて福となさねばならない。

資本主義の現状に目を向けると、アメリカ経済の停滞と中国の驚異的な高水準の経済成長が目につく。従来の通貨基軸国アメリカ経済の停滞についてみるならば、アメリカは二〇一一年五月で失業率は九・一％に上昇し約四〇〇万人が失業している。この経済停滞から脱するのは難しい。アメリカはすでに製造業から撤退して生活財は中国などからの輸入に頼っている。輸出するものはサービスとしてのコンサルティング・会計・保険・金融・教育サービスなど、要するにハード財でなくソフト財になってしまっている。そのなかでも金融が群を抜き、サブプライムローンなどで失敗して全世界に被害を撒き散らしたのに、まだこれに懲りずにこのウエイトは高くならざるを得ない。製品輸出が減少して日用品、電化製品など輸入依存度が高くなる。輸入先はどこかといえば、中国がダントツでアメリカと中国との輸出ではアメリカ九一九億ドル、輸入三六四九億ドルと大幅赤字となる。中国とEUとの関係では、財貿易ではEU→中国一一三一ユーロ、逆にEU→中国では二八二〇ユーロとEU側の赤字。このような関係を継続すると、世界銀行では実質、中国、アメリカ、EUの三極体制となるだろうと予測している。したがって中国が製造業において世界の首位にたつ巨大な国となったのである(1)。

確かにEUの将来は不安ではあるが、EUという人類が成し遂げた歴史的連合は維持し守ってもらいたい。そして、世界への連合アソシアシオンのモデルとしていき続けて欲しい。

一方アメリカの国家財政はどうなっているかといえば、他国による借財を国債発行依存での賄いが続いている。二〇一一年三月で外国人によるアメリカ国債は四・四八兆ドル、その七〇％が外国の中央銀行で、中国が一・一兆ドル、日本九〇八〇億ドルであった。最近では中国のアメリカ国債の購入ペースは落ちている。またFRBは一・五兆ドルのアメリカ国債を買い入れ保有している。このように自国の国債を中央銀行が保有する危険極まりない状況で、これでアメリカの資金バランスを保っていることになる。

さて日本はどうか。従来から日本国債は一四七六兆円の潤沢な個人金融資産と大幅な経常黒字に九五％の国内消化率に守られて安泰とみられてきたが、国家財政の急激な悪化と膨れ上がる債務残高で、ここ三年で税収と公債発行額が連続して逆転し、税収三九・六兆円、歳出九六・七兆円、公債発行四四・三兆円と半分程度は借金に頼る異常な状態が続きEUのギリシャ・イタリア以上である。ついに日本国債の格付けが一段落落ちてイスラエル・エストニアと同格となった。財政赤字を国債発行、日銀引受けによって解消しようという見解がある。これは結果的に借金を、将来日本を背負う孫子にツケをまわす方法であって、これは回避すべきである。国会では、当面増税によって賄う論議が行われている。その前に財界が歓迎する無駄な公共投資の削減や、貧富格差の是正など必要とは思うが、取りあえずは福祉、年金、災害復旧に当てられる増税は緊急避難としてやむを得ない国家の政策であると思う。

最近与野党が伯仲して、なにも決められないことを非難し「決められる政治」を主張して評価を得ようとする一団がある。権力を握った人間が、やりたいように任せて、日本のみならず、世界史上、テロリズムにまで発展していった歴史をよくわかってもらいたい。政治は効率ではなく、これこそが民主主義の良き非効率なのである。時間をかけて民意に問い、誰が得して誰が被害をこうむるのかをよく考える時間も大切である。

以上を総括すると、アメリカがダントツで落ち込み、日本が危機的ではあるが、まだEUよりましだという見解から、為替では円が買われて円高になっている。円対ドル三五円説から一〇〇円戻しの説まで述べられていてわからない。確かにこれは何かのはずみで急速に円安に転じる可能性が高く、財政再建と社会保障システムの遅れによっては、日本国債は危険という見方になっている。EUは従来から、EU銀行はドル建てで借入れ、ドル建てで運用する取引で行い、サブプライムローンの焦げ付け拡大で被害を蒙り、ドル流動性不足になりドルの対ＥＵ通貨為替相場が急騰した。そして、今回のギリシャ・イタリアほか弱小ＥＵ国の対応におわれている。

国際貿易、特にＴＰＰ（Trans-Pacific Partnership：環太平洋戦略的経済連携協定）について言えば、アメリカとの関係で従来から金融、貿易の自由化にアメリカ基準に押し付けられた苦い経験がある。今回のアメリカのＴＰＰでの日本への狙いは金融、公的医療制度と地方の公共事業がターゲットだということが気になる。公的医療制度は、今はターゲットになっていないが、そのうちアメリカは要求してくる可能性大である。日本が誇る国民皆保険制度にほころびが生じてくる。また農業の壊滅が心配である。林業が外国の安価な外材によってだめになったように農業をどう護るかを政府は真剣に対応する必要があろう。ただ内向きだった日本の姿勢を、外に向けて、ＴＰＰに参加すれば製造業を中心に輸出企業のビジネスチャンスが広がるということも考えねばならない。

以上が、世界経済からみた現状の問題点である。これらは大変な四面楚歌であり、経済学者のなかには世界的恐慌が発生するとか、もう始まっているとかの議論をする人もいる。確かにアメリカでも貧富の格差を巡ってデモが起こり、世界の各地に広がっている。基軸通貨ドルの信認も薄い。失業者が町にあふれる姿は世界中で見られる。世界の失業者は一九二九年からの大恐慌に近づく二億人に達している。若者の失業率が高く長期失業者が構造的になっている。一年以上失業している者の割合はフランス四〇・五％、ドイツで四七・三％、イタリア五〇％、日本四〇・二％、スペイン四〇・五％と世界的に悪化している。

資本主義終焉の最後の鐘が鳴るのだろうか。いやそう簡単に怯まないのが資本主義である。

筆者は、経済学者が口をそろえて唱える、経済の成長率の増大による成長神話は、現状この資本主義の段階では終息し、資源にしても、原発にしても、科学技術の発達に望みをかけるだけでは解決できない転換点に到達している、世界全体の経済成長は発展途上、中国、インド等成長途上国に限られ、もはや転換点にきている、むしろ先進資本主義国ほど。縮小社会に備えていかなければならない時点に達したとみている。厖大な富をどのようにして貧者に拡散するのか。後進資本主義国の保有する資源を、地球温暖化にならないようにしてどう活かすのか。それは従来の資本主義の社会システムでは解決できない。しかし資本主義の発展の結果生まれた制度システムは活かしていくべきであって、計画経済システムの失敗を追うべきではない。マルクスが『資本論』で未来社会へのヒントとしての株式会社の社会システムを活かして、しかも貧富の格差と、資源の有効活用によって地球温暖化をまねかないよう、自然との共生が可能なシステムを実行していく。それが経済学に与えられた課題である。そして資本主義の胎内で次の社会システムが胎動している。

それは資本主義の中で中核のシステムとして稼動した、株式会社システムである。マルクスは『資本論』や『経済学批判要綱』のなかで述べたように、大工業が発達して機械工業になると、巨大な資本が必要で、金融機関からの借入れでは、一定期間後に返済しなければならない。資本はすでに機械や材料、労働力に投下されていて返済すれば、資本の循環運動が停止してしまう。そこで企業を株式会社にして株式を発行して株主から資本を調達する。誰が経営していくのか、経営者である。資本家も株主の一人であって、労働者も株主となることができる。資本家は経営者に経営という複雑労働を譲り、やがては労働者も経営労働を行うようになる。資本家は誰もいないことになる。なぜこんなことになるのか、それは株式会社では資本の所有と経営という機能とが分離しているからである。生産手段の所有者は、もはや資本家ではなく、もし労働者が株主となれば、労働者が機械など生産手段を占有しているのである。これでは私的所有というシステムは破綻してしまっている。たとえ株主でなくとも、労働者は同じ仲間で創意工夫をして仕事を改善する。経営者に命令されなくとも自発的に創意工夫するのはなぜなのか。それは自己の能力を発揮することが楽しいからである。マルクスはこのような現象を「社会的個体」の発展と名づけている。

ここまで来るともう未来社会の入り口ではないか。マルクスの未来社会のイメージとはなんだったのか。「個体的労働において類的存在となったとき、人間解放が完成される」類的存在とはなにか。人間が他人と共存して自然を対象に自然と共存しながら、他人を手段とせず利己的にバラバラに生きることのない存在であることである。株式会社のシステムではこの形態が完成されている。利益は株式の持分で配布される。資本家が労働者を搾取する形態を抜け出している。資本家も労働者も株主でなければ剰余価値の分配に参加できない。労働者は生産手段を利用して生産行為を行い。創意工夫をして能率を上げる。従来の資本家の、意図せざる結果が発生するのである。もちろん筆者は単に「形態のみが出来上がっている」ことは承知している。実態としては全く逆で相変わらず、大資本家が大株主であり多額の富を独占し、労働者は貧しく、さらに下請やパート労働者を安い賃金で搾取している。充分承知している。しかし未来社会の形態をとっていることを利用して真の、民主主義的な類的存在としての人間社会を築いていく素地があるという認識をもって、未来社会を目指すことが必要であると考えている。

マルクスによる株式会社論は、従来から等閑に付されてきた。その理由は、マルクスの思想は、貨幣をなくし、商品、したがって市場をなくし、国家もなくすものであって、そのいずれもが必要な株式会社をもとにして未来社会を築くことはできない、と否定されてきた。しかし筆者が論じたように、マルクスは初期の段階では貨幣も廃棄する考えであったがイギリスに渡り古典派経済学者スミス、ジェームズ・ミルを研究していくうえで彼の経済学を確立していく。W－G－Wという市場での交換では貨幣は廃棄できない。しかしG－W－G’という生産関係では貨幣の存在が問題となるが、この場合でも貨幣を廃棄したところで問題は解決できない。生産関係そのものを変革しなければならない。そのためには資本主義そのものの社会システムを変革しなければ解決できない。その生産関係を株式会社システムの改革によって可能となる、というのがマルクスの論理であった。具体的に株式会社制度でどのように変革していくのかは、未来社会を創造していく経済学者の大変重要な仕事となる。

もっと大きな視点「文明はいかに変わるべきか」から観る哲学者梅原猛[2]は、デカルトも、それを批判したハイデッカーも『森の小径』(Holtzwege)で、「自然の諸エネルギーを平和に放出し、変形し、所蔵し、操作すれば、人間は人間たることを万人にとって耐えうるものにすることができ、全体として幸福にすることができるという見解である。しかしこの平和的なものの平和とは、意図的にただ自らのみによって自らを押し通すという狂気の沙汰が妨げられることなしに続いていく落ち着きのなさにほかならない」と述べ、今回の東日本の大震災が、天災であり、人災であり文明災であると述べているようにも見えるという。しかし人間だけが地球の全支配者ではない。太陽も水も自然のなかから出てくる。すべての動植物は仏性をもつという東洋の文明視感をもって、動植物と共存して人類の持続的安泰を図らねばならない。と講演された。同感である。自然と共生できない社会システムではなく、動植物も含めて太陽と水の恵みを受ける。このような「文明に変わるべし」である。

大谷禎之介は、近著『マルクスのアソシエーション論』のなかで、マルクスが「経済的社会的構成体」(Formation)について、この「構成体」なる概念は地質学での「地層」のことで「さまざまな地質の累層」を意味するとして、次のように述べている。「さまざまな地質の累層の順次的継起について、ひとは、明確に分離された諸時代が突如として現れるなどと考えてはならないが、さまざまな経済的社会構成体(Die ökonomishe Gesellschaftsformation)の形成についても同様である[3]」「マルクスは眼前の資本主義も、それ以前の幾層にも重なった経済的社会構成体のうえに形成されたひとつの歴史的な地層であって、この地層の上にいずれまた新たな地層が形成されるとみたのである」[4]。マルクスのイメージに従うと、資本主義の地層はアメリカ、中国、日本とかで幾分ちがうだろうが、このなかで地震が起こったように地層が大きく変動する瞬間がある。恐慌とはまさに地震のイメージでこれが発生したとしても次の新しい未来社会という地層に一挙に変化するわけではないが、地震と違うのは虐げられた民衆が搾取者に対してデモンストレーションを起こすように、自然と湧き出る運動であったことは、歴史的にでき上がった古い地層を分析してわかることである。ともかくここ最近の世界の大変動は新しい地層がうまれ出る歴史的瞬間かもしれない。

見田宗介は『社会学入門――人間と社会の未来』で、現代社会は「農耕を基礎とする第一次産業革命が「文明」の社会を形成し、工業を基礎とする第二次産業革命が「近代」の社会を切り開いてきたことと同時に、情報化を中心とする第三次産業革命は「現代」の社会を告知する。情報化は、その可能性の核心を見る限り、工業化の技術とは対照的に、有限な物質資源の採取解体ということなしに、無限の価値の増殖を可能とする技術、あるいは、無限に新しく展開しうる幸福と感動の鮮度の持続を可能とする領域であり、このようにしてそれは、高次化された〝安定平衡系〟としての社会の存立を、この惑星の現実の条件の下で可能とする技術の領域であるからである。……この四つの産業革命が次々と切り開いてきた人間史の四つのステージは「重層的」なものである。……ひとつが死滅して、それに変わって新しいものが出現するという仕方ではない。……これが未来の方向を構想するということの上でも、決定的である。……生産の自己目的化を転回して〝享受することの幸福〟の本原性を復位する〝消費化革命〟と、マス・メディアの一方向性を転回して〝交信〟のテクノロジーを用意する〝情報化革命〟は、この名づけられていない革命、……人間と自然との関係、人間と人間との関係の双方における、共存することの祝福ともいうべきものを基軸とする世界を切り開いていく未知の革命を、はるかに準備する転回であったということができる[5]」と述べている。マルクスの地層、シュンペーターが、前資本主義的要因が常に経済体制の中で、「隔世遺伝的に」影響していくものとして、常に過渡期的性格をもったものとして理解していたのとほぼ同じ思考である。共通することは、未来社会は従来の社会の中から胎生されてそのシステムの高次化であるとする見解である。梅原猛も通奏低音としては同じ発想に立っていると思う。これが「意図して設計」か「意図せざる結果」か、は見解が分かれる。賢人達の知恵を学びたい。

最後に本書のまとめをしよう。本書はスコットランド啓蒙学者から始まってマンデヴィル、スミス、ハイエク、そしてケインズ、シュンペーター・河上肇と最後にマルクスと社会思想史上の人物が思考する理論から次の経済的社会構成体とはなんだろうという興味を綴ってきた。

第1章では、まずハーシュマンの論考に従って「意図してか設計してか」という観点から社会システムの移行について論述した。

スミスは、意図して設計したのではなく無数の人間の行為は織り成されて、彼の意図したことと全く異なる結果をつくり上げており、個々人は社会全体の利益を考えて行動するのではなく、交換に際しても自己の利益だけを考えて行動すると考え、ハイエクは、秩序の形成について、個人の行動を離れて社会全体なるものは実在せず、各個人の互いに独立した自由な行動が「意図せざる結果」としていつの間にか社会全体として秩序を形成してしまうと考えた。ハーシュマンは、情念の沈静化を、利益をあげることで実現し、そのために頭で工夫してインダストリーを立ち上げる、これこそがインタレストであるというパラダイムをつくった。それは人間が予め設計したものではない。「意図せざる結果」、資本主義をつくってしまったというのである。

未来社会は、「意図せざる結果」でき上がるものではないが、「意図せざる結果」、古い「社会構成体」のなかで新しい地層が形成していくのであろうか。

第2章では「重商主義批判」「富のパラダイム転換」を行ったスミスを、後世のわれわれに与える未来社会への視点を持っていると評価して社会思想史上の人物として取り上げた。

そのなかでも、国家、政府が「全体に対する効用が正義の効用」のスローガンのもとに弱者である市民社会にいる国民に対して不利益と、独占商人や重商主義者に過大の利益を与えることにスミスが、身体を張って『国富論』を著して世間に訴えた、その行為を高く評価して未来社会に活かすべである、との観点を述べた。同時に当時から「公債や金融」の扱いに対して今後起こりうる難点を予告していたスミスに学ぶべしとの戒めを論述した。

第3章のケインズの論文の最終結論は、個人主義的資本主義の体制的矛盾の追及であり、ケインズの処方箋は、私的利益の追求が即公共善となるためには、国家が一部介入する以外にないということだった。ケインズはマンデヴィルの『蜂の寓話』から例をひいている。マンデヴィルは「繁栄した社会における恐るべき窮状」を描いている。そこでは、政府も人民も消費を差し控えて貯蓄し、奢侈を戒めて貯蓄にいそしむ。倹約は確かに個人的美徳であるが、社会全体では物が売れず過剰な在庫を抱えて、職人は失業するというような悪影響も与える。土地、家屋の価格は下がる。ケインズは、マンデヴィルの「私的利益と公共善の調和という思想」のほかに、むしろ「熟練した政治家の巧妙な監理によって」という条件付与の思想にコミットしたと考える。自由放任のもとでは、技能によるか運によるかを問わず、適切なときに適切な場所に身を置く技の修練に強い刺激を与えるに違いない。かくして、最も強力な人間的動機の一つ、すなわち貨幣愛（love of money）こそが、富の増大に最も適した方法で経済資源を配分する仕事に人々をかりたてるのである。人間が利他主義になるなど期待していないにしても、国家そのものでなく、中間組織のアソシアシオンをつくる到達点がケインズにもあったのだ、と考えてよいだろうか。興味深いのは、株式会社組織の動向である。一定の年数と規模に達すると、それは個人主義的私企業の段階にとどまらずして、むしろ公法の人（public corporation）に近づいていく傾向にある。それが、ケインズが述べた中間的「半自治的組織」にならないだろうかと考えている。これは未来社会を考えるヒントになる。

第4章はシュンペーターの社会主義論である。

シュンペーターという巨人が、なぜ資本主義は生きのびることができずに、社会主義が必然的に次の社会システムになると断言するのか。この謎にせまる。中央集権的社会主義が社会主義システムを維持していくと断言するシュンペーター。この秘密に挑戦してきたのがこの論文である。シュンペーターは、マルクスとは違って社会主義の青写真を明確に示している。しかし、それにもかかわらず、「社会主義の文化的不確定性」の問題に直面すると見ている。社会主義的でありながら、同時に絶対的な支配者に統御される。または民主的な仕方で組織されるか、貴族的であるか、プロレタリア的であるか。宗教も神政的であるか、無神論であるか。それはわからないという「不確定性の原理」を述べる。動態的に環境に適応していくには幾つかの多線的過程がある。ダーウィンがマルサスから学んだといわれる、「個体群」としてどう適応していくのかという問題は、いかにその社会システムが環境に適するか、淘汰されないかという問題である。ここに、シュンペーター理論の本質がある。シュンペーターを社会化論者として観察すると、シュンペーターにとっての社会主義は、「単に胃の腑を充たすだけでなく、もっと高遠な新しい文化世界を意味するもの」である。資本主義は成功し、イノベーションの減退もなさそうである。シュンペーターの構想は、経済領域の成功だけを問題とするのではなく、非経済の領域、社会秩序という面で不安定になり、いくら経済領域で安定していても不可避的に崩壊する、というものであった。

今日、資本主義は成功したといえるだろうか。富の格差は大きすぎる。資本主義的合理主義の世界で、有り余る富、余暇が与えられ、他方で貧者は抽象的人間として、日本では年に三万人も自殺する不幸があって、小学生の三年生から、好きなサッカーを諦め、塾に通い、一流大学にはいっても好きな学問を選ぶよりも、就職に備えて、興味もないゼミを選び、学問をせずに、弁護士や公認会計士の資格予備校で勉強する学生。この人々をみると、シュンペーターが述べていたことがよく理解できる。「単に胃の腑を充たすだけでなく、もっと高遠な新しい文化世界」を求めたい。資本主義は成功したといえるだろうか。

日常的ルーチンワークとして、動態から静態に達したときには、「資本主義として生きのびる」ことはできない。そして、必然的に社会主義となる。それはいつのことか預言者でないからわからないが、一〇〇年といえども短い時間とシュンペーターは考える。そして、どのような社会主義かは不確定である。しかし、その青写真では中央集権的であることは譲らない。これはなぜなのか。まず社会システムとしてこれをリードしていくのは、個人的環境ではなく集団的環境であり、それは集団的行動である。しかし、それはあくまでも偶然的要素や個人的要素に、つまり「不確定性の原理」に左右される。指導者集団、階級の人間の資質によるだろう。具体的には、「官僚機構」が民主的で、高遠な新しい文化を築いていくかどうか、これも「不確定性の原理」に基づいて多様な可能性がある。これが、シュンペーターの社会主義のイメージである。この「官僚機構」による集団的環境と、ローマ教皇庁的「官僚機構」のイメージが、シュンペーターにとって重なっているのではないか、というのが筆者の指摘である。自由な結社アソシアシオンの集合的組織が、日常的に新結合（イノベーション）を行う動態の世界を考えていたのであろう。シュンペーターはこの重苦しい社会の到来を早くから予期していた。文化的プロメテウスが失われていく社会は成功ではなく破綻である。これを救う道として社会主義を構想した。それはシュンペーターが好んでいるからではなく、これしか道がないからである。色々な青写真を示すシュンペーター。しかし、そこに至る方法は「不確定」であると述べ、多様な道があるとも断言する。それを選ぶのは、環境にどのようにして適応していくかという人間という生物種の選択しかない。ここに、シュンペーター理論の現代的意義がある。

第5・6章は、マルクスの貨幣論の研究である。筆者の興味は、未来社会で貨幣を廃棄するとマルクスは本当に考えたのかということの追求である。マルクスは、未来社会の具体的なプランを語っていない。しかし、未来社会への通過点については具体的に語っている。通過点としての株式会社論では、貨幣、商品生産、資本、擬制資本までも必要とする世界である。二〇世紀でわれわれは社会主義の崩壊という歴史的事実を直視した。この教訓の上に、マルクスの研究を継続して研究していくべきである。商品生産、貨幣、資本という物象を利用して物象化されない世界を想定して、そこへ回帰していては学問の発展はない。物象化された世界を完全には拭うことはできないだろう。問題は、未来社会の人間がどのようにして、商品生産、市場、擬制資本など矛盾の原点を人類の道具として、逆に管理、利用できるのかと言うことである。具体的にどのようにして生産関係を変革するのか。幸いながらマルクスは素晴らしいヒントを残してくれた。株式会社が未来社会への通過点である、というヒントである。

第7章は、社会主義への通過点としての河上肇の株式会社論である。

河上肇は、社会主義が血縁によって結ばれている家族以上の、より大きな団体の上に及ぼす主義であると考え、その組織の下における事業経営の単位である資本家的企業が、個人主義制と正に相対立する社会主義制に傾きつつある、と考えていた。夫婦親子の間には彼らの生産したものを営利の目的のために交換することはないように、生産物は非商品性を有し、したがって生産に伴う損失の危険は家族の全体に及ぶと述べる。これらが、河上が家族は社会主義制をとっているという根拠であると述べる。河上肇のこの利他の発想は興味ある発想である。資本家的企業の発展に伴って資本家の中央管理部の仕事が使用人に委ねられる。株主自身はこの仕事を担当しない。「株式会社制度は企業者の職分を出資と経営とに分割」する。まさに資本主義の胎内で未来社会が芽吹いていると考えるのである。河上が、従来からマルクス経済学で等閑に付されていた「株式会社での未来社会への通過点論」を述べていたことは、実に興味ある課題である。

第8章は、マルクスの未来社会論である。マルクスの未来社会論を通過点論として、株式会社や協同組合のシステムを利用して、ここでは現実に中国で行われているモデルをケーススタディとして議論した。未来社会は意図して計画的に推進しなくとも、資本主義システムの胎内で自ら自生的に懐胎して社会進化していく。しかし、どうしても意図して計画的に推進しなければならないことがある。それは地球温暖化の阻止である。世界中の国家がエゴイズムで推進する現在の資本主義のシステムでは地球温暖化を阻止できず、早くて二〇〇〇年で地球上の生物、植物は人間も含めて死滅すると科学が立証している。地球温暖化の阻止は絶対にやらねばならぬことなのに経済成長率を主導してしまっている。このことを叫びたい。未来社会への足がかりとなる設計ポイントを示しておいた。

以上が本書の簡単なまとめである。

通過点後の未来社会を描くことはどうしても空想的になってしまう。商品生産も貨幣も市場もない世界はどうしても描きにくい。マルクスがどのように考えていたのかについても空想的になる。

世界中の人々が利他的になるなどと考えるのは空想の世界の話であろう。しかし、利他的でなくともともに共同して、地球温暖化を阻止できるはずだ。サブプライムローンのような詐欺的金融商品を売りまくり、右手に銃を持ち、左手で握手する。こんな世界からどうして脱却できないのだろうか。

なぜこのような空想をしてしまうのか、実は、現実に未来社会の実現可能性を示唆するような感動劇がこの日本で起こっているからである。その中でも二つの事例を取り上げたい。一つは、二〇一一年三月一一日に起こった東日本大震災でのことである。地震と津波と原発事故で被災された人たち、家族を失い、家屋をも失い、仕事場や農地を失い、魚場を荒らされた人々に対して、何と多くの人々が平均一人当たり一万円の義援金をだすだけでなく、自費で現地に赴きボランティア活動による援助の手を差しのべたか。この現象は自己の利益を基準にして行動する合理的人間の行動ではなかった。非営利の世界である。日本が体験した美しい世界である。多くの若者が遠くから有料バスに分乗して、貴重な休日を使って被災地のゴミ処理や廃材の後かたづけをしてくれた。これこそが類的存在としてのアソシアシオンの行動である、と誇らしく思う。極端に言うと、ホンの瞬間だったかもしれないが日本の福島はじめ東日本で未来社会が実現したのだと思った。日本だけではなく、世界の各地からボランティアで、自費で来日して援助してもらえた。今回の災難はとても悲惨な出来事だったが、この未来社会で夢見る類的存在としての人間群が存在していたことに感動する。

もう一つは、アフガニスタンでパキスタンのベシャワールで医師として医療活動され、また自ら力仕事をして懸命に土木作業に携わってこられた中村哲氏のことである。一九四六年生まれと紹介されているからご高齢である。中村氏は、「アフガニスタンで私や職員が、現地の人々と井戸を掘り、水路を造る灌漑事業のつらい労働に一生懸命になれるのは、これまで村全体が豊かになるとか、家族を養えるということが非常な励みになるからです。誰かのために自分の力を使うことが人間の生きがいだと思わざるを得ない」と語っている。また、「医者なのに土木事業で采配を振るい、川のなかで重機の操縦をしている今が一番幸せです」と。このような日本人がおられることを誇りに思う。こんな人にこそ文化勲章かノーベル平和賞を差し上げて欲しい。それに比べて自分はなにをしてきたのか。それで満足してよいのだろうか。と反省する毎日である。

本書は、ここ五、六年前から折に触れて書き溜めてきた論文集である。あまり纏まりのない駄文集で恐縮する。第2章は京都大学『経済論叢』に掲載された。その他の論文は、京都大学経済学研究科の八木紀一郎ゼミ論集に掲載されたが、学内論集であり未発表といってよい論文である。未来社会がどのようなものかは、前著『マルクスの株式会社論と未来社会』のなかでも触れてきたが、今回は社会思想史上に登場する経済学者の議論も含めて前著で欠けていた部分を纏めさせて頂いた。

本書に登場する社会思想史上の賢人達は何れもスコットランド啓蒙思想の影響を受けた人物が多い。マンデヴィル、ヒューム、スミス、ジェームズ・スチュアート、ケインズもマンデビィルの思想に影響されたしマルクスは貨幣、商業的社会の影響をジェームズ・ミルからもスミスからも影響されている（シュンペーターだけは例外である）。

スコットランド啓蒙思想の研究家田中秀夫は「社会は野蛮から文明へと発展してきた。摂理や神の見えざる手の働きに訴えることもしばしば行われたが、スコットランド人はできるだけ、因果関係で説明しようとした。彼らはモンテスキューから示唆を受けながら、社会のメカニズムを解明し、そのメカニズムを通じて、意図を超えた結果――自由、富、所有、洗練などの文明化の産物――が実現してきたという分析を提供した。人間の歴史は単純な繰り返しではない。そこには知性の発展のみならず、道徳的力などの、人間性自身の発展まで析出することができる。彼等の歴史感は手放しの楽観主義ではないが、ペシミズムでもない。社会のメカニズムを解明し、歴史変動の法則の作用を解明することによって、文明史が発展の歴史であることを彼らは明らかにした(6)」。これがスコットランド啓蒙思想の特徴であり、だからこそ、スコットランドという世界の田舎から全世界に、学術、技術、経済学、を発信した。まずイングランドそして次にアメリカに大きな影響を与えたのである。

そして、この三年間、京都大学経済学研究科社会思想史、スコットランド啓蒙思想史の権威、田中秀夫教授のゼミで、ヒューム『人性論』、モンテスキュー『法の精神』、そしてアダム・スミス『国富論』を順に勉強させて頂き、先生から丁寧なご指導と助言や激励を受けた。それぞれの名著の全巻にわたって丁寧に講義していただたく僥倖を受けた。人生のゴールデンタイムをこうして楽しみながら過ごすことができた。田中秀夫先生に厚く感謝申し上げる。有難うございました。

最後に、これらの論文は、ほとんど八木紀一郎先生、本山美彦先生のゼミや研究会で報告させて頂いた。両先生から受けた経済学研究のご指導は計り知れないほど感謝してやまない。論外に付論として掲載させて頂いた「高橋是清の日本国債の日銀引受け」については、経済史の渡辺純子先生のご指導を頂いた。大西広先生には高度なマルクス理論の展開をご教示いただいた。京都大学の諸先生方に厚く御礼申し上げたい。本書の校正にあたっては山口直樹氏に、また、出版にあたっては日本経済評論社の谷口京延氏のご協力を頂いた。深く感謝してやまない。有難うございました。

筆者を経済学研究への興味へと引き込んでくださったのは、母校和歌山大学経済学部の恩師、小野朝男先生のお陰である。厚く御礼申し上げる。

先生は誠に残念ながら二〇〇九年にご逝去された。先生へのご恩は終生忘れることができない。

本著を和歌山大学名誉教授　経済学博士小野朝男先生のご霊前にささげる。

最後に、未来社会への人類の希望の光を、グスタス・マーラー（1860-1911）の作曲による、交響曲『大地の歌』でメゾ・ソプラノが歌う感動詩“Das Lied von der Erde”の中で終末に歌われる歌より借用して飾りとしたい。“Die liebe Erde allüerall/
Blüht auf im Lenz und Grunt aufs neu! Allüberall und ewig blauen die Fernen, Ewig …… Ewig!”
［大地も春来たりなば百花舞い緑萌えいづ。何処に往くとも遥けき彼方は青めり。
永遠に……永遠に……］歌詩対訳：深田甫

注

（1）これらの統計は二〇一一年ベースである。
（2）梅原猛「文明はいかに変わるべきか」（二〇一一年一一月一三日、京都大学における講演）。
（3）大谷禎之介『マルクスのアソシエーション論』桜井書店、二〇一一年、三五五頁。マルクスの引用は『1861-1863年草稿』。
（4）同前、三五六頁。
（5）見田宗介『社会学入門——人間と社会の未来』岩波新書、二〇〇六年、一五九〜一六二頁。
（6）田中秀夫によるダンカン・フォーブス著『ヒュームの哲学的政治学』の解説、四五七頁。

完

参考文献

浅野　敞『個別資本理論の研究』ミネルヴァ書房、一九七四年
アンデルセン、E・S『進化的経済学——シュンペーターを超えて』八木紀一郎編訳、シュプリンガー・フェアラーク東京、二〇〇三年
猪木武徳『経済思想』岩波書店、一九八七年
伊東光晴『ケインズ』岩波新書　岩波文庫、一九六二年
飯田　繁『マルクス貨幣理論の研究』新評論、一九八二年
——『マルクス紙幣理論の体系』日本評論社、一九六五年
井手英策『高橋財政の研究』有斐閣、二〇〇六年
岩井克人『貨幣論』筑摩書房、一九九三年
上田辰之助『蜂の寓話——自由主義経済の根底にあるもの』新紀元社、一九五〇年
上田貞次郎『国民経済雑誌』第30巻、神戸高等商業学校、一九二一年
内田義彦『経済学史講義』未来社
——『経済学の生誕』未来社、一九五三年
小野一一郎「日本における金本位制の成立」Ⅰ・Ⅱ『経済論叢』第92巻
置塩信雄他編『マルクス・ケインズ・シュンペーター』大月書店、一九九一年
エンゲルス『フォイエルバッハ論』大内兵衛・向坂逸郎監修「マルエン選集12」一九五六年
エンゲルス『反デューリング論』大内兵衛・向坂逸郎監修「マルエン選集11」一九五六年
大野忠男『シュンペーター大系研究』創文社、一九七一年
大島　清『高橋是清』中公新書、二〇〇六年
岡橋　保『金の価格理論』日本評論新社、一九五六年

――――『信用貨幣の研究』春秋社、一九六九年
――――『貨幣数量説の新系譜』九州大学出版会、一九九三年
――――『現代インフレーション批判』一九六七年
――――『金投機の経済学』時潮社、一九七二年
小野朝男『外国為替』春秋社、一九五七年
――――「為替インフレーションについて」『バンキング』126号、一九五八年
大谷禎之介『マルクスのアソシエーション論』桜井書店、二〇一一年
大西　広『未来社会を展望する』大月書店、二〇一〇年
――――『グローバリゼーションから軍事的帝国主義へ』大月書店、二〇〇三年
――――『資本主義以前の社会主義と資本主義後の社会主義』大月書店一九九二年
――――『季刊経済理論』「市場資本主義の関係の史的唯物論的理解」42‐1、二〇〇五年
――――『季刊経済理論』「北京コンセンサスを擁護する」48‐3、二〇一一年
加藤尚武『ヘーゲルの「法」哲学』青土社、一九九九年
加藤尚武編著『スーパーゼミナール環境学』東洋経済新報社、二〇〇四年
川出良枝『貴族の徳、商業の精神――モンテスキューと専制批判の系譜』東京大学出版会、一九九六年
河上　肇『資本主義経済学の史的発展』弘文堂書房、一九二三年
――――『社会問題研究』第44冊、弘文堂書房、一九二三年
基礎科学研究所編『未来社会を展望する――甦るマルクス』大月書店、二〇一〇年
キンドルバーガー『大不況下の世界1929‐1939』石井昭彦・木村一郎訳、東京大学出版会、一九八二年
ケインズ、J・M『自由放任の終焉』中央公論社、一九五二年（中公バックス・世界の名著、一九八〇年四月）
――――『雇用・利子および貨幣の一般理論』上・下、間宮陽介訳、岩波文庫、二〇〇八年
――――「自由放任主義の終焉」「世界の名著69」宮崎義一・伊東光晴責任編集、中央公論社、一九八〇年
金指　基『シュンペーター研究』日本評論社、一九八七年

小林　昇『J・ステュアート研究』「小林昇経済学史著作集Ⅴ」未来社、一九七七年
――『イギリス重商主義研究』「小林昇経済学史著作集Ⅰ」未来社、一九六七年
――『国富論研究Ⅰ』「小林昇経済学史著作集Ⅰ」未来社、一九六七年
――『イギリス重商主義研究』「小林昇経済学史著作集Ⅰ」未来社、一九七六年
小泉　明『ケインズ一般理論』春秋社、一九五〇年
コルニュ『モーゼス・ヘスと初期マルクス』武井勇四郎訳、未来社、一九七二年
佐伯啓思『ケインズの予言』（PHP新書）PHP研究所、一九九九年
塩野谷祐一『シュンペーター的思考』東洋経済新報社、一九九五年
――『シュンペーターの経済観』岩波書店、一九九八年
鎮目雅人「財政規律と中央銀行のバランスシート――金本位制～国債の日銀引受け実施へ・中央銀行の対政府信用に関する歴史的考察」日本銀行金融研究所、二〇〇一年
志村嘉一『日本公社債史』東京大学出版会、一九八〇年。
シュミッター、P・C（Philippe C. Schmiter）レームブルッフ、G（Gerhard Lehmbruch）『現代コーポラティズムⅠ』山口定監訳、木鐸社、一九八四年
シュンペーター『資本主義　社会主義　民主主義』中山伊知郎・東畑精一訳、東洋経済新報社、一九六二年
――『経済発展の理論』塩野谷祐一・中山伊知郎訳、岩波書店、一九七七年
――『帝国主義と社会階級』都留重人訳、岩波書店、一九五六年
――「資本主義の不安定性」『資本主義は生きのびるか』八木紀一郎編訳、名古屋大学出版会、二〇〇一年
――『経済分析の歴史』東畑精一訳、岩波書店、二〇〇六年
――『景気循環論』金融経済研究所訳、有斐閣、一九五八年
進化経済学会『進化経済学ハンドブック』共立出版、二〇〇六年
ジョージ、スーザン『未来は誰のものか』荒井雅子訳、岩波書店、二〇一一年
杉本栄一『近代経済学の解明』上・下、岩波文庫、一九八一三年

ダーウィン『種の起源』八杉龍一訳、岩波文庫、一九九〇年
田中敏弘『マンデヴィルの社会経済思想』有斐閣、一九六六年
田中秀夫『スコットランド啓蒙思想史研究』名古屋大学出版会、一九九一年。
――『社会の学問の革新――自然法思想から社会科学へ』ナカニシヤ出版、二〇〇二年
――『原点探訪スミスの足跡』法律文化社、二〇〇二年
――『共和主義と啓蒙』ミネルヴァ書房、一九九八年
ドーキンス、リチャード『利己的な遺伝子』日高敏隆他訳、紀伊国屋書店、二〇〇六年
富田俊基「１９３０年代における国債の日本銀行引受け」『知的資産創造』二〇〇五年七月号
高橋是清『高橋是清自伝』上・下、中央文庫、二〇〇九年
角山　栄『新しい歴史像を探し求めて』ミネルヴァ書房、二〇一〇年
――『資本主義の成立過程』三和書房、一九五五年
――『イギリス毛織物工業史論――初期資本主義の構造』ミネルヴァ書店、一九六〇年
トクヴィル『アメリカのデモクラシー』上、岩波文庫、二〇〇五年
中野聡子「マンデヴィル評価の問題点」『経済研究』第114号、明治学院大学、一九九九年
中野嘉彦『マルクスの株式会社論と未来社会』ナカニシヤ出版、二〇〇九年
中村隆英『明治大正期の経済』東京大学出版会、一九八五年
根井雅弘『ケインズ革命の群像』中公新書、一九九一年
根井雅弘『シュンペーター』講談社、二〇〇一年
西部　邁『ケインズ』20世紀思想家文庫、岩波書店、一九八三年
日本銀行「満州事変以後の財政金融史」『日本金融史資料・昭和編』第27巻所収、一九七〇年
ネグリ、アントニオ『マルクスを超えるマルクス――『経済学批判要綱』研究』清水和己他訳、作品社、二〇〇三年
ハイエク『市場・知識・自由』田中真晴・田中秀夫編訳、ミネルヴァ書房、一九八六年
――『科学による反革命――理性の濫用』佐藤茂行訳、木鐸社、一九七九年

ハーシュマン『情念の政治経済学』佐々木毅訳、法政大学出版局、一九八五年
――『方法としての自己破壊』田中秀夫訳、法政大学出版会、二〇〇四年
――『反動のレトリック――逆転、無益、危険性』岩崎稔訳、法政大学出版会、一九九七年
浜崎正規『シュンペーター体系の研究』ミネルヴァ書房、一九九六年
平田清明『経済学と歴史認識』岩波書店、一九七一年
ピオ11世『ディヴニ・レデンプトリス』岳野慶作訳、中央出版社、一九五九年
ピオ11世『クアドラジェジモ・アンノ』(Quadragesimo anno)
廣松　渉『廣松渉著作集　第一〇巻』岩波書店、一九九六年
不破哲三『マルクス未来社会論』新日本出版社、二〇〇四年
ファーガスン、アダム『市民社会史』上巻、大道安次郎訳、白日書院、一九四八年
ヘーゲル『「法」哲学』五十三節ノート
ホジソン、ジエフェリー・M『進化と経済学』西部忠訳、東洋経済新報社、二〇〇三年
星野彰男『市場社会の体系――ヒュームとスミス』新評論、一九九四年
松井安信『マルクス信用理論と金融政策』ミネルヴァ書房、一九七三年
松原隆一郎『金融危機はなぜ起きたか』新書館、二〇〇九年
マクロウ、トーマス・K『シュンペーター伝』八木紀一郎監訳、一灯舎、二〇一〇年
マルクス『資本論』長谷部文雄訳、青木書店、一九五四年
――『経済学・哲学草稿』城塚登・田中吉六訳、岩波文庫、一九六四年
――『剰余価値学説史』Ⅱ、マルクス・エンゲルス全集26Ⅱ、大月書店、一九七〇年
――『経済学批判要綱』高木幸二郎訳、大月書店、一九五八年
――『経済学批判』『マルクス＝エンゲルス全集』大月書店、一九五九〜一九九一年
――『哲学の貧困』『マルクス・エンゲルス選集』新潮社版、一九五六年
――『ジェームズ・ミルに関するノート』『経済学ノート』杉原四郎・重田晃一訳、未来社、一九六二年

マルクス＝エンゲルス『ドイツ・イデオロギー』廣松渉編訳、岩波文庫、二〇〇二年
――『共産党宣言』新潮社版マルエン全集
マンデヴィル『蜂の寓話Ⅰ』泉谷治訳、法政大学出版局、一九八五年
ミーク、R・L Lectures on Jurisprudence, edited by R. L. Meek. Oxford 1978
――『スミス・マルクスおよび現代』時永淑訳、法政大学出版局、一九八〇年
三上隆三『ケインズ経済学の構造』有斐閣、一九五六年
――『ケインズ経済学の原像』日本評論社、一九八六年
見田宗介『社会学入門――人間と社会の未来』岩波新書、二〇〇六年
三宅義夫『マルクス信用論体系』日本評論社、一九七〇年。
望月清司『マルクス歴史理論の研究』岩波書店、一九七三年。
本山美彦『ESOP株価資本主義の克服』シュプリンガー・フェアラーク東京、二〇〇三年
モンテスキュー『法の精神』根岸国孝訳、世界の大思想23、河出書房、一九七四年
八木紀一郎『近代日本の社会経済学』筑摩書房、一九九九年
同他編『経済思想史』名古屋大学出版会、二〇〇六年
――「シュンペーターにおける資本主義過程の探求」『経済論叢』第134巻3・4号、京都大学経済学会、一九八四年
――「シュンペーターと進化的経済学」『経済セミナー』二〇〇〇年二月
――『ウィーンの経済思想』ミネルヴァ書房、二〇〇四年
――『進化経済学の諸潮流』日本経済評論社、二〇一一年
――「経済学における進化的視点」雑誌『理戦』二〇〇五年四月号
山中隆次『初期マルクスの思想形成』新評論、一九七二年
矢野修一『可能性の政治経済学』法政大学出版局、二〇〇四年
吉田昇三『シュンペーターの経済学』法律文化社、一九五六年
リカード『経済学及び課税の原理』小泉信三訳、岩波文庫（復刻版）二〇〇五年

レーニン『資本主義の最高の段階としての帝国主義』「世界の名著52」中央公論社、一九五六年
レオ一三世『レールム・ノヴァルム』(Rerum Novarum)『教会の社会教書』中央出版社
渡辺佐平『金融論』岩波書店、一九五四年

マ行

ヤ行

ラ行

ワ行

ナ行

ハ行

タ行

サ行

索　引

【著者略歴】

中野嘉彦（なかの・よしひこ）

1937年　大阪府池田市生まれ、堺市育ち。
1959年　和歌山大学経済学部卒業
1959年　三洋電機株式会社入社
1998年　三洋電機クレジット株式会社
役員任期満了により退任
2000年　京都大学大学院経済学研究科入学
社会システム分析専攻
2002年　修士課程修了。以後在籍のまま社会システム、社会思想史研究、現在に至る。
2011年　経済学博士（京都大学）
経済理論学会会員　基礎経済科学研究所所員
著　書『マルクスの株式会社論と未来社会』ナカニシヤ出版、2009年。

未来社会への道――思想史的再考――

2012年10月22日　第１刷発行　定価（本体4200円＋税）

著者　中　野　嘉　彦
発行者　栗　原　哲　也

発行所　株式会社　日本経済評論社
〒101-0051　東京都千代田区神田神保町3-2
電話 03-3230-1661　FAX 03-3265-2993
info8188@nikkeihyo.co.jp
URL: http://www.nikkeihyo.co.jp

装幀＊渡辺美知子　印刷＊文昇堂・製本＊誠製本

ISBN978-4-8188-2236-8